Töpfern mit der Töpferscheibe

Sus Borgbjerg
Susan Liebe

Töpfern mit der Töpferscheibe

Techniken. Materialien. Projekte.

Inhalt

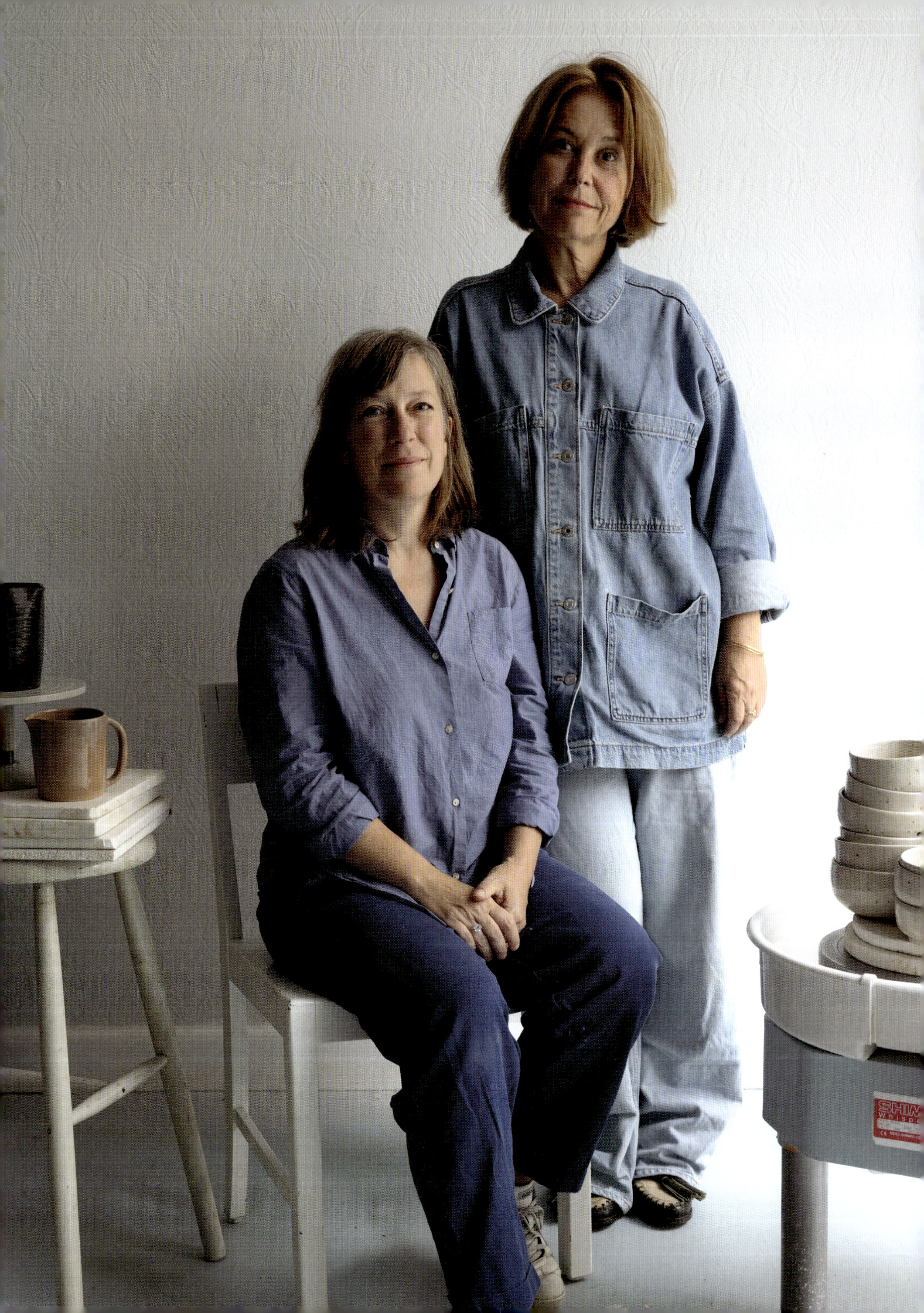

Vorwort

Mit Ton zu arbeiten, das weiche Material zu kneten und es zu formen, ist eine sinnliche, zutiefst befriedigende und fast schon meditative Tätigkeit. Perfekt als Ausgleich zum stressigen Alltag!

Kreativ zu sein und etwas mit den eigenen Händen zu gestalten, steht zurzeit wieder hoch im Kurs. Träumst auch du davon, deinen Tisch mit selbst getöpfertem Geschirr zu decken? Dann mach deinen Traum doch einfach wahr!

Mit diesem Buch möchten wir dich durch den gesamten Prozess begleiten – von der Idee bis zum fertigen Objekt. Dabei spielt es keine Rolle, ob du gerade frisch ins Thema Töpfern mit der Töpferscheibe eintauchst oder ob du schon etwas Erfahrung gesammelt hast. Am Ende wirst du glücklich die erste eigene Tasse oder Vase in Händen halten! Und selbst wenn dieses Objekt dann noch nicht perfekt ist – es wird dein Werk und daher einzigartig sein!

Wir, das sind Sus Borgbjerg und Susan Liebe, kennen uns von unserer Ausbildung an der Dänischen Designschule und haben seither viele kreative Dinge gemeinsam erschaffen. Sus ist Grafikerin. Sie töpfert begeistert an der Drehscheibe. Susan ist Keramikerin und hat sich mit diesem Buch ihren großen Traum erfüllt.

Im Folgenden erfährst du, wie du mit einfachen Techniken und unseren Tipps dein eigenes Geschirr töpfern kannst. Hoffentlich gelingt es uns, dich mit dem „Töpferfieber“ anzustecken! Wir wünschen dir viel Freude beim Gestalten!

Sus & Susan

Töpfern mit der Töpferscheibe

Dieses Buch begleitet dich beim Töpfern an der Drehscheibe. Wir beginnen bei der Idee vom selbst gemachten Geschirr und zeigen dir, wie du am besten vorgehst: von den ersten Skizzen über das Kneten des Tons und den Drehvorgang bis zum Brennen und Glasieren deiner Gefäße und Teller. Dazu gehören natürlich auch die wichtigsten Techniken, die wir Schritt für Schritt erklären, damit du Tassen, Schalen, Teller, Krüge und Vasen so gestalten kannst, wie sie dir gefallen.

Große Vorkenntnisse brauchst du nicht, denn das Töpfern an der Töpferscheibe kann jeder lernen. In diesem Buch werden wir dir alles Wesentliche dazu erklären. Wenn du eigene Tassen, Schalen und anderes Geschirr herstellen möchtest, dann ist das Drehen eine einfache Methode. Mit der richtigen Technik und etwas Übung kannst du hier schnell gute Ergebnisse erzielen.

Der wichtigste und für Anfänger schwierigste Schritt beim Drehen ist das Zentrieren. Das bedeutet, dass der Ton genau in der Mitte der Töpferscheibe liegen muss, damit er gleichmäßig rund läuft. Nur dann kannst du ein ebenmäßiges Gefäß herstellen. Hier ist etwas Geduld gefragt, doch hast du das Zentrieren erst einmal gemeistert, steht dem Töpfern ganz unterschiedlicher Gefäße und Teller nichts mehr im Weg. Legen wir also los!

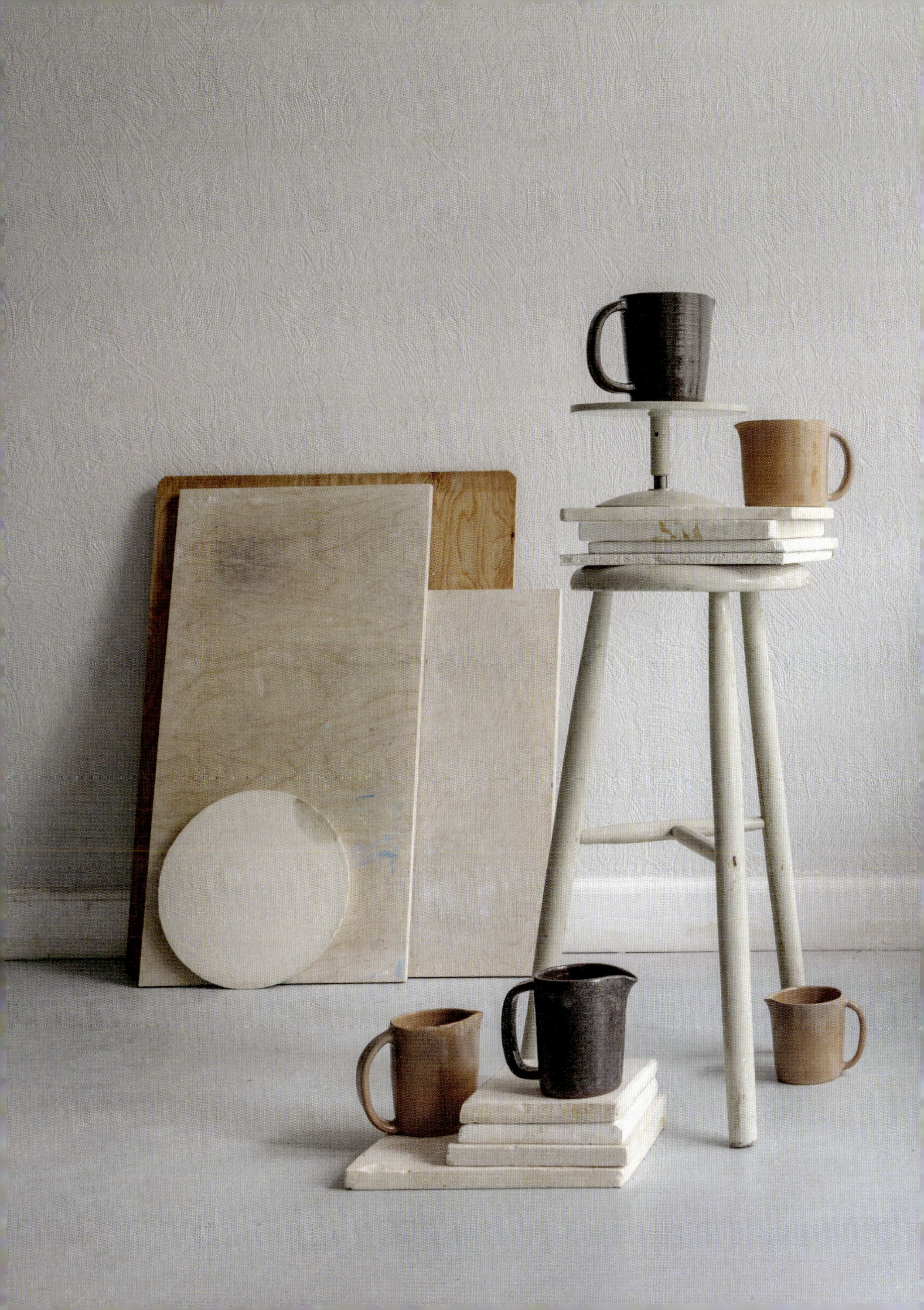

1 **Deine Ideen skizzieren**
Zur Vorbereitung ist es gut, wenn du deine Ideen in einem Skizzenbuch festhältst. So kannst du Farben, Formen und Details visualisieren und deine Inspirationen sortieren.

2 **Die Tonsorte wählen**
Zum Drehen eignet sich fast jeder Ton, er sollte nur nicht zu viele und zu grobe Schamotte enthalten, da er sich sonst an deinen Händen wie Schmirgelpapier anfühlt.

3 **Die wichtigsten Werkzeuge und Utensilien**
Wir stellen die Töpferwerkzeuge vor, die beim Drehen am häufigsten verwendet werden.

4 **Den Ton kneten**
Ton muss geknetet werden, um ihn von Lufteinschlüssen zu befreien. Dafür gibt es verschiedene Techniken.

5 **Den Ton zentrieren**
Das Zentrieren ist zwar ein kleiner Schritt beim Drehen – aber der wichtigste, wie du sehen wirst.

6 **Verschiedene Objekte drehen**
Wir beschreiben detailliert, wie du eine Tasse, eine Schale, einen großen Teller, einen Krug und eine Vase drehen kannst.

7 **Einen Henkel befestigen**
Ohne Henkel keine Tasse und kein Krug. Wir zeigen dir, wie du einen Henkel herstellst und befestigst.

8 **Abdrehen**
Angetrocknete Werkstücke erhalten mit diesem Schritt einen schönen Boden und eine glatte Oberfläche.

9 **Das Werkstück signieren**
Sei stolz auf dein Werk! Eigenes Geschirr sollte am Boden natürlich mit einem Kürzel oder einem anderen individuellen Zeichen versehen werden.

10 **Farbe hinzufügen**
Für den Fall, dass du dein Geschirr nach dem ersten Brennen bemalen oder dekorieren möchtest, geben wir dir ein paar hilfreiche Tipps.

11 **Ton kontrolliert trocknen lassen**
Um Risse zu vermeiden, muss der Ton kontrolliert und gleichmäßig trocknen. Wir zeigen dir, wie du das am besten hinbekommst.

12 **Der erste Brand: Schrühbrand**
Beim ersten Brand wird der Ton zu Keramik und härtet aus. Vor dem Glasieren kannst du ihn noch dekorieren.

13 **Die Glasur wählen und auftragen**
Wir zeigen Schritt für Schritt, wie du eine Glasur auf deiner Töpferware aufbringst.

14 **Der zweite Brand: Glasurbrand**
Nach dem zweiten Brand sind deine selbst gedrehten Werke gebrauchsfertig.

15 **Das selbst gemachte Geschirr genießen**
Gieße Kaffee in deine selbst gedrehte Tasse und sei stolz auf das, was du geschaffen hast!

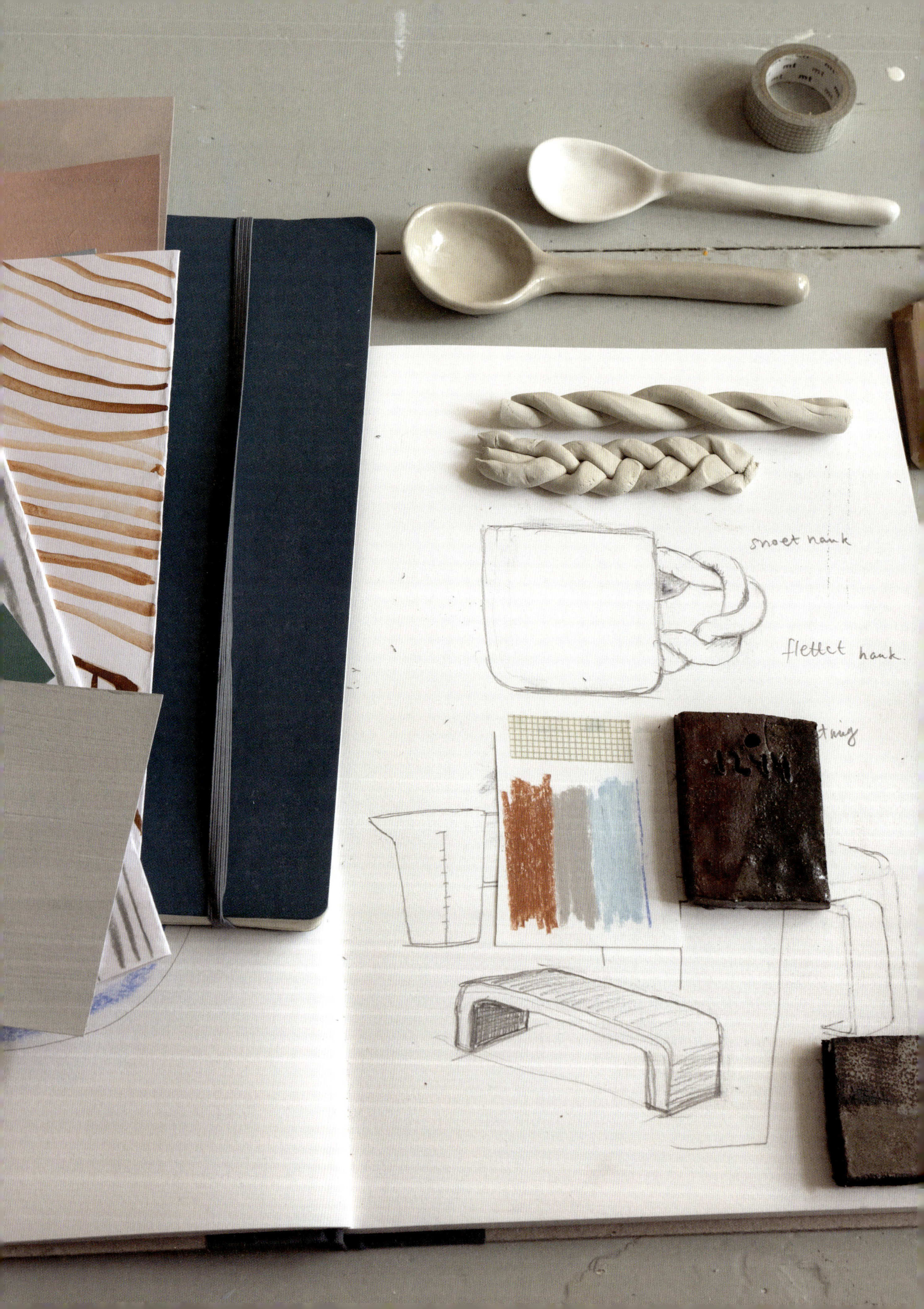
snoet hank
flettet hank

Deine Ideen skizzieren

Töpfern ist eine wundervolle kreative Tätigkeit. Sie bietet dir beinahe unendliche Möglichkeiten, mit Formen, Farben und Oberflächen zu experimentieren.

Am Anfang dieses kreativen Prozesses stehen die Inspiration und der Wunsch, etwas mit den eigenen Händen zu erschaffen. Inspirationsquellen gibt es viele: Du kannst zum Beispiel eine Ausstellung besuchen oder in einem Kunstbuch oder einer Zeitschrift blättern. Ideen findest du auch in sozialen Medien wie Instagram, Pinterest oder TikTok. Dort gibt es auch Tutorials für bestimmte Techniken. Selbst dein Alltag und deine Umgebung können dich dazu anregen, eigene Werke zu gestalten.

Hast du eine Idee, etwa für eine Tasse, dann werden dir viele Fragen kommen, zum Beispiel: Wie soll die Tasse genau aussehen? Soll sie dünnwandig und filigran oder eher rustikal sein? Wie soll sich die Oberfläche anfühlen? Möchte ich eine einfarbige oder eine bunte Tasse gestalten? Was soll aus ihr getrunken werden? Und wie soll sie in der Hand liegen?

Am besten, du zeichnest deine Entwürfe in ein Skizzenbuch. Hier kannst du alle deine Ideen sammeln. Du kannst zeichnen oder auch Bilder einkleben und deine Gedanken dazu notieren. Beschreibe alles möglichst genau: Welche Farben oder Materialien möchtest du verwenden? Wenn du das Buch später noch einmal durchblätterst, wirst du Ideen wiederfinden und diese dann vielleicht mit mittlerweile mehr Übung und Erfahrung in Ton umsetzen.

Bist du mit deinem Entwurf zufrieden, dann lasse ihn Wirklichkeit werden. Experimentiere mit Tonsorten, Farben und Formen. Das Wichtigste ist, dass du dich nicht entmutigen lässt, wenn mal etwas nicht auf Anhieb klappt oder anders aussieht als geplant. Du wirst sehen: Mit der Zeit wirst du immer sicherer im Umgang mit dem Ton und findest dabei auch deinen eigenen Stil.

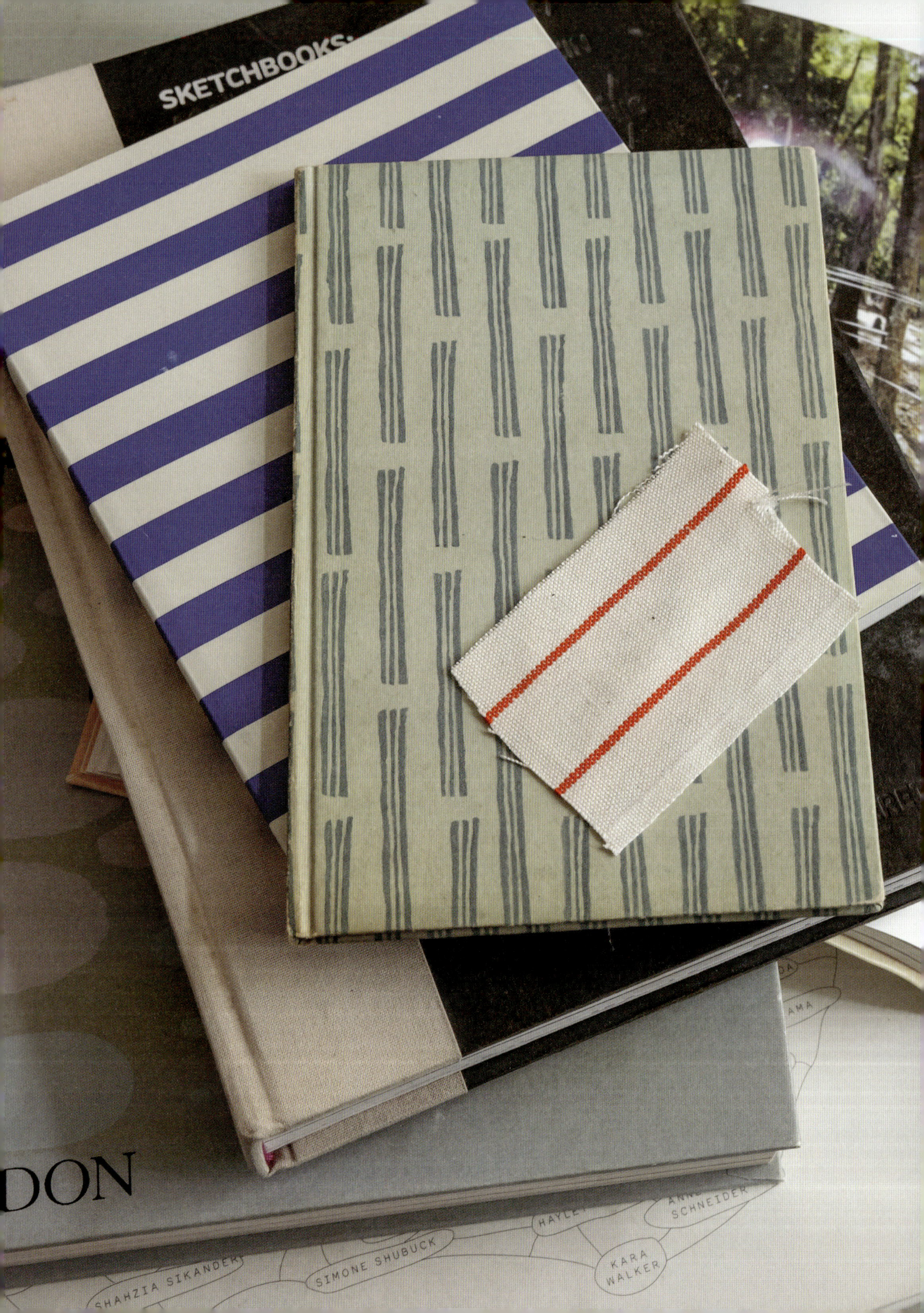
SKETCHBOOKS:
DON
SCHNEIDER
SIMONE SHUBUCK
KARA WALKER
SHAHZIA SIKANDER

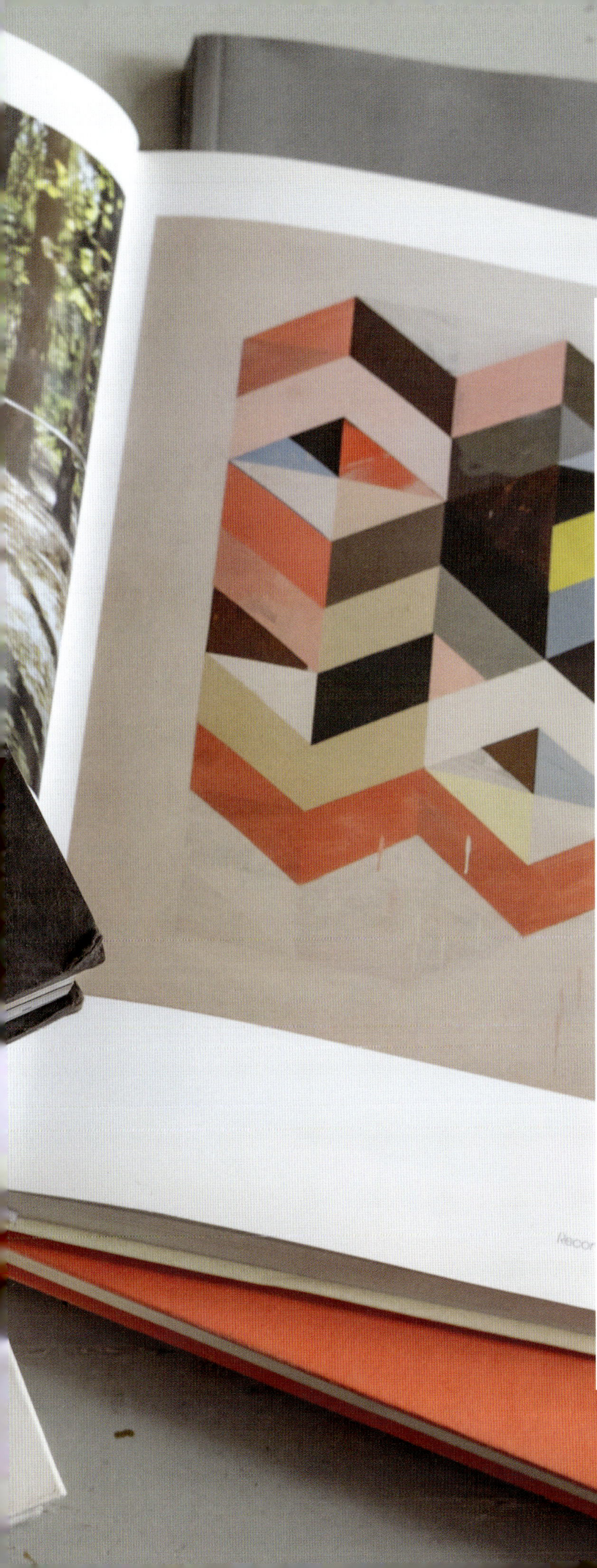

Empfehlenswerte Inspirationsquellen

Es lohnt sich immer, nach Inspiration zu suchen. Wir empfehlen diese Museen:

Keramikmuseum Westerwald
Lindenstraße 13, 56203 Höhr-Grenzhausen

Eines der größten Keramikmuseen Europas mit einer Sammlung für historische und zeitgenössische Keramik.

Stiftung Keramion
Bonnstraße 12, 50226 Frechen

International renommiertes Museum mit der größten privaten Keramiksammlung in Deutschland. Regelmäßige Ausstellungen von Keramikkünstlern.

Keramik-Museum Berlin
Schustehrusstraße 13, 10585 Berlin-Charlottenburg

Im ältesten Wohnhaus Charlottenburgs finden regelmäßig Wechselausstellungen statt, die sich aus der umfangreichen Sammlung von über 7000 Exponaten mit Schwerpunkt 20. Jahrhundert speisen.

Porzellansammlung Dresden
Theaterplatz 1, 01067 Dresden

Der Dresdner Zwinger beherbergt die weltweit größte Sammlung von Meißner Porzellan, die auf August den Starken zurückgeht.

Die Tonsorte wählen

Ton ist eine feinkörnige Bodenart, die aus Tonmineralien besteht. Er kann weiß sein wie Porzellan, aber auch braun, grau, rot oder gelb, je nach Eisengehalt oder anderen Inhaltsstoffen. Die wichtigsten Tonsorten sind Irdenware, Steinzeug und Porzellan.

Ton ist der Rohstoff für die Herstellung von Keramik, und Keramik ist die Bezeichnung für gebrannten Ton. Der erste Brand, der Schrühbrand, findet bei ca. 950 °C statt. Beim zweiten Brand, dem Glasurbrand, hängt die Temperatur von der gewählten Tonart ab. Bei Irdenware sind die Temperaturen am niedrigsten (Niedrigbrand), bei Porzellan am höchsten (Hochbrand).

Wir verwenden in diesem Buch verschiedene Tonsorten, um dir die unterschiedlichen Farben und Eigenschaften zu erläutern.

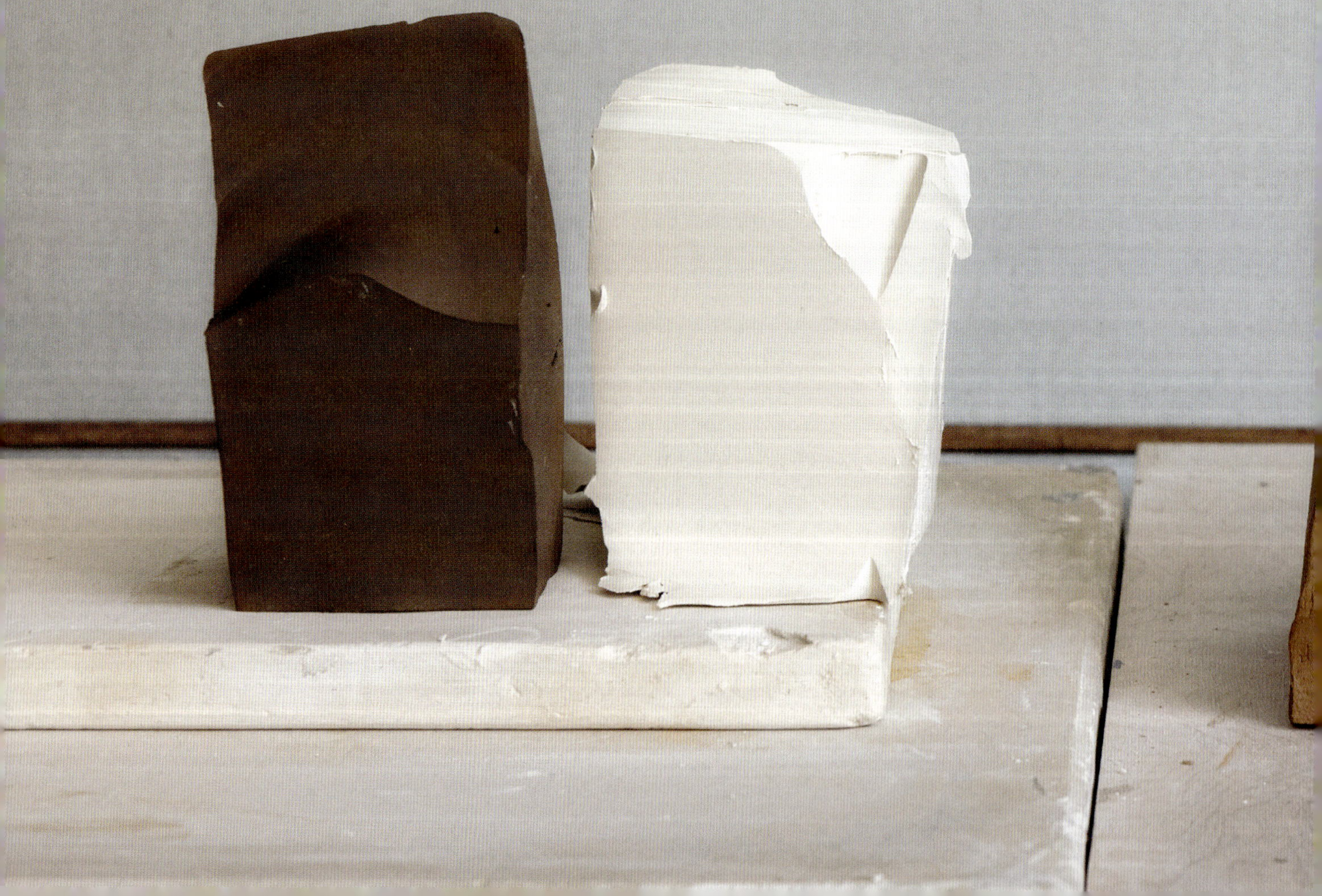

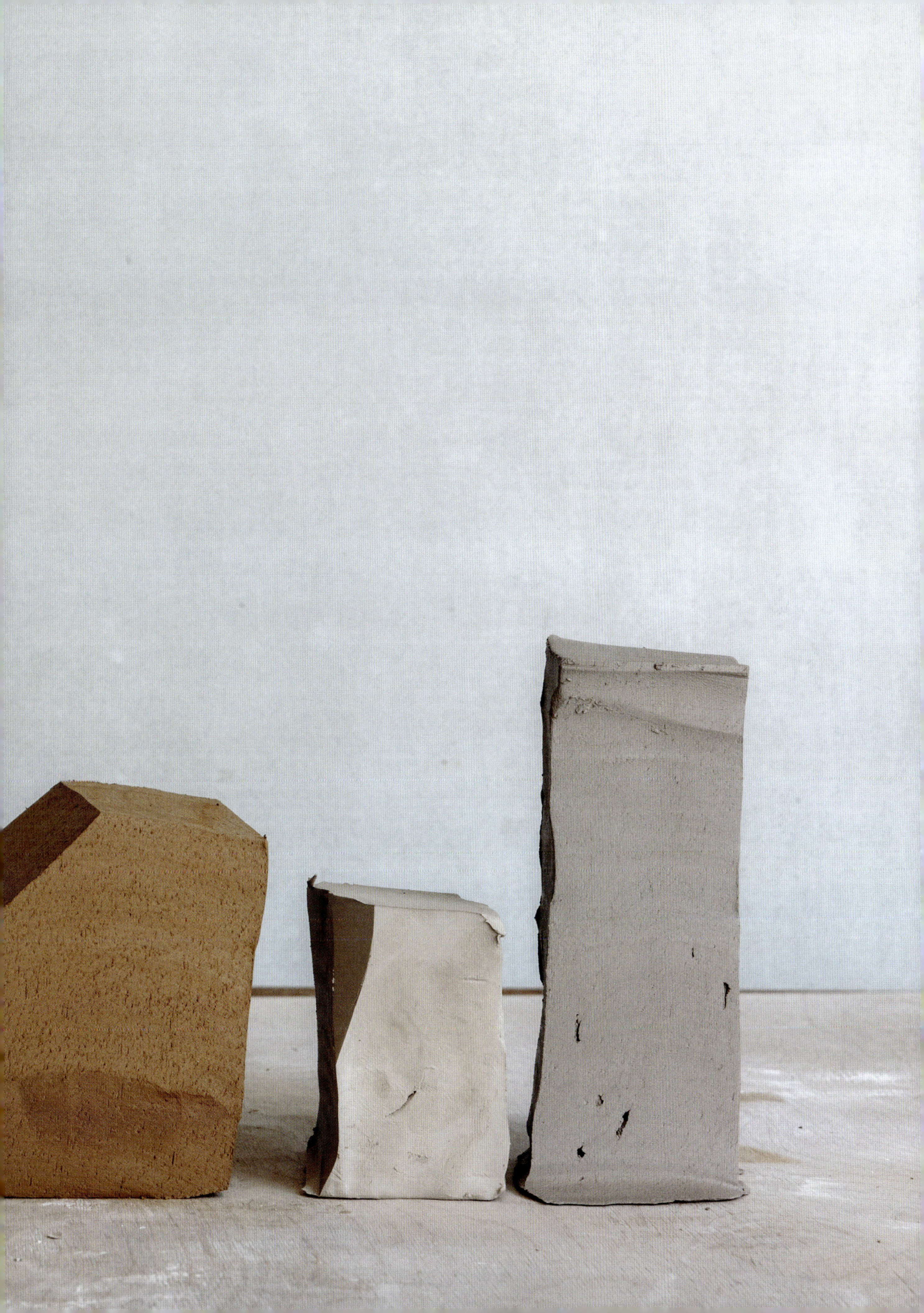

IRDENWARE

Brenntemperatur: ca. 1000–1100 °C

Die Tonsorte Irdenware wird bei niedrigeren Temperaturen gebrannt als Steinzeug und Porzellan. Dies senkt die Produktionskosten, führt aber auch dazu, dass die Objekte im Vergleich zu solchen aus anderen Tonsorten weniger robust sind und eine kürzere Lebensdauer haben.

Fertig gebrannte Irdenware ist nicht wasserdicht und muss glasiert werden, wenn man sie für Tassen, Krüge oder Blumentöpfe verwenden möchte.

Diese Tonsorte ist in unterschiedlichen Farben erhältlich: Sie kann weiß, schwarz oder rot sein. Am gebräuchlichsten ist der rote Ton, der oft zu Blumentöpfen verarbeitet wird (Terrakotta).

Der Vorteil von Irdenware ist, dass sie sich gut mit Farben dekorieren lässt, da Letztere bei den relativ niedrigen Brenntemperaturen von 1000–1100 °C nicht weggebrannt werden.

Bei Irdenware ist es wichtig, sie nicht bei höheren Temperaturen zu brennen als vom Hersteller empfohlen: Falls Irdenware versehentlich in einem Steinzeugbrand (1200–1300 °C) landet, kann sie schmelzen.

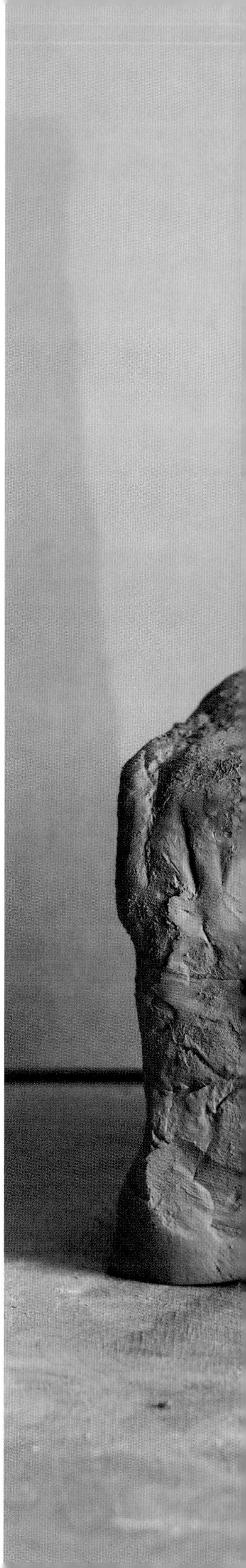

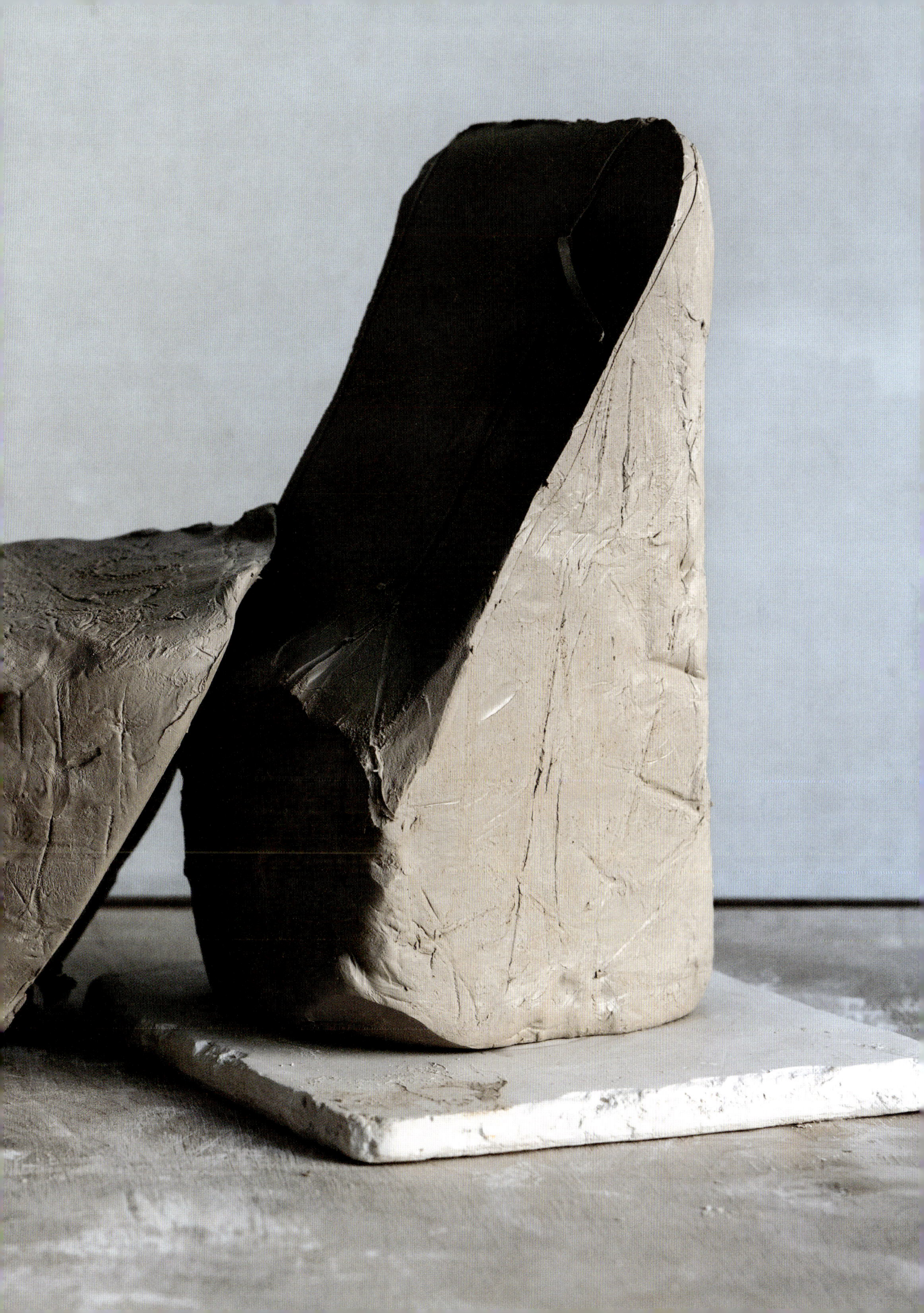

STEINZEUG

Brenntemperatur: ca. 1200–1300 °C

Steinzeug ist eine Tonsorte, die nach dem Brennen auch ohne Glasur wasserdicht ist: Durch die hohen Brenntemperaturen verschmelzen die enthaltenen Ton- und Quarzteilchen miteinander. Man nennt dies auch Sintern oder Verglasen des Steinzeugs. Aus hygienischen Gründen sollte Trink- und Essgeschirr dennoch glasiert werden.

Auch Steinzeug kann unterschiedliche Farben und Eigenschaften aufweisen. Es gibt graue, rote, braune und schwarze Varianten. Steinzeug kann im ungebrannten Zustand eine andere Farbe haben als im gebrannten, und es kann sich auch ganz unterschiedlich anfühlen.

Steinzeug mit Schamotte – beigemischtes gebranntes, feinkörniges Tongranulat – fühlt sich grob an. Es lässt sich nur schwer drehen, weil die kleinen Körner die Haut an den Händen regelrecht abschmirgeln. Allerdings eignet sich Steinzeug hervorragend zum Modellieren, da es stabil ist, gute Trockeneigenschaften hat und nicht so leicht Risse bildet.

Diese Tonsorte weist teilweise einen hohen Eisengehalt auf, der das Material rot färbt und auf der Oberfläche kleine oder große Flecken hinterlassen kann. Dies kann sehr dekorativ, aber auch sehr störend wirken. Darüber hinaus kann ein hoher Eisengehalt die Glasur beeinflussen und zu unerwarteten Effekten führen. Deshalb raten wir immer, bei Objekten, an denen man lange gearbeitet hat, vor dem Glasieren eine Glasurprobe zu machen.

Steinzeug ist nach dem Brennen spülmaschinenfest und daher ideal für die Herstellung von Tassen, Schalen und Tellern. Auch kleine und große Figuren lassen sich damit gut modellieren.

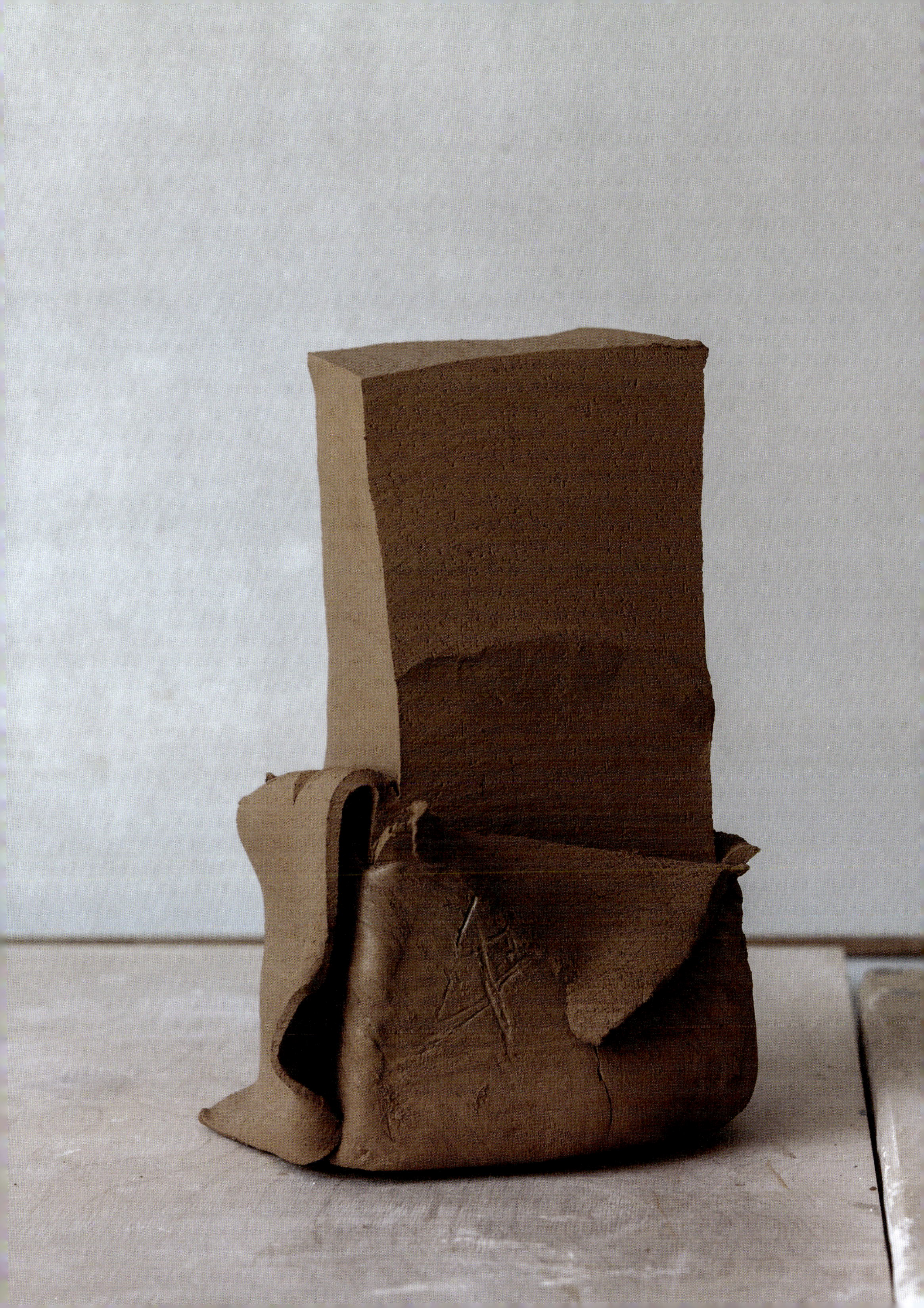

PORZELLAN

Brenntemperatur: ca. 1250–1300 °C

Porzellan ist ein hochgebrannter Ton und sehr robust sowie langlebig. Es ist weiß und wenn es dünn gearbeitet wird, leicht durchscheinend. Stellt man eine Kerze in einen Porzellanhalter, so durchdringt das Licht das Porzellan und lässt es in einem warmen, gelblichen Farbton erstrahlen.

Porzellan wird beim Brennen wasserdicht. Wenn es für Lebensmittel oder Getränke verwendet werden soll, ist aus hygienischen Gründen allerdings eine Glasur anzuraten. Eine unglasierte Oberfläche verfärbt sich außerdem mit der Zeit – etwa durch Kaffee oder Gebrauchsspuren.

Die Porzellanmasse ist sehr weich und wirkt fast gummiartig. Sie eignet sich hervorragend zum Drehen. Allerdings muss man aufpassen, dass sie nicht zu weich wird, weil sie sonst ihre Stabilität verliert. Beim Drehen von Porzellan solltest du deshalb immer möglichst rasch arbeiten und nicht zu viel Wasser verwenden.

Porzellanmasse ist ein ideales Ausgangsmaterial für Geschirr. Weißes Porzellan lässt sich gut dekorieren, da die Farben auf dem weißen Untergrund wunderbar leuchten. Allerdings sind nicht alle Farben für einen Hochbrand geeignet.

Ton neigt dazu, sich zu „merken“, wie er bei der Bearbeitung gebogen oder gedrückt wurde. Wenn beispielsweise eine eingedrückte Kante ausgebessert wurde, als der Ton noch weich war, kann sie sich später beim Trocknen wieder leicht eindellen.

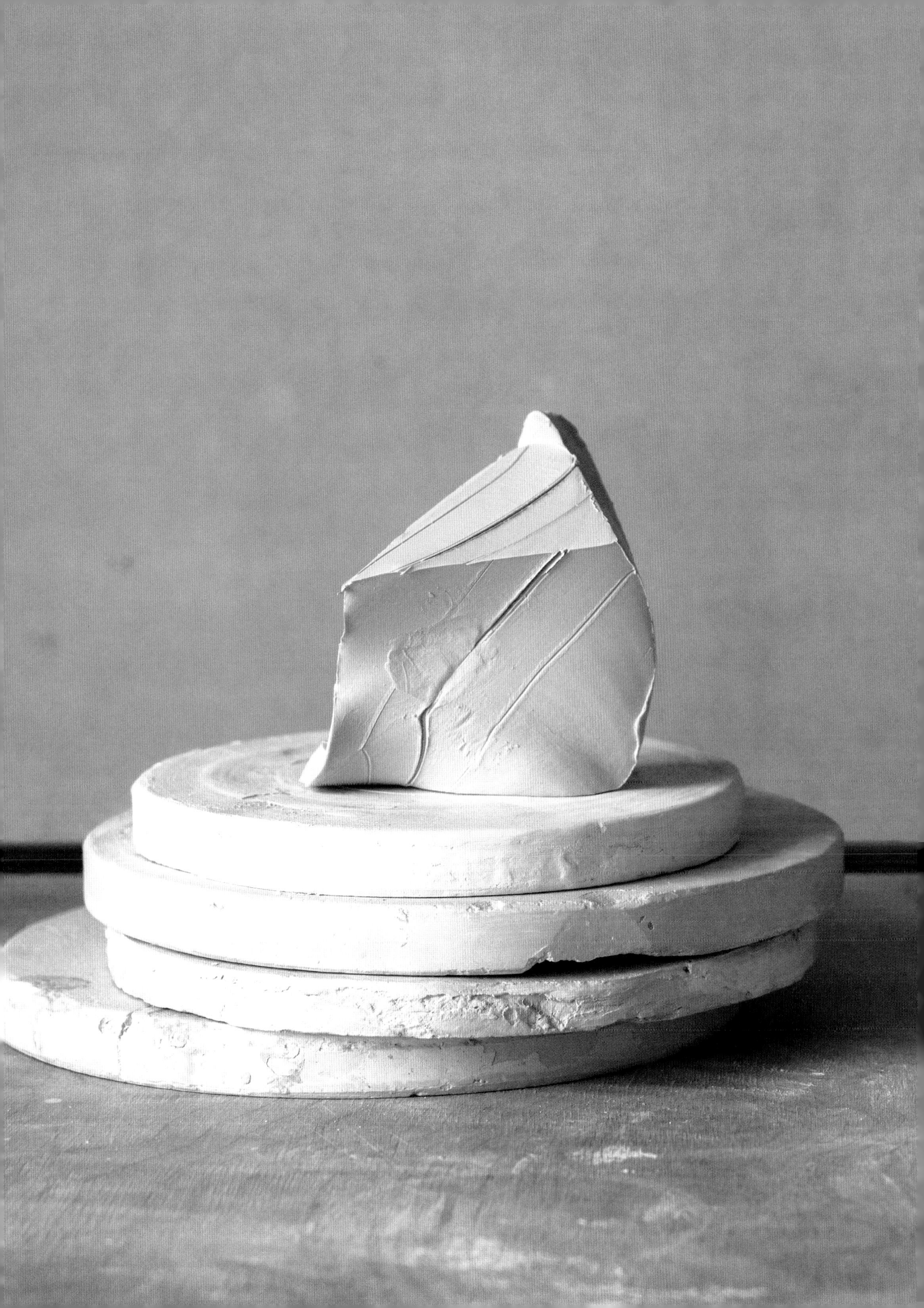

GIESSTON

Neben den weichen Tonmassen gibt es auch Gießton. Hierbei handelt es sich um ein Pulver aus Irdenware, Steinzeug oder Porzellan, das mit Wasser angerührt und in Formen aus Gips gegossen wird. Diese Technik ist ideal, wenn du eine ganze Serie identischer Gefäße herstellen möchtest.

TON WIEDERVERWERTEN

Bereits getrocknete Tonreste lassen sich gut wiederverwenden und sollten daher nach Tonarten getrennt in Behältern gesammelt werden.

Der Ton muss vollständig austrocknen, was am besten in einem offenen Eimer funktioniert. Sobald er bereit ist, vermischst du ihn mit Wasser und wartest, bis er sich vollständig damit vollgesogen hat. Dann kannst du ihn kneten (Seite 35).

Der Feinstaub von Ton und Glasuren ist gesundheitsschädlich. Es ist deshalb wichtig, dass du deine Werkstatt sauber hältst. Fegen ist keine gute Idee, da du damit den Staub aufwirbelst. Am besten reinigst du alles mit Wasser und schmirgelst Keramik nie trocken ab.

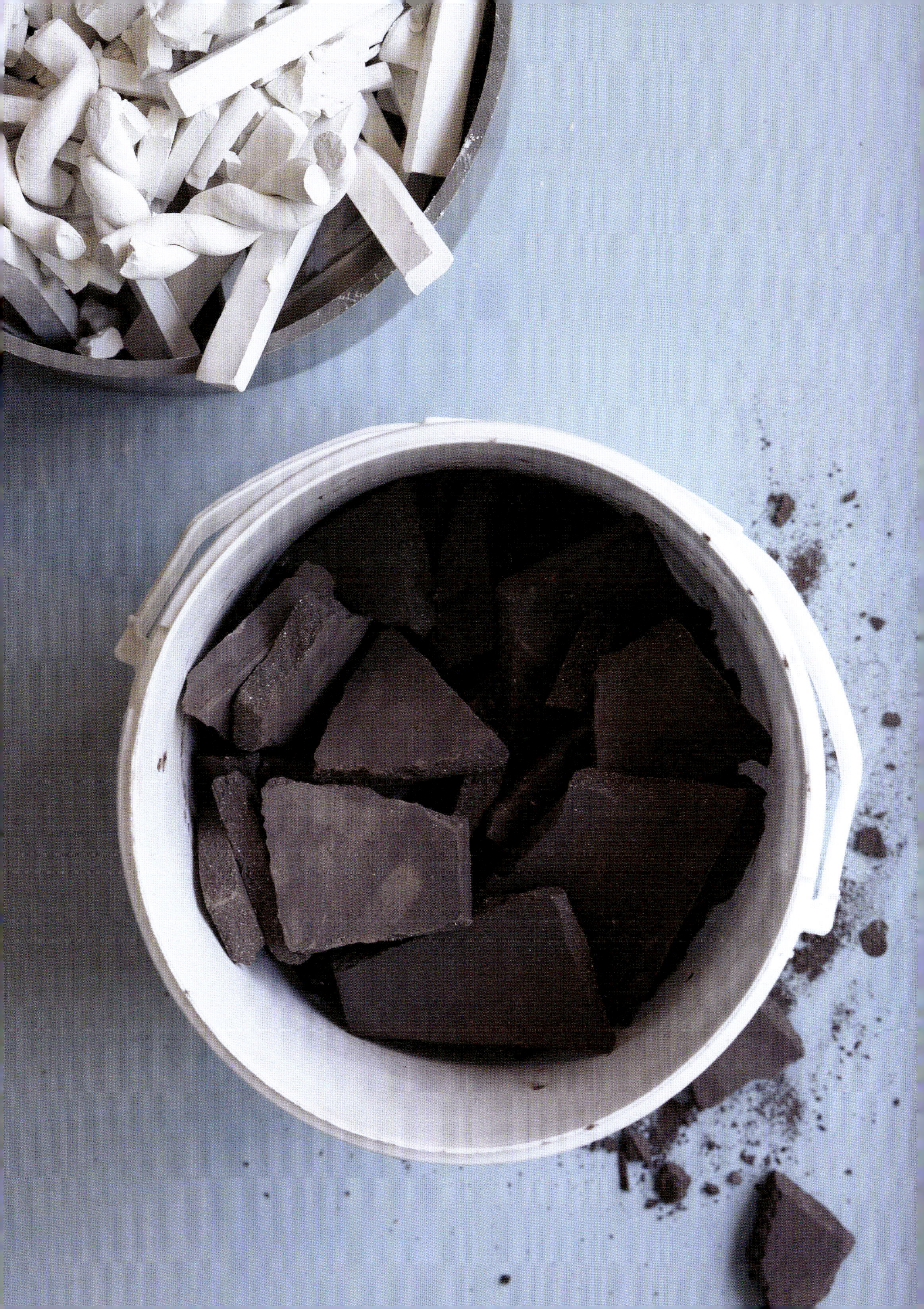

1 Die trockenen Tonreste in einem Eimer mit Wasser bedecken. Sobald der Ton weich geworden ist, verteilst du ihn auf einer großen Gipsplatte. Anfangs ist er noch zu nass, um ihn zu kneten.

2 Nach einer Weile hat der Gips einen Teil der Feuchtigkeit aufgesogen. Wenn die Unterseite des Tons fest geworden ist, wird er umgedreht, damit auch die andere Seite trocknen kann. Sobald der Ton nicht mehr am Gips klebt, kann er geknetet werden. Am besten geeignet ist die Technik „Schlagen und Schneiden" (Seite 38).

Den Ton mindestens 50-mal kneten. Er ist fertig, wenn er wieder homogen und geschmeidig ist.

1

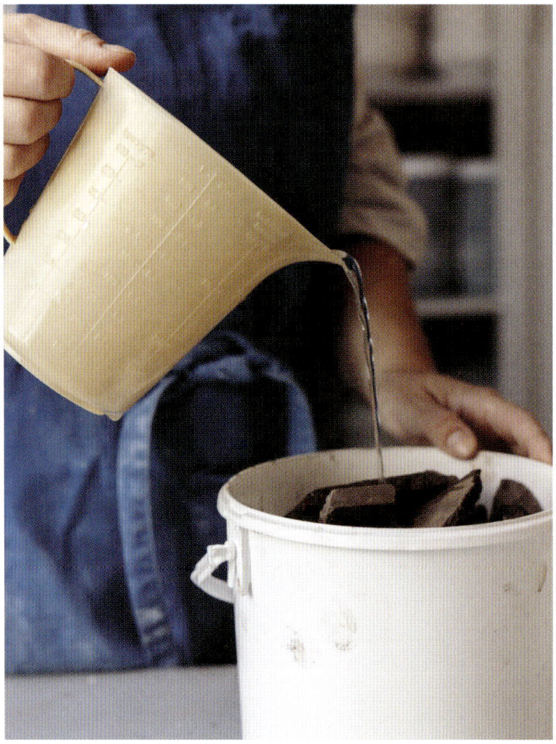

Da Ton ein organisches Material ist, kann er bei längerer Lagerung schimmeln. Eine dunkle Schimmelschicht hat keinen Einfluss auf die Qualität des Tons, auch wenn sie vielleicht merkwürdig riecht. Eventuelle Verfärbungen verschwinden beim Brand.

2

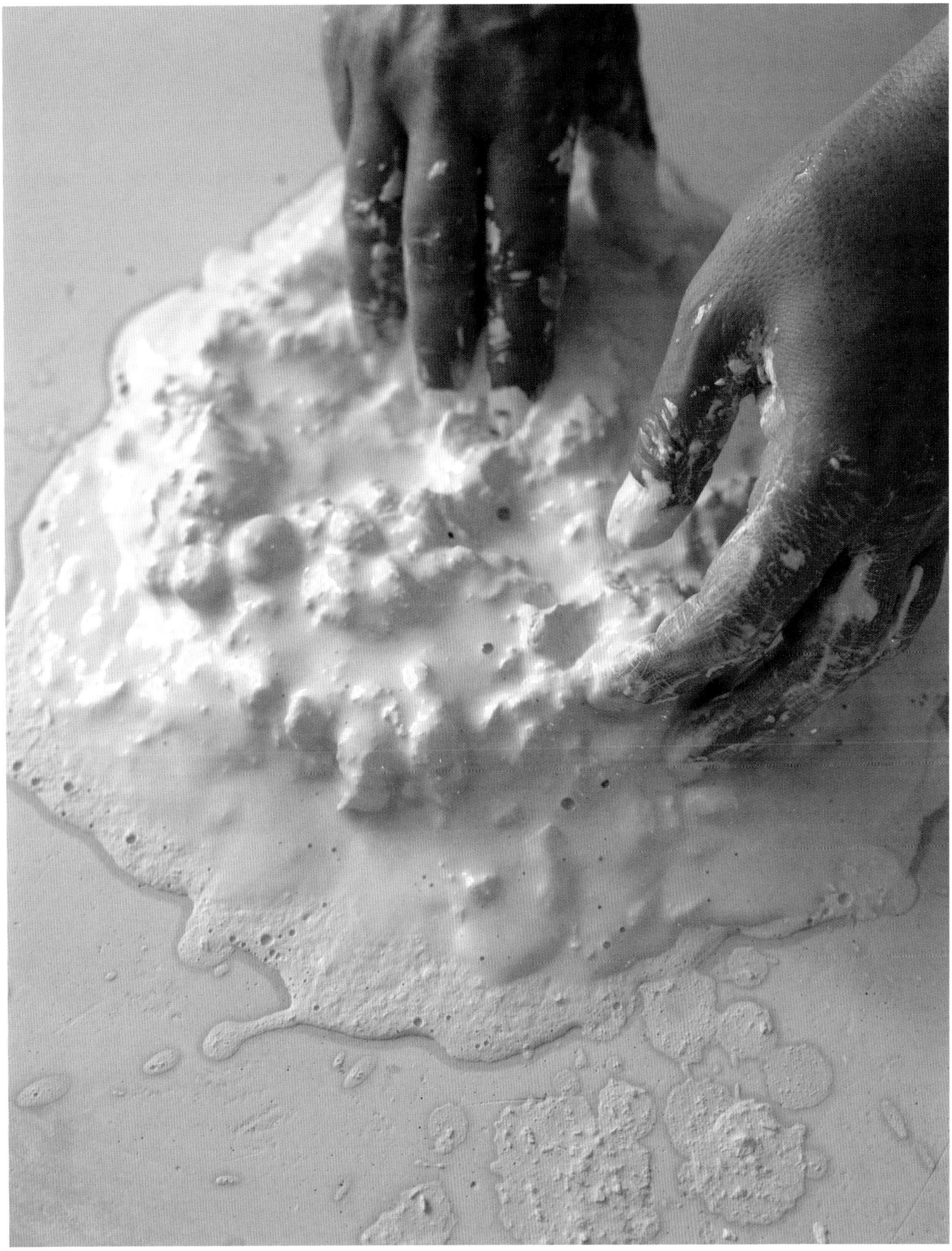

Die wichtigsten Werkzeuge und Utensilien

Schneidedraht aus Metall und Nylon (1)

Feiner Schwamm (2)

Drehschiene (3)

Töpfernadel (4)

Flaches Modellierholz (5)

Bastelmesser (6)

Lineal (7)

Schwamm mit Holzgriff (8)

Modellierholz (9)

kleine Ziehklingen (10)

Pinsel (11)

Modellierschlinge (12)

große Ziehklinge (13)

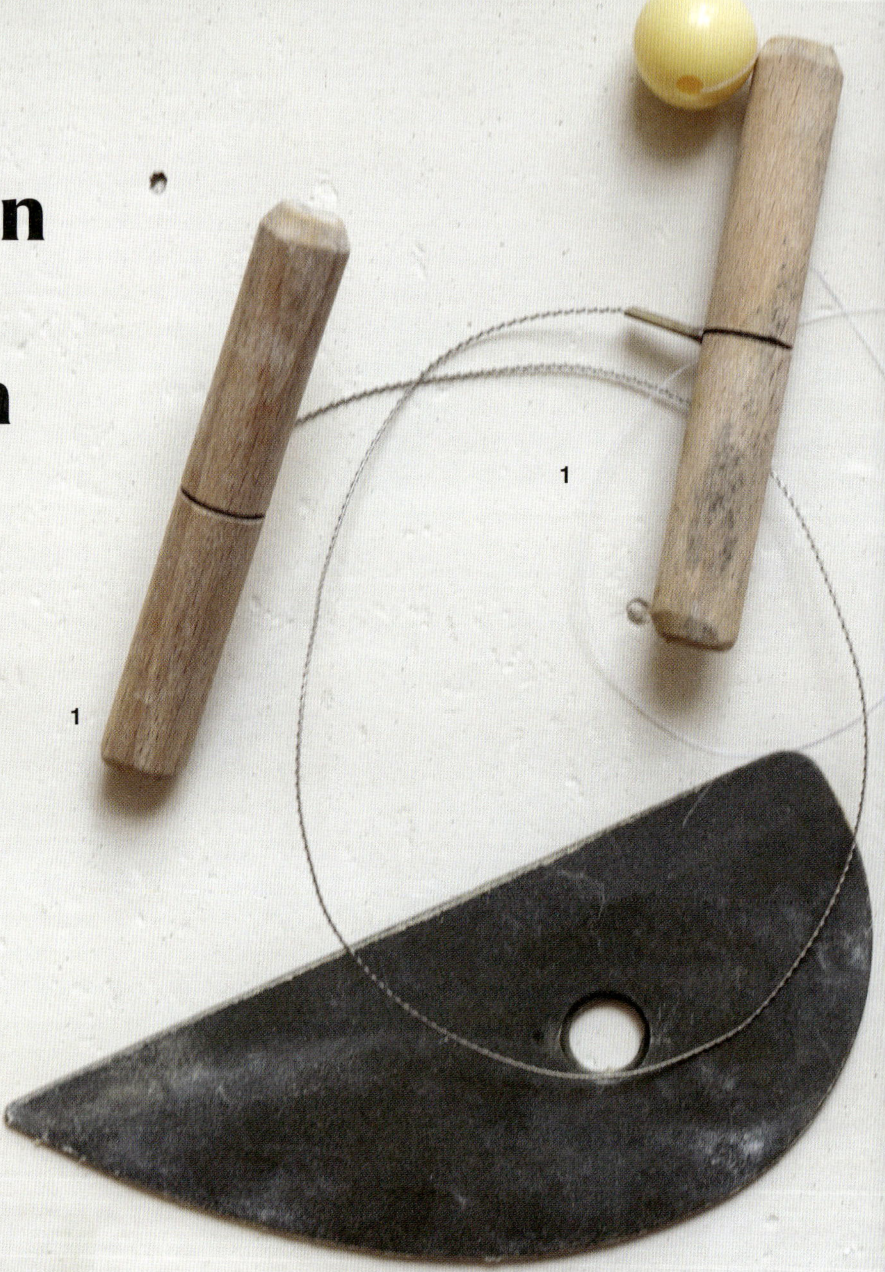

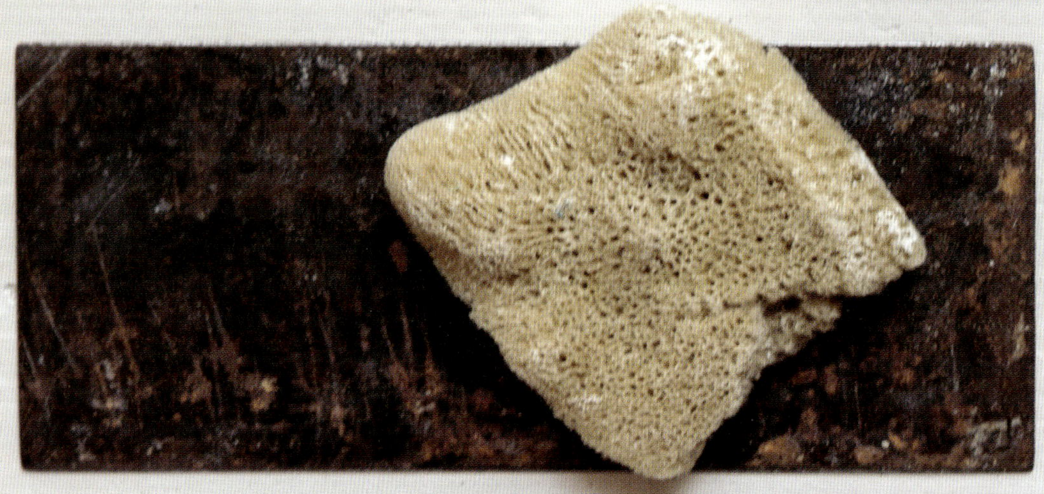

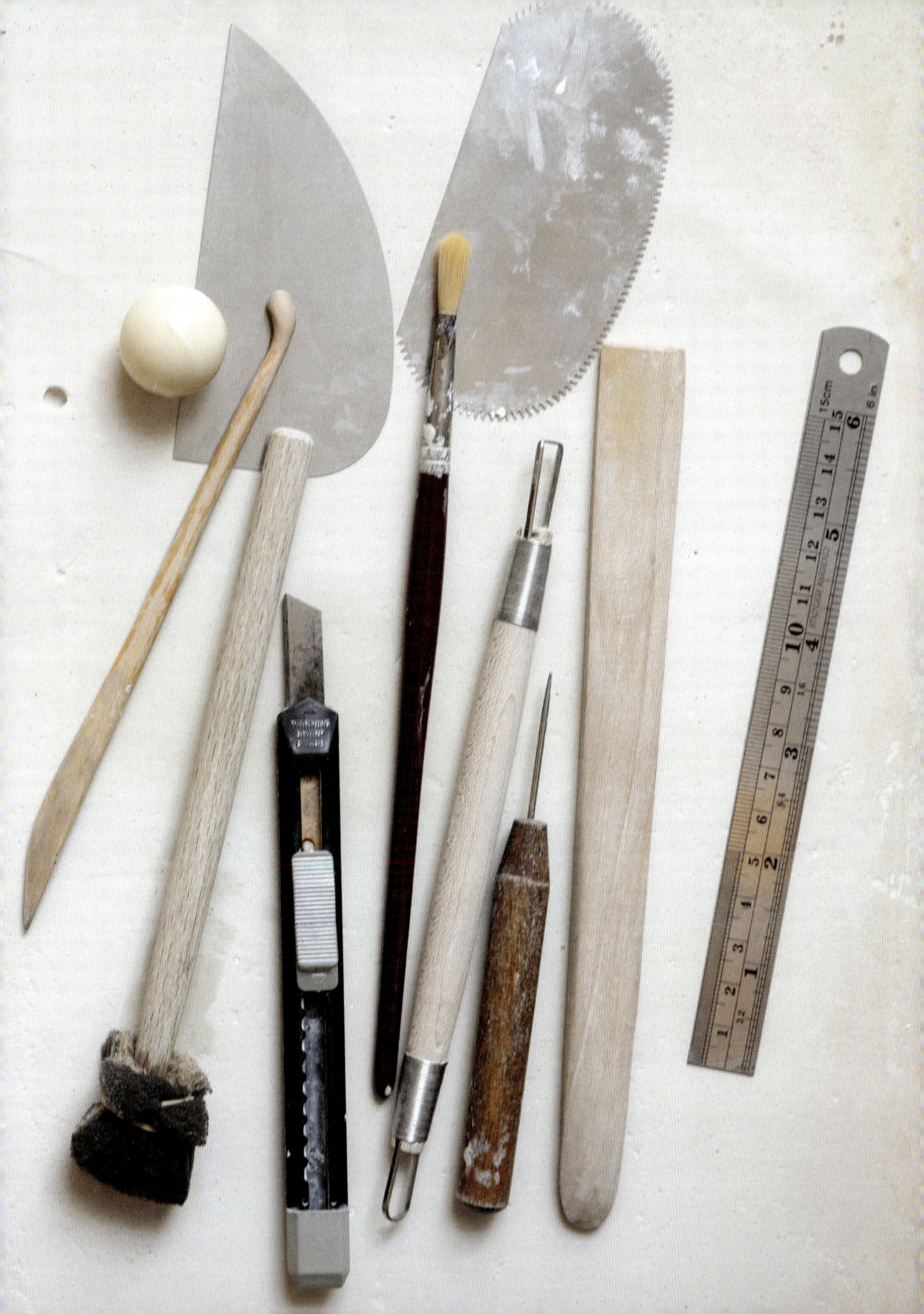

Schürze

Schlicker

große Schüssel mit Wasser

großer Rührlöffel

Wanne

Krug/großer Messbecher

Tücher

Plastikbeutel

Nudelholz

Unterglasurstift

Stempel

Töpferscheibe

Ränderscheibe

Gipsplatten, rund und eckig

Staubmaske

Nass-Schleifpapier

Glasur

Keramikbrennofen

Plattenschutz

Brennstützen

Pyrometrische Kegel

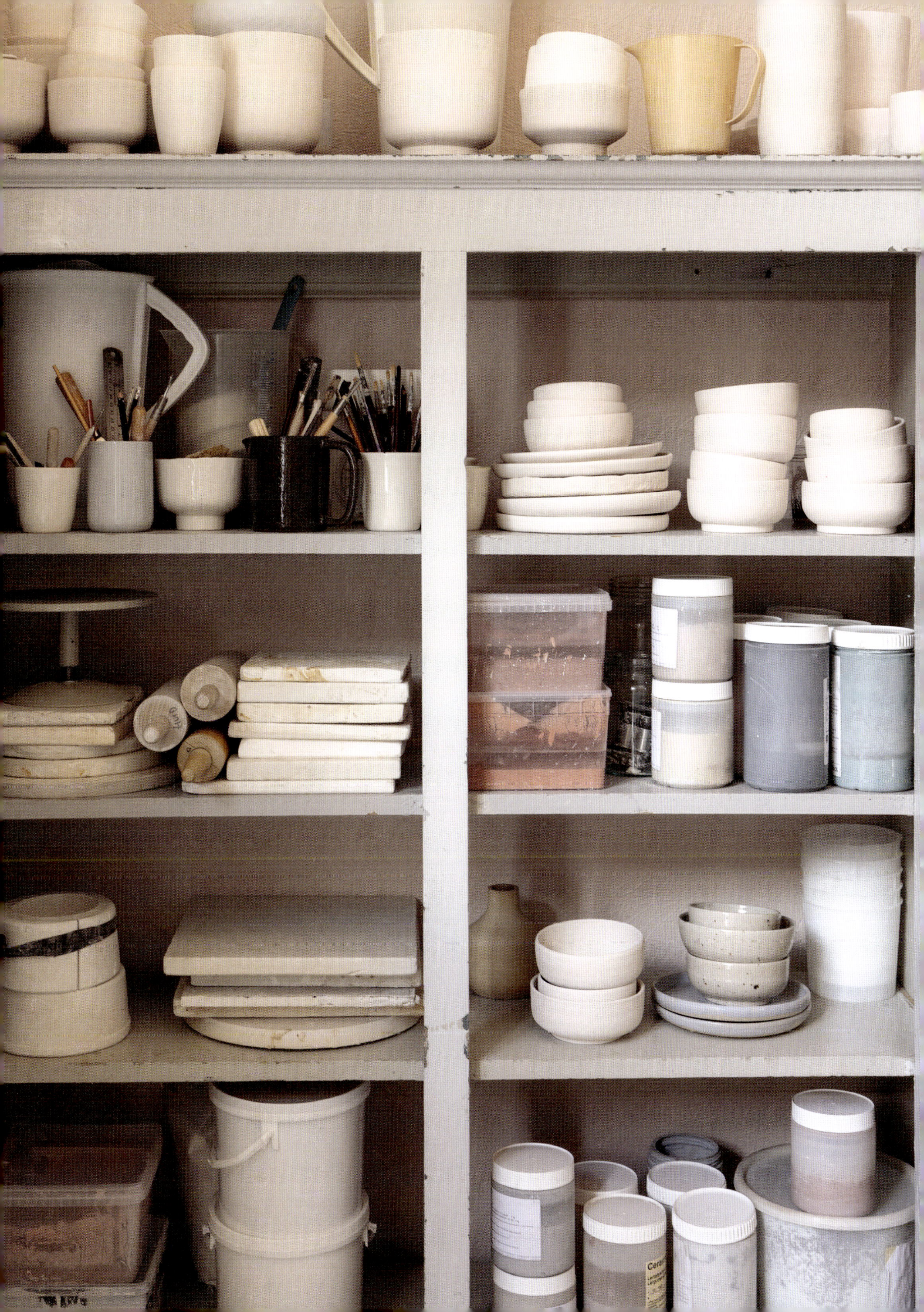

DREHSCHIENEN

Drehschienen sind in unterschiedlichen Formen und Materialien wie Metall, Hart- und Weichkunststoff erhältlich. In diesem Buch verwenden wir eine Drehschiene aus Hartkunststoff. Alternativ kannst du auch eine ausgediente Kreditkarte in die gewünschte Form schneiden.

SCHNEIDEDRAHT

Schneidedraht eignet sich hervorragend zum Schneiden großer Tonstücke. Er besteht normalerweise aus Metall. Zum Lösen eines fertig gedrehten Teils von der Drehscheibe bevorzugen wir jedoch einen Schneidedraht aus dünner Nylonschnur, die feiner schneidet und sich leichter flach auf der Drehscheibe entlangführen lässt.

ZIEHKLINGEN

Ziehklingen aus Metall sind in verschiedenen Formen erhältlich. Eine große rechteckige Ziehklinge ist praktisch, um nach dem Brennen kleine Glasurreste auf Ofenplatten oder Verkrustungen am Boden von Keramiken abzukratzen. Dabei können spitze Stücke abspringen, also bitte eine Schutzbrille tragen.

SCHWAMM MIT HOLZGRIFF

Ein solcher Schwamm ist ideal, um Tonreste vom Boden eines gedrehten Gefäßes mit engem Hals abzuwischen, die man mit der Hand nicht erreichen würde. Es gibt sie fertig zu kaufen, du kannst sie aber auch selbst machen – aus einem Holzstab, einem halben Küchenschwamm und einem Gummiband.

SCHLICKER

Schlicker ist eine breiige Mischung aus Wasser und trockenem Ton. Diese Masse wird wie Klebstoff verwendet. Mit Schlicker kannst du zum Beispiel einen Henkel an einer Tasse befestigen. Man verwendet immer die Tonsorte, mit der man gerade arbeitet. Mehr dazu auf Seite 125.

RÄNDERSCHEIBE

Die Ränderscheibe ist ein kleiner Drehteller für den Tisch. Sie eignet sich hervorragend zum Abstellen des Werkstücks für die weitere Bearbeitung.

RUNDE GIPSPLATTE

Um es dir beim Drehen großer Teller leichter zu machen, kannst du oben auf der Töpferscheibe eine runde Gipsplatte befestigen. Sie ist auch als Abstellfläche für gedrehte Teile praktisch, da der Gips dem Ton Wasser entzieht.

ECKIGE GIPSPLATTE

Gipsplatten gibt es in vielen Formen und Größen. Zum Kneten von Ton eignet sich eine große, eckige, 5 cm dicke Gipsplatte am besten, da sie viel Wasser aufsaugt. Auf Gipskartonplatten (Rigips), mit denen Wände gebaut werden, kannst du lederharte, abgedrehte Stücke gut zum Trocknen abstellen.

STAUBMASKE

Das Einatmen von Glasurpulver ist gesundheitsschädlich. Eine Staubmaske mit P3-Filter schützt vor den gefährlichen winzigen Partikeln.

NASS-SCHLEIFPAPIER

Nass-Schleifpapier ist feinkörnig und kann zum Schleifen von fertig gebranntem Ton verwendet werden. Vor und während des Schleifens muss die Keramik immer mit Wasser angefeuchtet sein. Durch das Schleifen werden Böden und unglasierte Oberflächen schön glatt.

BRENNOFEN

Ton muss in einem speziellen Keramikbrennofen gebrannt werden. Wenn du keinen besitzt, kannst du in einer Töpferei nachfragen, ob deine Stücke dort gebrannt werden können.

PLATTENSCHUTZ

Plattenschutz (auch Trennmittel) ist ein mit Wasser vermischtes Pulver, das auf die Ofenplatten aufgetragen wird, um sie vor Verunreinigungen zu schützen. Die Ofenplatten müssen vor dem Auftragen des Pulvers von Glasurresten befreit werden.

BRENNSTÜTZEN

Brennstützen sind kleine, stapelbare Zylinder, auf die die Ofenplatten gestellt werden können, um in mehreren Etagen zu brennen.

PYROMETRISCHE KEGEL

Pyrometrische Kegel (auch Ortonkegel) sind Temperaturmesser, mit denen man das Hitzeniveau während des Brennens überwachen kann. Die Kegel schmelzen und verbiegen sich ab einer bestimmten Temperatur (Fallpunkt). So kannst du erkennen, ob der Ofen schon die gewünschte Hitze erreicht hat.

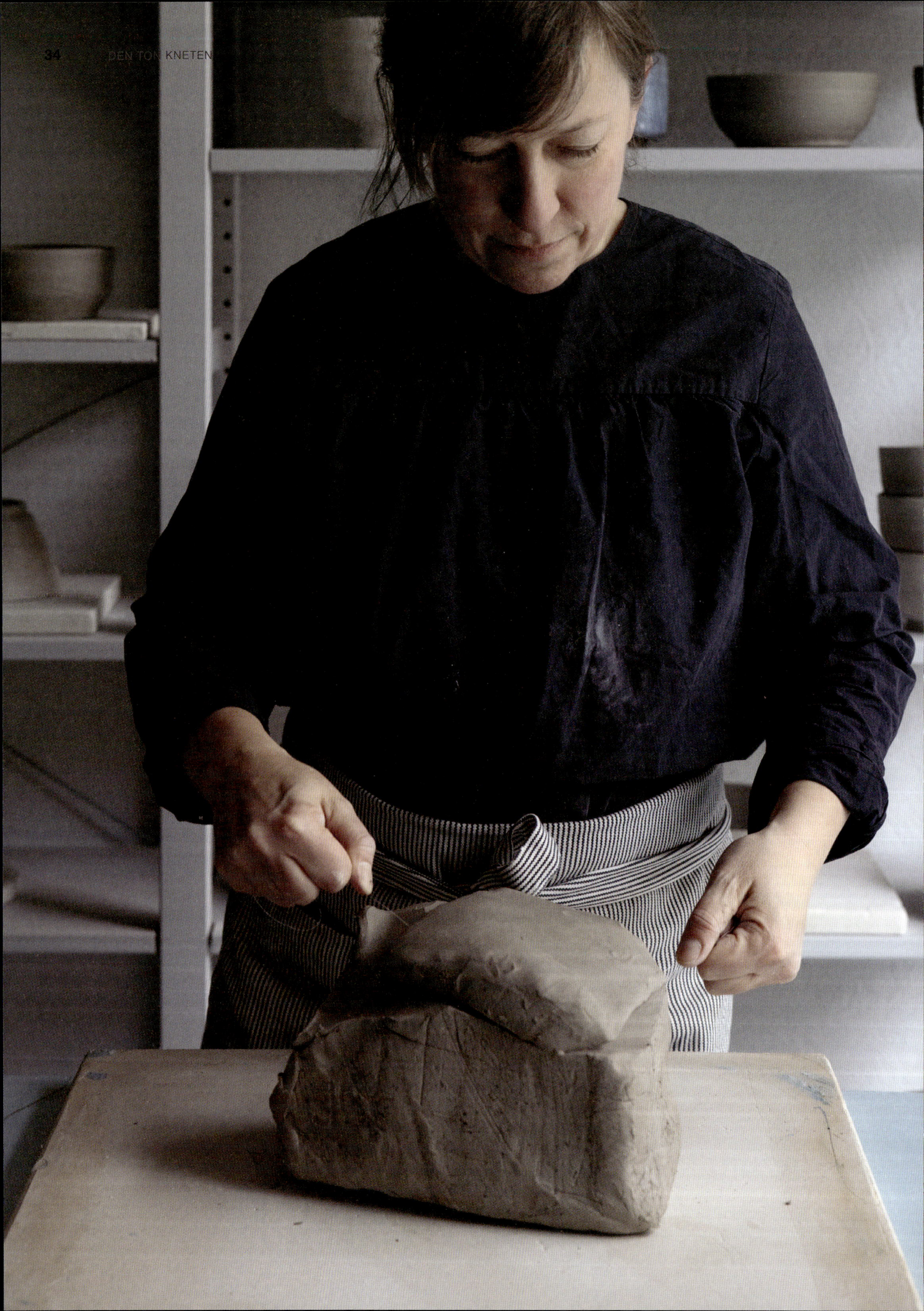

Den Ton kneten

Werkzeuge und Utensilien
Schneidedraht aus Metall
große dicke Gips- oder Holzplatte
Schürze

Um eingeschlossene Luftblasen zu entfernen und den Ton geschmeidig zu machen, ist es wichtig, ihn vor dem Drehen gründlich zu kneten. Lufteinschlüsse im Material stören nicht nur beim Drehen, im schlimmsten Fall kann die Keramik beim Brennen sogar reißen oder aufplatzen.

Es gibt verschiedene Techniken, um Ton zu kneten. Wir stellen hier die klassische Widderkopf-Technik und die Methode des Schneidens und Schlagens vor.

Als Unterlage zum Kneten empfehlen wir ein stabiles, dickes, unbehandeltes Holzbrett oder eine dicke Gipsplatte. Gipsplatten entziehen dem Ton Wasser. Das kann von Vorteil sein, wenn er sehr feucht ist. Im Normalfall solltest du die Gipsplatte aber vor dem Kneten gut anfeuchten, sodass sie mit Wasser vollgesogen ist.

Wenn du den Ton aus der Verpackung nimmst, fühlt er sich meist sehr fest an, weil er lange gelagert wurde. Das bedeutet aber nicht unbedingt, dass er zu trocken ist. Meist reicht es aus, ihn zu kneten, damit sich die Feuchtigkeit im Ton verteilt. Lässt sich der Ton schlecht kneten, ist er wahrscheinlich zu trocken. In diesem Fall solltest du Löcher hineinstechen und ihn über Nacht in einen Eimer mit Wasser legen.

WIDDERKOPFKNETEN

Diese Knettechnik eignet sich für Ton, der nur wenig geknetet werden muss oder der mit der Methode des Schneidens und Schlagens vorbehandelt wurde. Widderkopfkneten ist die am häufigsten angewendete Technik. Sie ähnelt dem Kneten von Teig, nur dass hier die Luft nicht in den Ton eingearbeitet, sondern aus ihm herausgeknetet wird.

Es ist wichtig, keine zu großen Falten und Überlappungen entstehen zu lassen, um neue Lufteinschlüsse zu vermeiden.

1

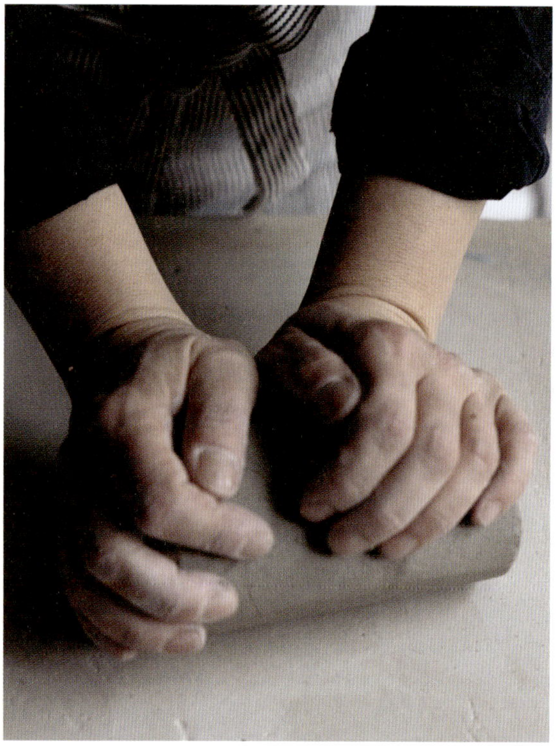

1 Einen Klumpen Ton nur mit den Handballen, nicht mit den Fingern, nach unten und dann nach vorne drücken. Dabei das gesamte Körpergewicht einsetzen, um die Arme zu schonen. Dies in einer stetigen Vor- und Rückwärtsbewegung wiederholen, bis eine Art Widderkopf entstanden ist – daher der Name.

2 Den Ton um eine Viertelumdrehung zu sich hin legen und den Vorgang wiederholen. Beim Kneten darauf achten, den Klumpen nicht flach auseinanderzudrücken, sondern beisammenzuhalten und zwischendurch glatt zu klopfen. Der Ton sollte so aussehen, als ob er aus vielen einzelnen Schichten besteht. Er ist fertig geknetet, wenn er sich weich und homogen anfühlt. Zum Schluss den Klumpen hochkant stellen und rundum mit den Handballen klopfen, bis er eine glatte, ebenmäßige Oberfläche hat.

2

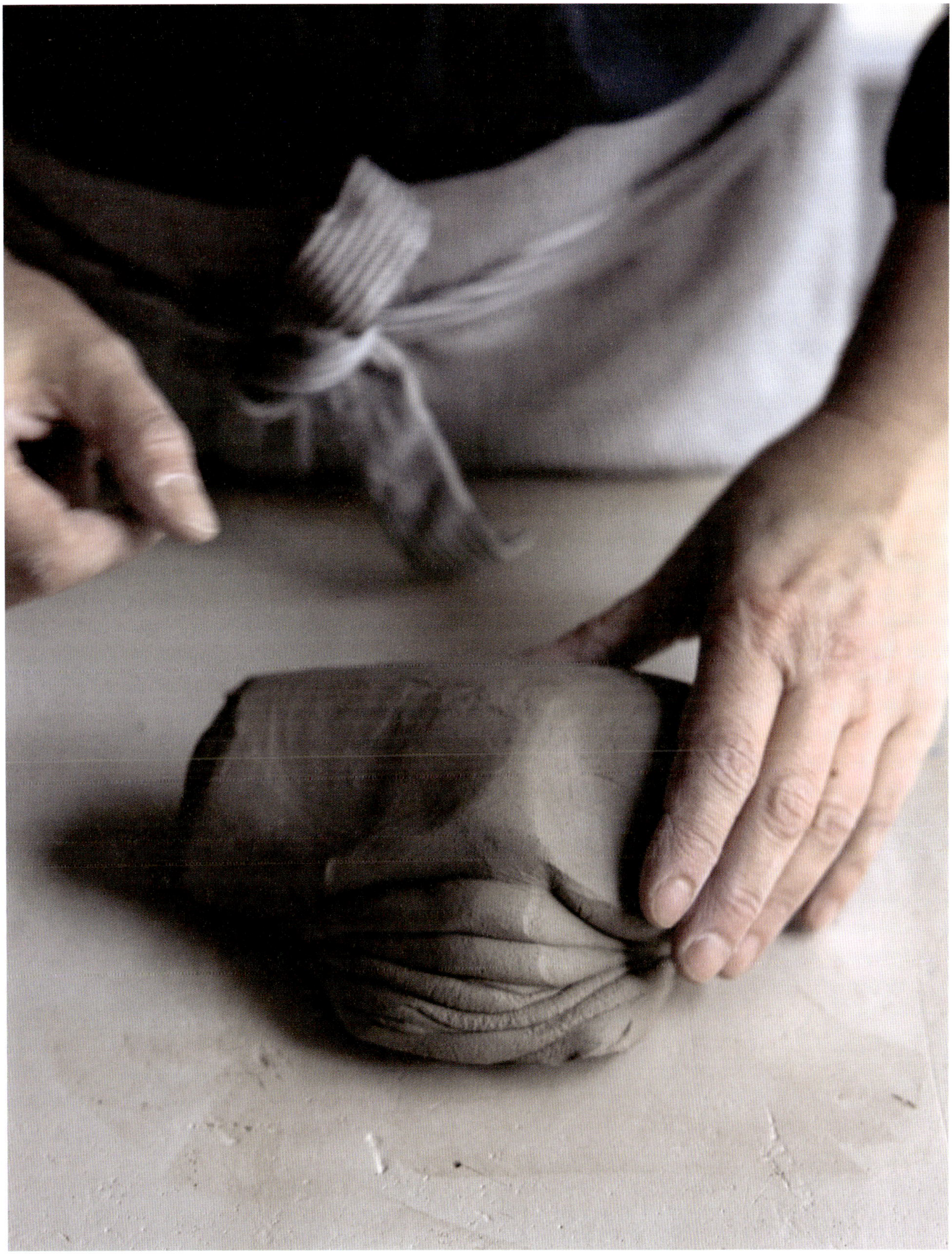

SCHNEIDEN UND SCHLAGEN

Diese Knettechnik eignet sich für alle Arten von Ton, besonders aber für Tonklumpen mit sehr uneinheitlicher Konsistenz oder mit vielen Lufteinschlüssen. Durch das Schlagen werden die eingeschlossenen Luftblasen entfernt, und der Ton wird weich und homogen.

1. Einen Tonklumpen von ca. 4 kg Gewicht auf die Arbeitsfläche legen. Er wird später, wenn er ausreichend geknetet ist, in kleinere Portionen aufgeteilt. Den Klumpen zunächst durch kräftiges Klopfen mit den Händen in eine leicht runde, längliche Form mit glatter Oberfläche bringen.

2. Den Schneidedraht mittig unter den Tonklumpen führen und den Ton von unten nach oben durchschneiden.

3. Die vordere Tonhälfte anheben, um 180 Grad drehen und so auf die hintere Hälfte schlagen, dass beide Schnittseiten exakt übereinanderliegen.

4. Der zusammengefügte Klumpen weist jetzt wahrscheinlich viele unregelmäßige horizontale Linien auf. Dies zeigt, dass die Konsistenz des Tons noch sehr uneinheitlich ist. Je öfter der Vorgang des Schneidens und Schlagens wiederholt wird, desto mehr verschwinden diese Linien. Je nach Tonart sollte der Vorgang fünf- bis zehnmal wiederholt werden. Wenn der Ton keine größeren Unregelmäßigkeiten oder Löcher mehr aufweist und sich geschmeidig anfühlt, ist er bereit zum Drehen.

Es gibt noch andere Knettechniken, aber wir stellen hier nur diese beiden vor, weil sie einfach und effektiv sind.

1

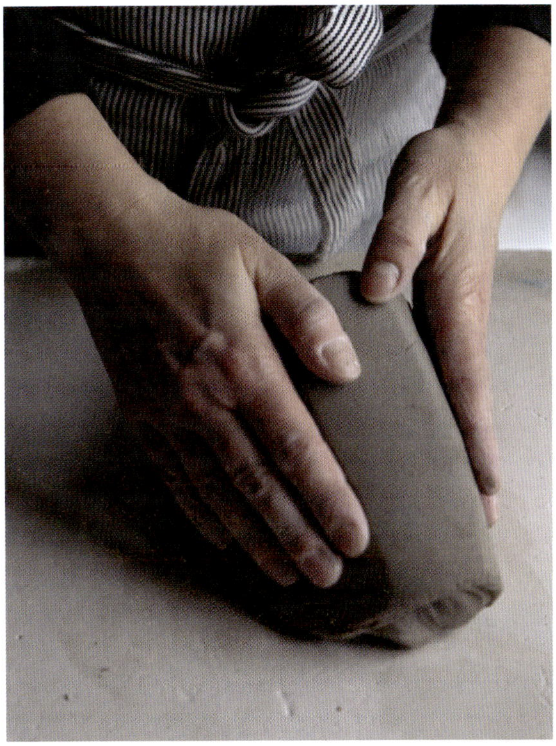

2

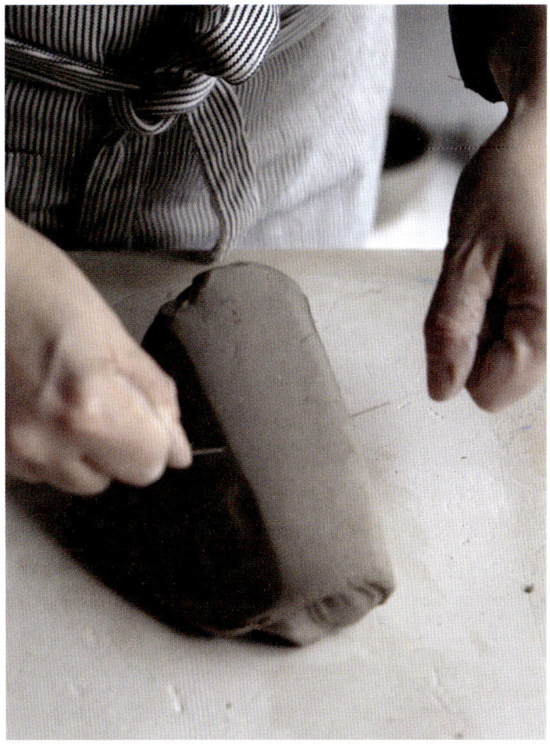

3

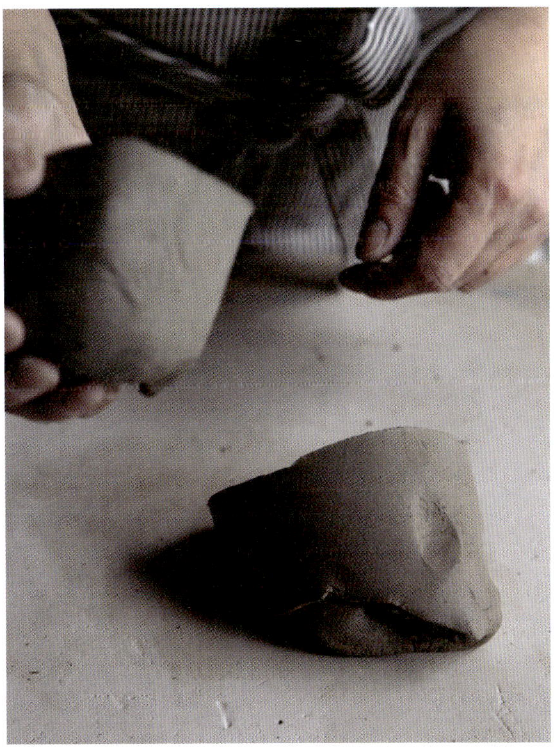

4

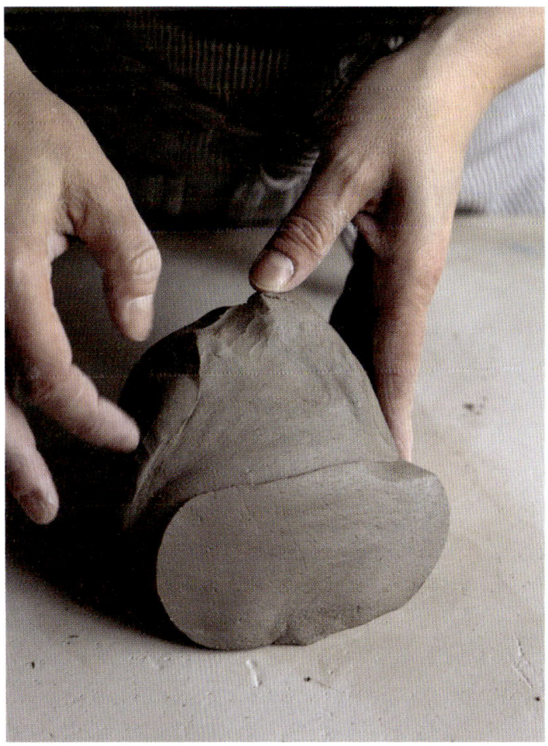

DEN TON IN PORTIONEN TEILEN

Wenn der Ton (ca. 4 kg) geknetet ist, kann er geteilt werden. Dazu den Klumpen zunächst zu einem dicken Wulst mit 8–10 cm Durchmesser formen und die benötigten Stücke auf dem Wulst markieren. Jetzt kannst du die einzelnen Teile abdrehen und den Ton zu gleichmäßigen Kugeln formen. Achte aber darauf, dass dabei keine Luft in das Material gelangt.

Am besten beginnst du mit eher kleinen Kugeln. Die Stücke anschließend mit Plastikfolie abdecken, um sie bis zum Drehen feucht zu halten.

TONMENGEN

Tasse: 250 g, Größe eines Pfirsichs
Schale: 400 g, Größe einer Orange
Teller: 1100 g, Größe einer kleinen Honigmelone
Krug: 900 g, Größe einer Grapefruit
Vase: 900 g, Größe einer Grapefruit

Anfänger „verlieren" beim Drehen oft viel Ton, und am Ende ist nur noch genug Ton für eine Tasse statt für eine Schale übrig. Wir empfehlen daher, für die ersten Stücke etwas mehr Ton, als hier angegeben, zu verwenden.

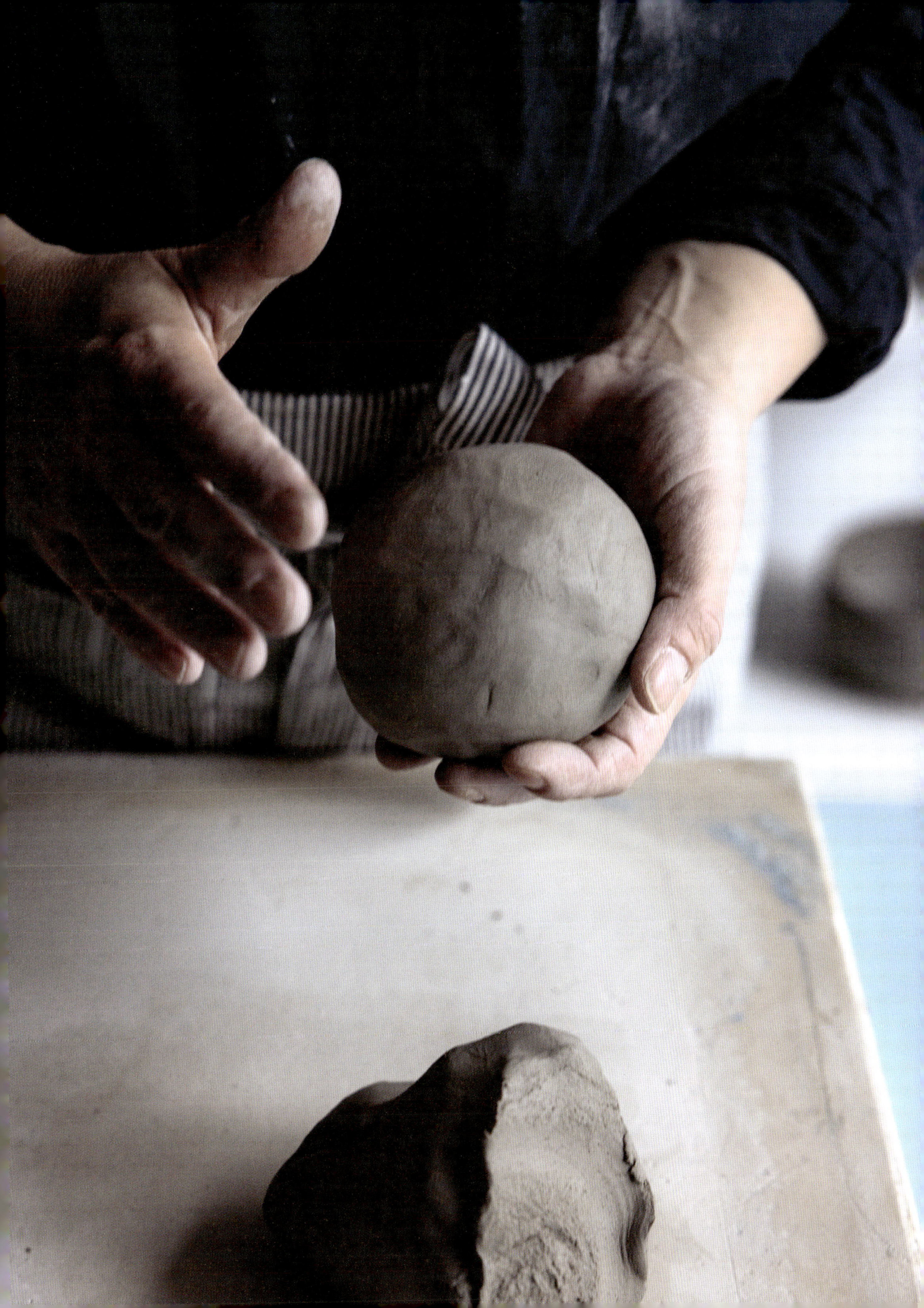

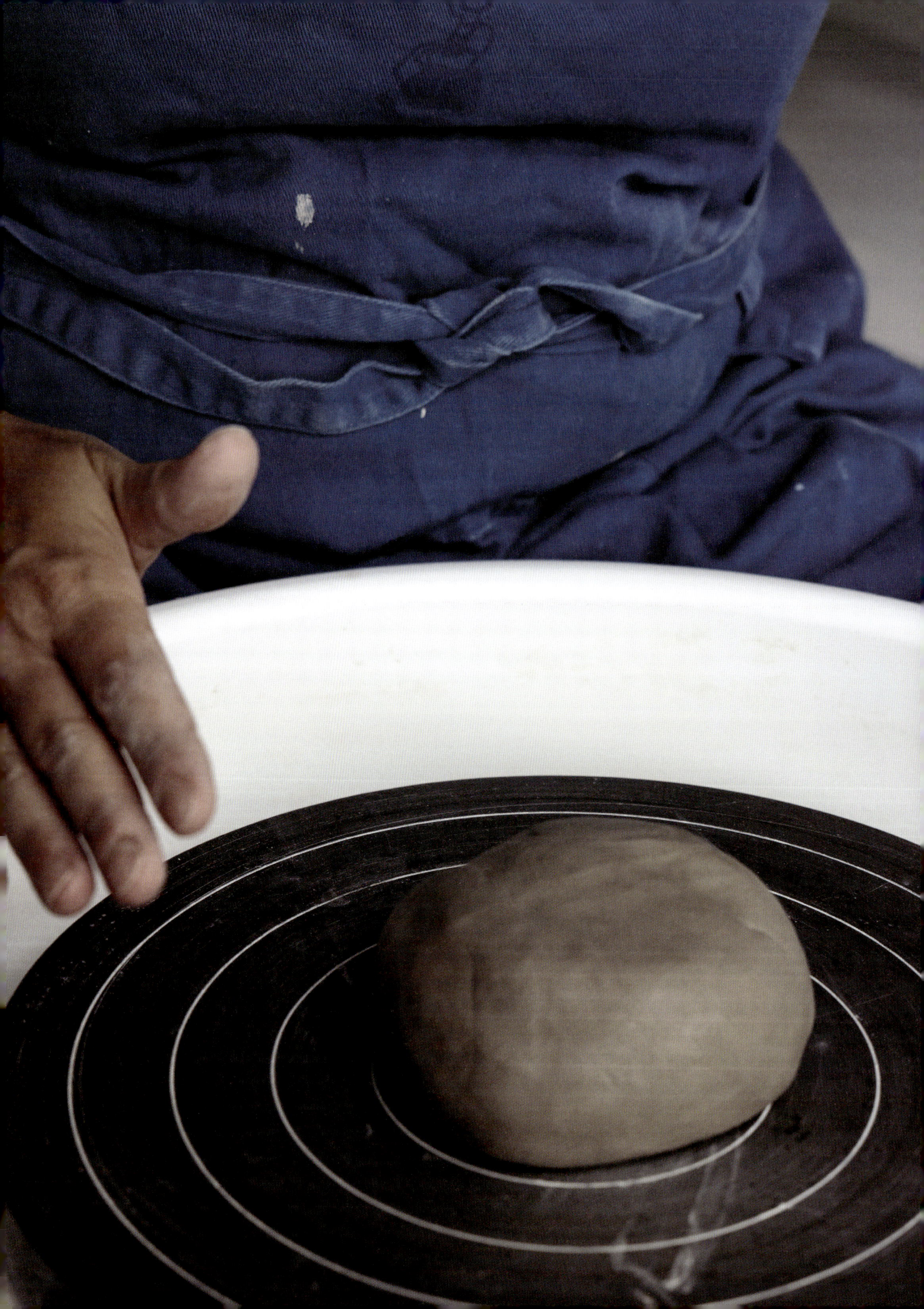

Den Ton zentrieren

Werkzeuge und Utensilien
Schwamm
große Schüssel mit Wasser
Schürze

Die Technik des Zentrierens sorgt dafür, dass der Ton mittig auf dem Drehteller sitzt und gleichmäßig rund läuft. Dazu lässt du den Ton mehrfach in Form eines Kegels nach oben wachsen und drückst ihn dann wieder herunter. Das mag einfach klingen, ist aber durchaus eine Herausforderung und braucht etwas Übung. Hier ist Ausdauer gefragt, aber irgendwann klappt es, versprochen!

Um den Ton für eine Schale zu zentrieren, sollte man diesen mindestens ein- bis zweimal kegelförmig nach oben drücken. Wenn du Einsteiger bist, wirst du vielleicht fünf bis sechs Anläufe oder mehr brauchen. Beim Drehen großer Teile, für die viel Material benötigt wird, muss der Ton zum Zentrieren noch häufiger nach oben gedrückt werden.

Das Zentrieren ist das Wichtigste, was du beim Drehen lernen musst, weil es den Rest des Prozesses beeinflusst. Wenn der Ton zentriert ist, ist die Wahrscheinlichkeit geringer, dass das Gefäß schief oder eiförmig wird.

Denk daran, deine Hände während des Drehens immer wieder anzufeuchten. Das erleichtert das Ganze ungemein!

2

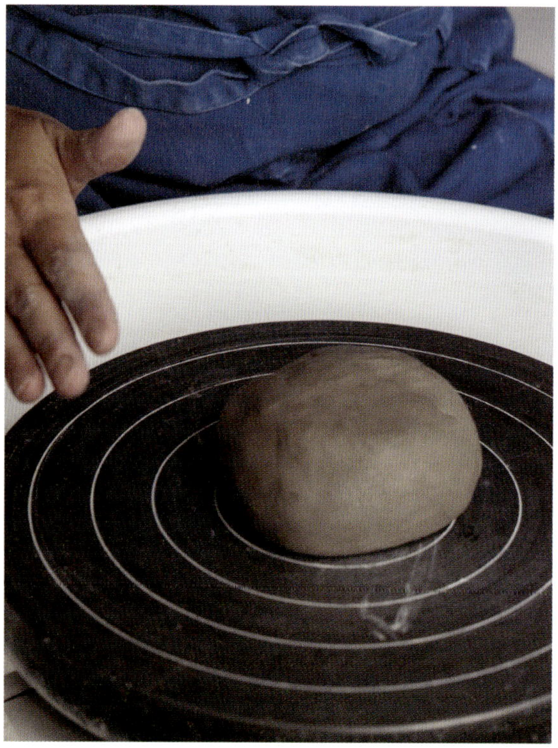

1 Den Ton kneten, wie auf Seite 36 beschrieben.

2 Vor dem Zentrieren ist es wichtig, die Töpferscheibe abzuwischen und abzutrocknen, denn auf einer schmutzigen oder nassen Scheibe kann der Ton leicht verrutschen. Auch deine Hände sollten anfangs trocken sein. Die vorbereitete Tonkugel mit Kraft so mittig wie möglich auf die Töpferscheibe schlagen. Falls sie nicht ganz mittig sitzt, kannst du sie mit den Händen vorsichtig in Richtung Mitte klopfen. Setze dich nah an die Töpferscheibe – möglichst in einer Höhe, in der du dein gesamtes Körpergewicht einsetzen kannst. So kannst du den Ton beim Zentrieren leichter kontrollieren und drücken. Zudem solltest du dich etwas über die Drehscheibe beugen und deine Ellenbogen dicht am Körper halten. Stelle dir die Töpferscheibe für Links- oder Rechtshänder ein. Für Rechtshänder dreht sich die Scheibe gegen den Uhrzeigersinn, für Linkshänder mit dem Uhrzeigersinn. Alle Schritte in diesem Buch sind für Rechtshänder beschrieben.

3 Damit der Ton in deinen Händen geschmeidig gleitet, muss er feucht sein. Deshalb müssen Hände und Ton beim Drehen immer wieder angefeuchtet werden. Wenn du möchtest, kannst du während des Drehens einen nassen Schwamm in der Hand halten. Nach ein paar Probedurchgängen kennst du die Methode, die für dich am besten funktioniert.

Zum Zentrieren zunächst die Hände anfeuchten und die Drehscheibe auf die höchste Stufe stellen. Den Ton mit beiden Handballen leicht nach innen und unten drücken. Der Klumpen sollte gleichmäßig rund sein, aber nicht flach gedrückt werden. Zu diesem Zeitpunkt läuft der Klumpen noch nicht sonderlich rund. Das ist ganz normal.

3

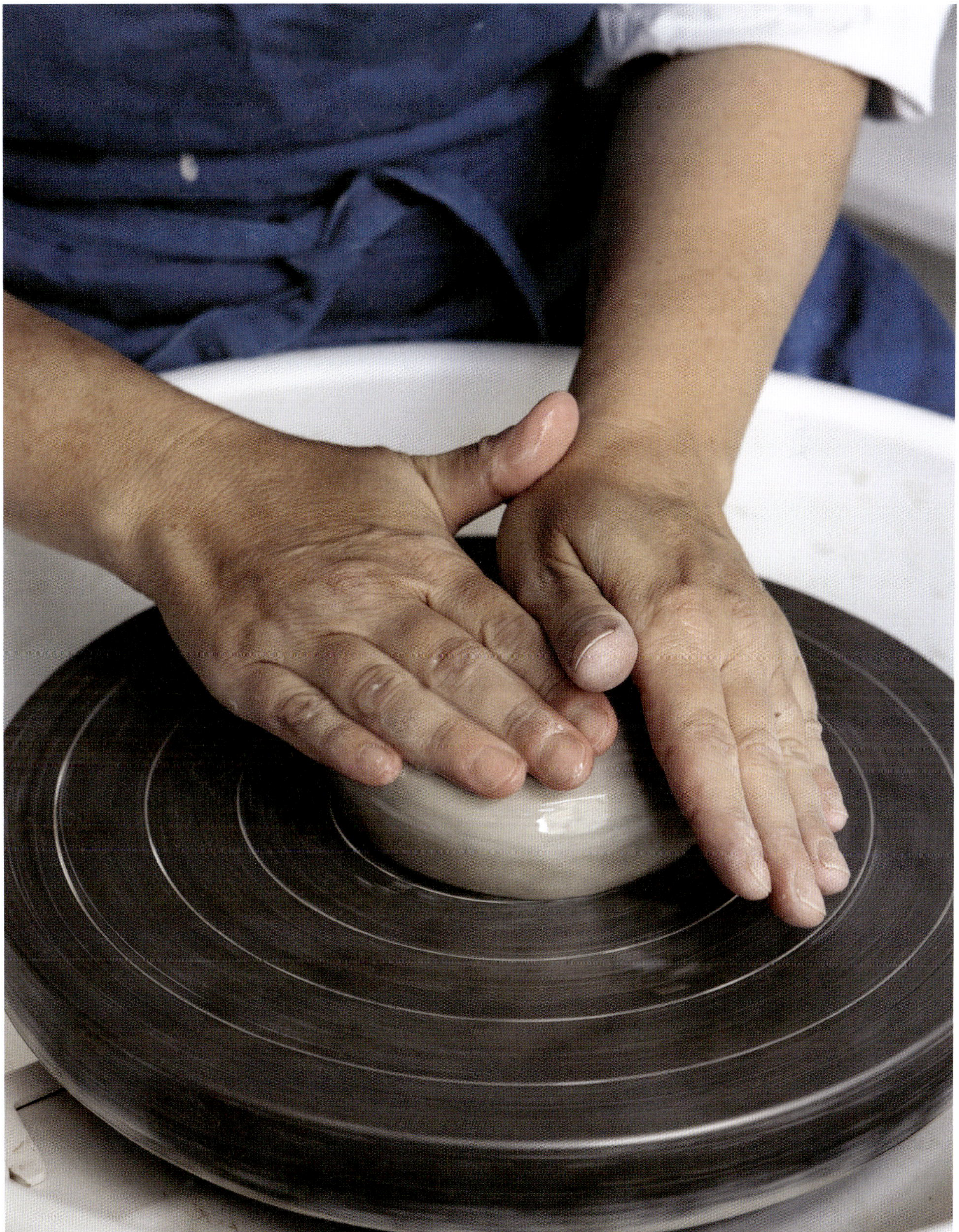

4 Die Vorbereitungen sind jetzt abgeschlossen, und das Zentrieren kann beginnen. Hierzu die Hände anfeuchten und den Ton mit beiden Handballen nach oben drücken, bis ein Kegel entstanden ist. Die Ellenbogen dabei am Körper halten. Drückt man den Ton zu schnell hoch, kann sich in der Mitte des Kegels eine Mulde bilden. Um dies zu korrigieren, den Ton einfach wieder nach unten drücken.

5 Sobald ein hoher Kegel entstanden ist, diesen wieder nach unten drücken (nicht vergessen, die Hände zwischendurch immer wieder anzufeuchten). Dazu mit der linken Hand oben auf den Kegel drücken und mit der rechten Hand die rechte Seite stützen. Den rechten Arm am Körper halten, um die Kontrolle über den Ton zu behalten.

6 Den Vorgang wiederholen. Solange der Ton auf der Scheibe wackelt und eiert, ist er noch nicht zentriert. Erst, wenn er gleichmäßig rund läuft und fast wirkt, als würde er auf der drehenden Scheibe stillstehen, ist er gut zentriert. Normalerweise muss das Zentrieren mehrmals wiederholt werden. Je größer der Tonklumpen ist, desto häufiger muss man den Vorgang wiederholen. Den Ton zu einem massiven Zylinder formen, denn diese Form ist ein guter Ausgangspunkt für jedes beliebige Gefäß.

Die Anleitungen zum Drehen einer Tasse, einer Schale, eines Tellers, eines Krugs oder einer Vase findest du ab Seite 48.

4

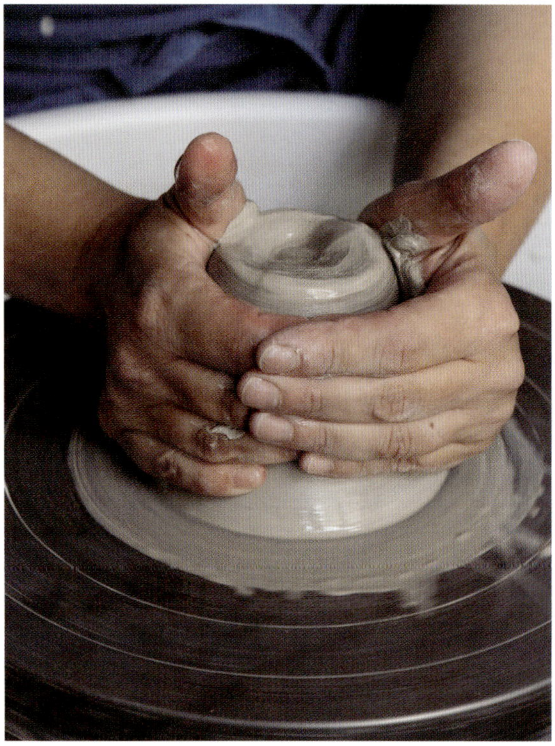

5

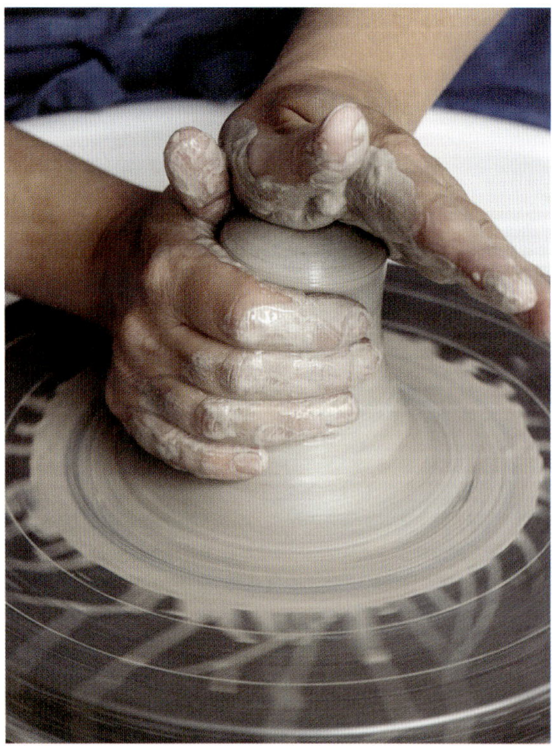

6

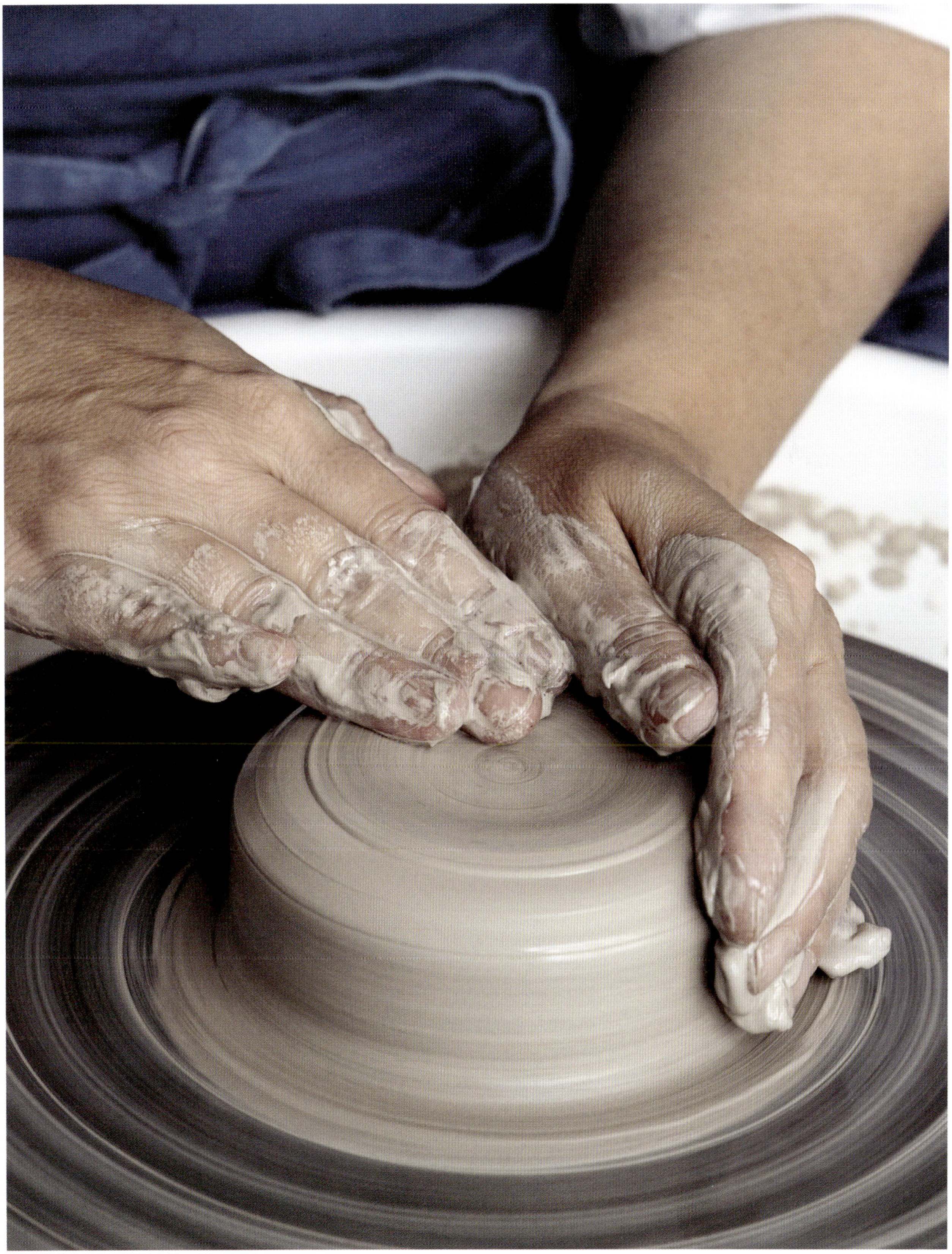

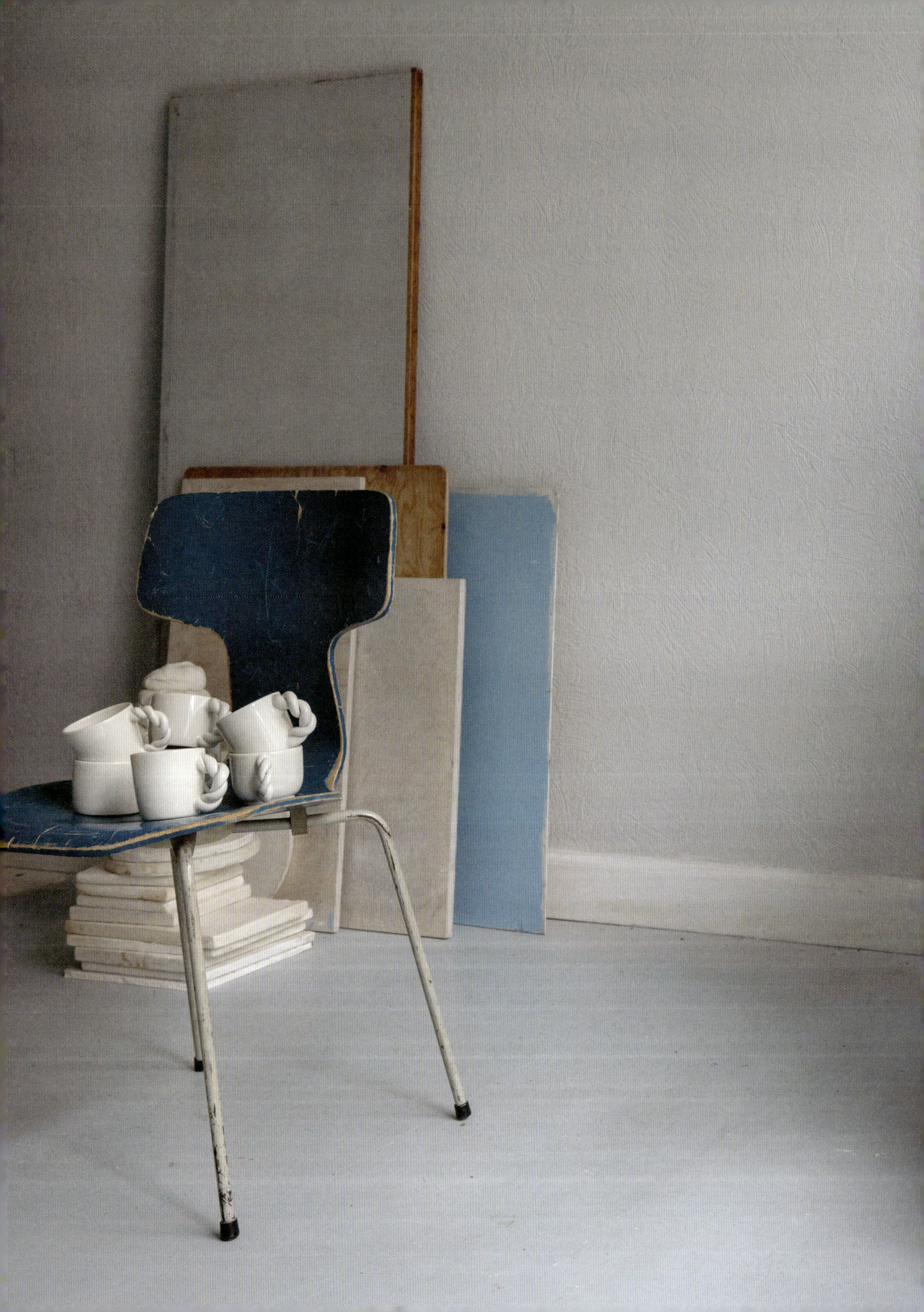

Eine Tasse drehen

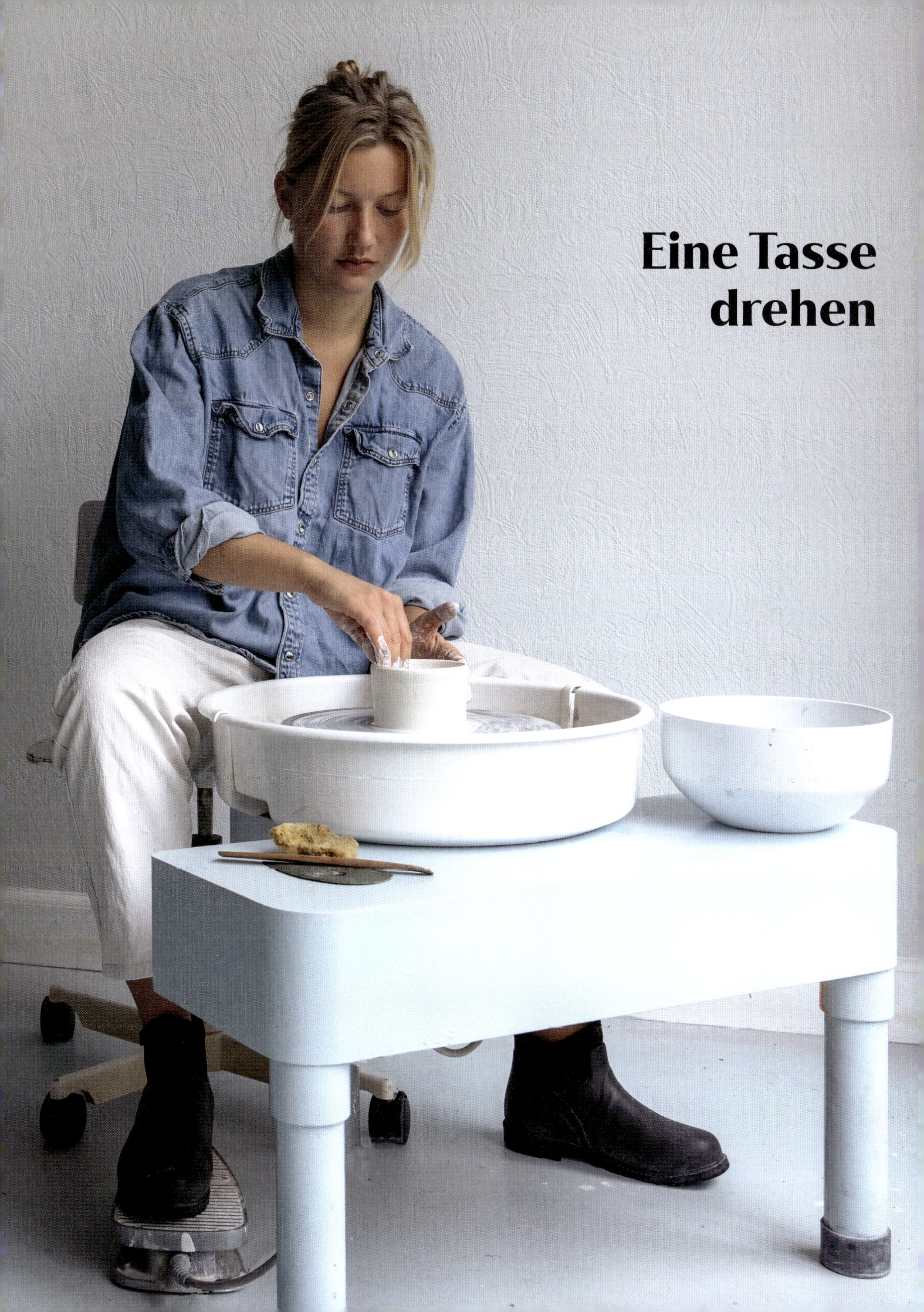

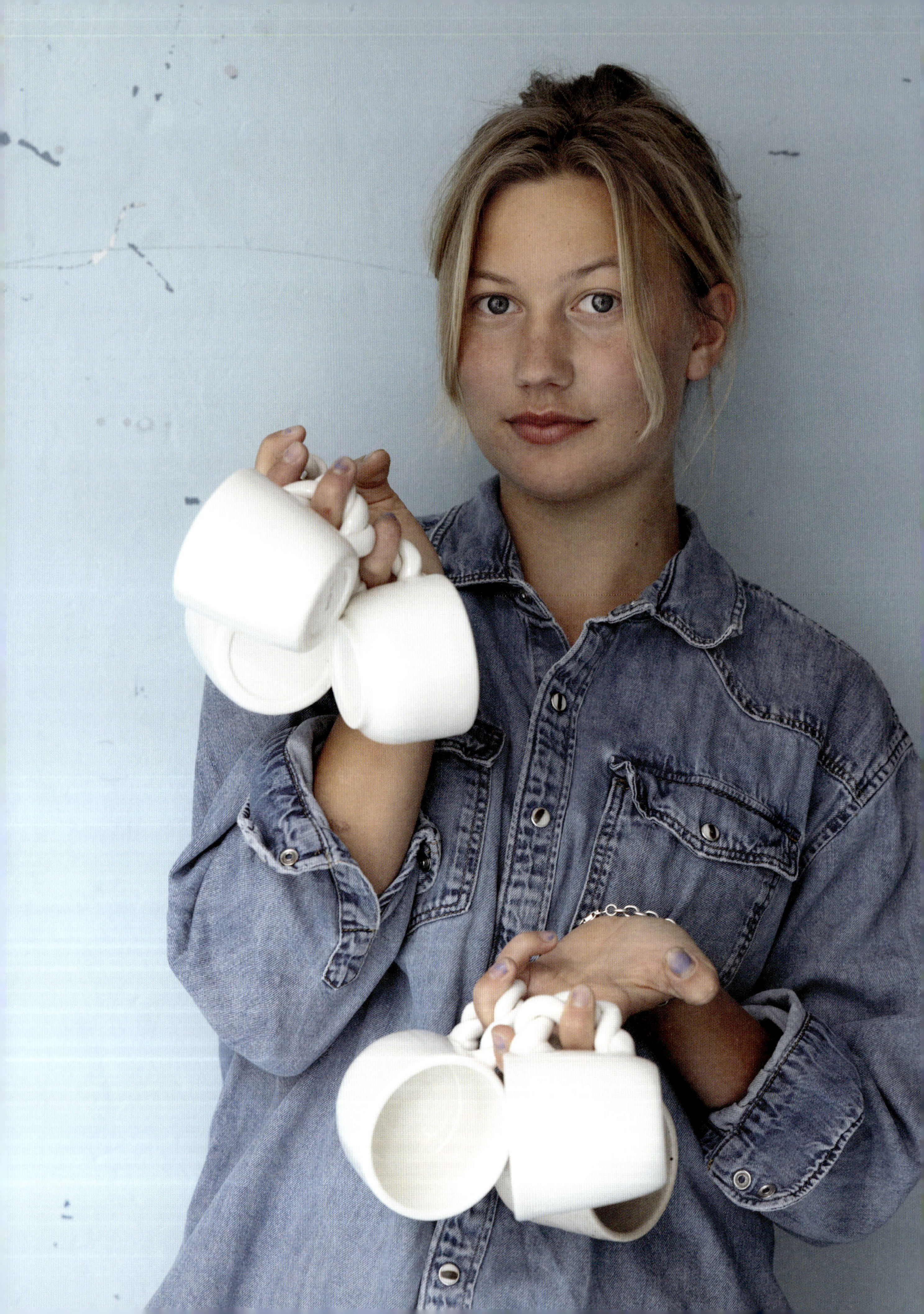

Eine Tasse drehen

Maße der Tasse vor dem Brand
8 cm hoch x 10 cm breit

Maße der Tasse nach dem Brand
7 cm hoch x 8,5 cm breit

Ton
Porzellan

Gewicht
250 g

Werkzeuge und Utensilien
Töpfernadel
Schwamm
flaches Modellierholz
Drehschiene
Bastelmesser
Lineal
Schneidedraht
große Schüssel mit Wasser
Schürze

Als Erstes möchten wir dir das Drehen einer Tasse aus Porzellan zeigen. Zum einen eignet sich Porzellanmasse gut für die Herstellung von Tassen, zum anderen ist es für Anfänger am einfachsten, mit kleinen Gefäßen zu beginnen.

Porzellanmasse fühlt sich weich und geschmeidig an und lässt sich gut drehen. Diese Tonsorte ist ideal für kleinere Objekte, die schnell geformt werden können. Auf der Scheibe wird das Material rasch zu nass und zu weich, was das Drehen größerer Gefäße für Anfänger schwierig macht.

Beim Abteilen des Materials solltest du immer bedenken, dass Porzellan beim Brennen um ca. 15 % schrumpft. Du musst also eine etwas größere Tasse drehen, um am Ende die gewünschte Größe zu erhalten.

Später im Buch zeigen wir noch, wie du an die Tasse einen Henkel anbringst, das so genannte „henkeln". Wir haben uns hier für einen verzwirbelten Henkel entschieden, der ebenfalls aus Porzellan besteht (Seite 115). Ein solcher Henkel verleiht der eher schlichten, zylinderförmigen Tasse mehr Charakter.

Bevor du mit dem Drehen beginnst, solltest du dir uberlegen, welche Form deine Tasse haben soll. Soll sie hoch oder eher breit werden? Bekommt sie einen Henkel oder nicht? Und wenn ja, wo genau soll er an der Tasse sitzen?

1 Den Ton kneten, wie auf Seite 35 beschrieben.

2 Den Klumpen in die Mitte der Töpferscheibe schlagen und zentrieren (Seite 43).

3 Nach dem Zentrieren die Drehscheibe auf 2/3-Geschwindigkeit stellen und die Hände anfeuchten. Den Ton links mit der linken Hand stützen und mit dem Daumen oder Zeigefinger der rechten Hand langsam in der Mitte nach unten drücken, bis der Finger noch ca. 1 cm von der Töpferscheibe entfernt ist. Bei Bedarf die Drehscheibe anhalten und die Dicke des späteren Tassenbodens mit einer Töpfernadel prüfen. Zwischendurch immer wieder die Hände befeuchten.

4 Den Ton mit dem rechten Zeigefinger langsam nach außen ziehen, um die Öffnung zu vergrößern. Beim Ziehen gleichzeitig mit der linken Hand an der linken Seite stützen, damit der Boden nicht zu schnell zu breit wird. Der äußere Durchmesser des Bodens sollte ca. 10 cm betragen. Mit dem Finger ein paar Mal von links nach rechts über den Boden massieren, um ihn zu verdichten. Dabei können Rillen oder Spiralen entstehen, die sich vorsichtig mit den Fingern oder dem Schwamm glätten lassen.

5 Jetzt ziehst du den Ton in die Höhe. Dazu die linke Hand ins Gefäß legen, wobei der linke Zeigefinger an der Innenwand anliegt. Stelle dir dein Werkstück als Uhr vor: Dein Finger liegt auf drei Uhr. Krümme jetzt den Zeigefinger deiner rechten Hand und lege ihn außen an den Ton – genau an die Stelle, an der dein linker Zeigefinger innen die Tonwand berührt. Unserer Erfahrung nach ist die Innenseite des Zeigefingers am besten geeignet, um den Ton nach oben zu ziehen. Du kannst auch deine Fingerspitze oder einen Schwamm einsetzen. Probiere einfach aus, was für dich am besten funktioniert.

3

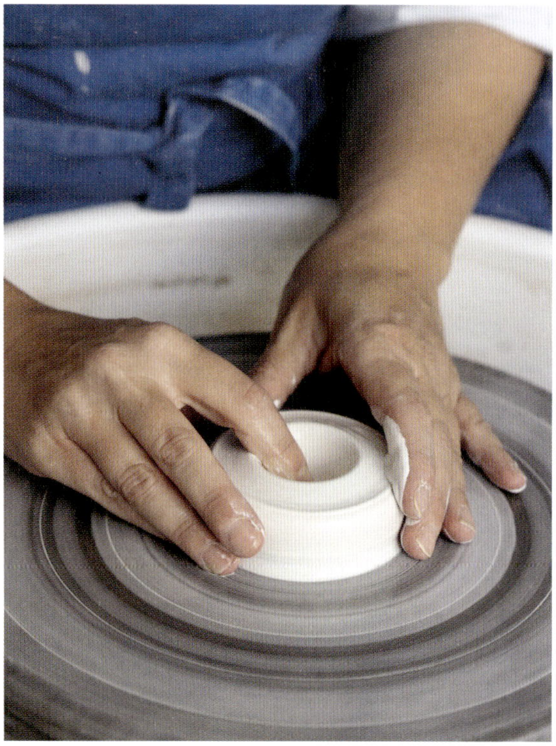

4

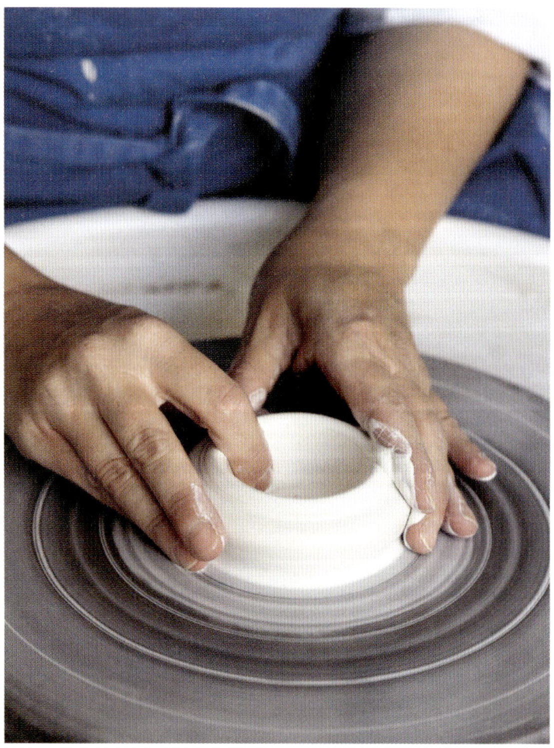

5

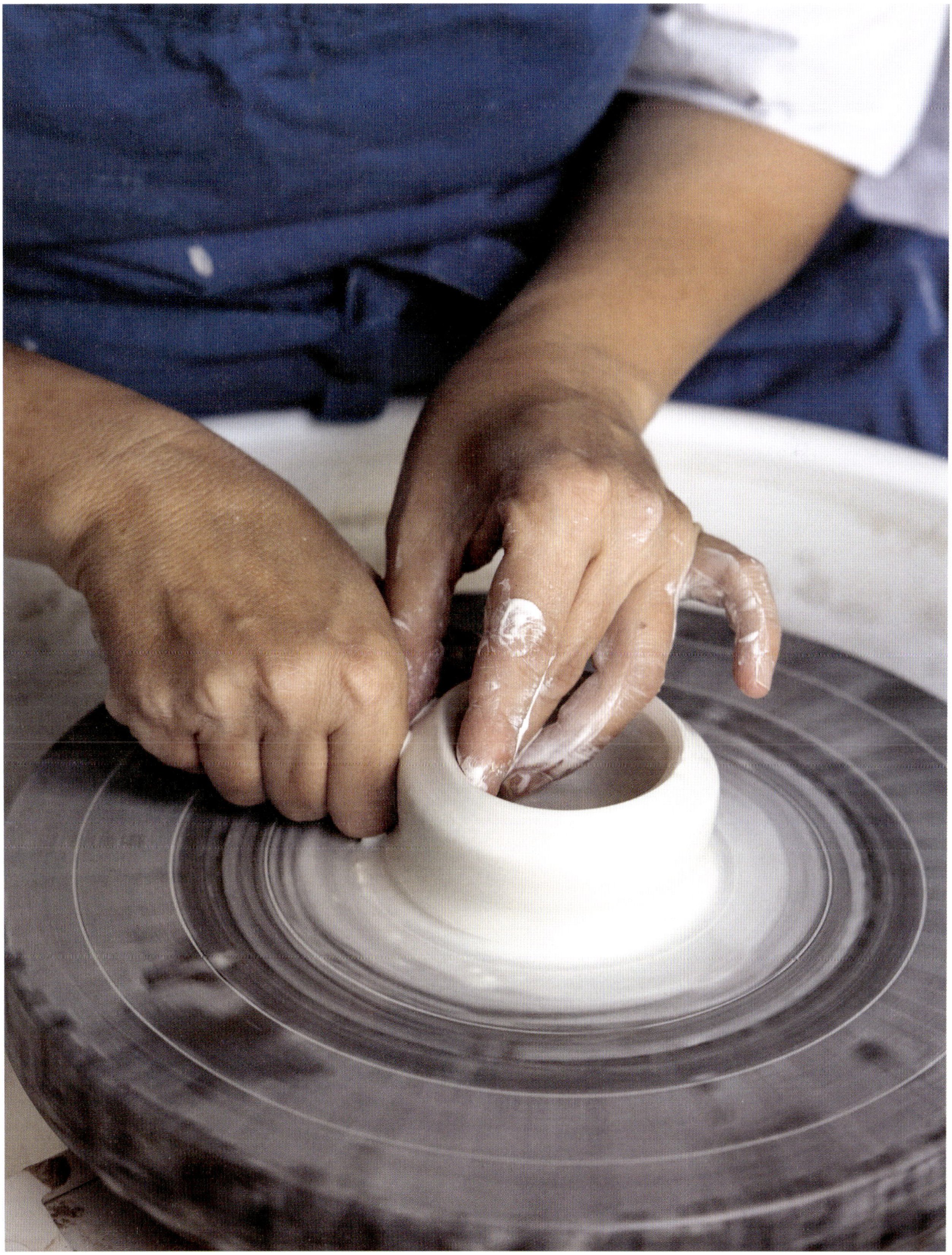

6 Drücke den Ton jetzt vorsichtig von unten nach oben, indem du mit dem rechten Zeigefinger an der Außenwand drückst und innen mit dem linken Zeigefinger stützt. Dies zwei- bis dreimal langsam wiederholen und dabei von unten nach oben immer den gleichen Druck ausüben. Auf diese Weise formst du einen kleinen Zylinder (8–9 cm hoch x ca. 10 cm breit). Die Tasse mit dem Schwamm vorsichtig abwischen, um die Form besser erkennen zu können und überschüssiges Wasser sowie Tonmaterial zu entfernen.

7 Jetzt die Geschwindigkeit der Scheibe etwas verringern. Mit dem linken Zeigefinger an der Innenseite drücken und mit dem rechten Zeigefinger an der Außenseite stützen, um die Tassenwand zu begradigen. Die Finger gleichzeitig von unten nach oben ziehen und dies langsam ein- bis zweimal wiederholen. Achte darauf, dass der Ton unten nicht zu dünn und oben nicht zu dick wird. Die Tassenwand sollte rundum gleichmäßig dick sein (ca. 5–8 mm).

8 Sobald die gewünschte Form und Größe erreicht ist, den Tassenrand abrunden. Hierzu den Rand vorsichtig mit dem linken Daumen und Zeigefinger festhalten. Den rechten Zeigefinger sanft oben auf den Rand legen, diesen zur gewünschten Dicke drücken und abrunden.

9 Wenn du mit Höhe und Rand zufrieden bist, kannst du die Tasse innen und außen vorsichtig mit dem Schwamm abwischen, um Wasser- und Tonreste zu entfernen. Um der Tasse eine schöne Oberfläche zu verleihen, eine Drehschiene seitlich an den Ton halten und die Wand abschaben, bis sie glatt ist.

6

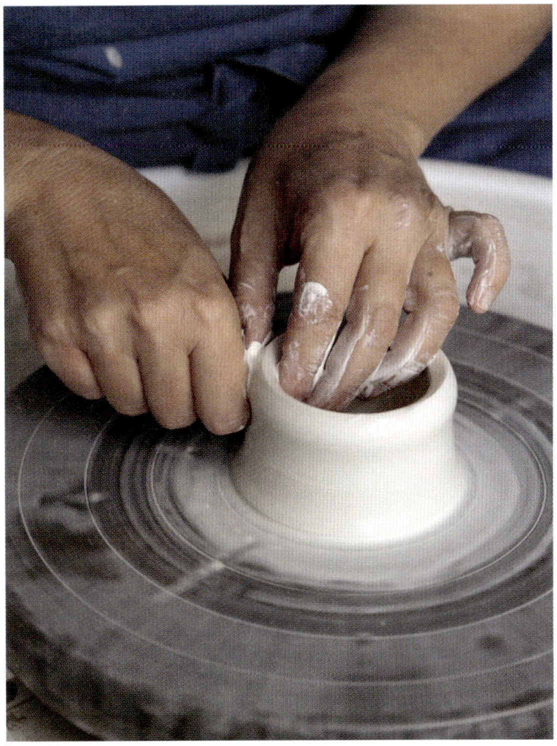

7

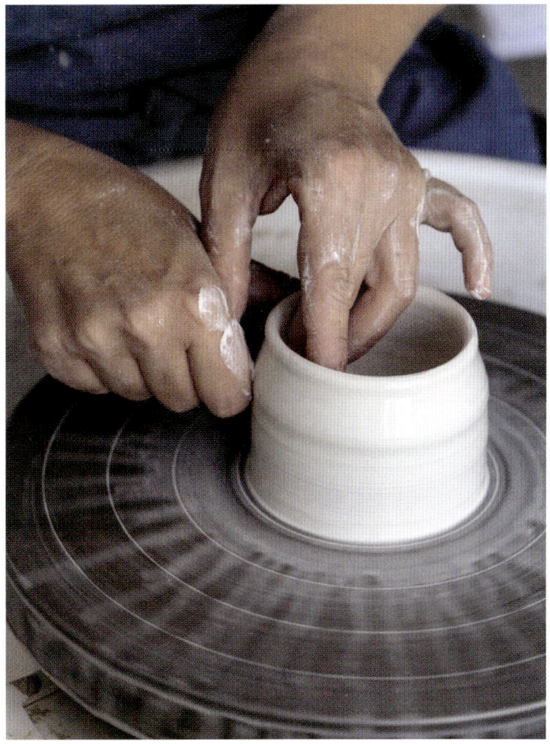

8

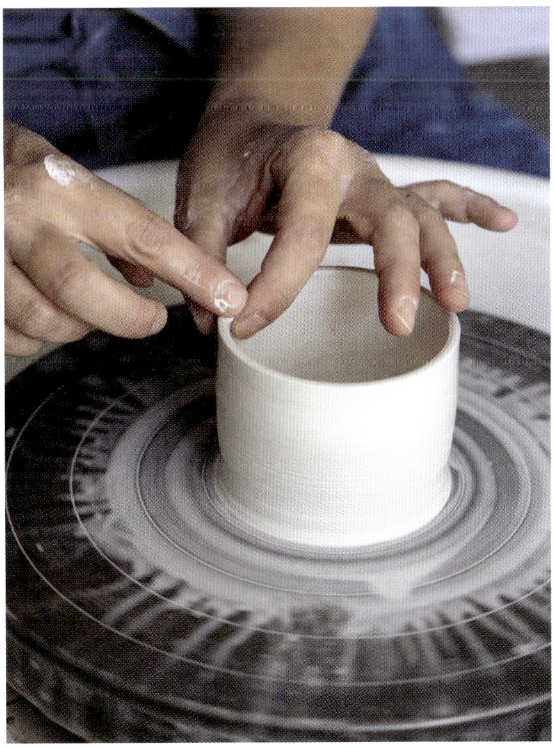

9

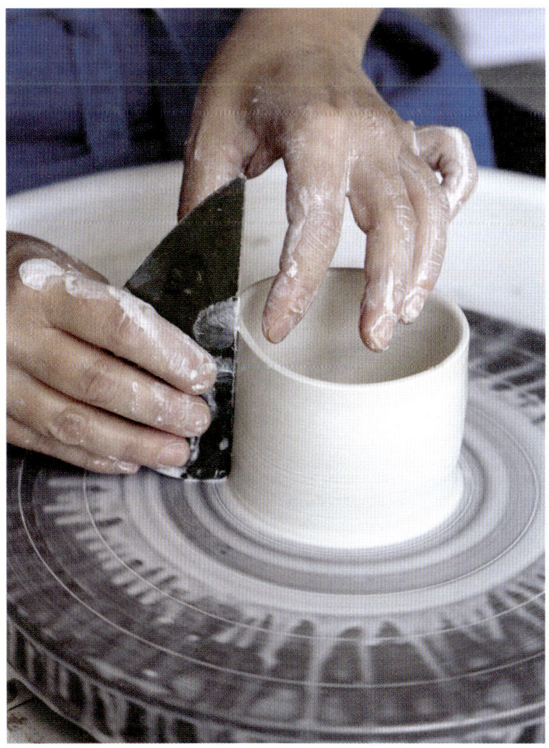

10 Nun mit dem Modellierholz die untere Kante der Tasse begradigen, indem du den überschüssigen Ton abschabst. Es ist besser, den Ton, der sich unten am Rand gesammelt hat, jetzt zu entfernen, als damit bis zum Abdrehen zu warten.

11 Um die Tasse von der Scheibe zu lösen, das Bastelmesser 5 mm unter die Tasse schieben. Auf diese Weise lässt sich der Schneidedraht leichter unter die Tasse führen.

12 Die Töpferscheibe anhalten. Vor und hinter die Tasse ein wenig Wasser auf die Scheibe träufeln, damit sie leichter von der Scheibe gleitet. Den Schneidedraht hinter der Tasse mit beiden Daumen flach gegen die Drehscheibe drücken und dann unter der Tasse durch nach vorne ziehen. Wenn die Tasse sich beim ersten Versuch nicht löst, den Vorgang wiederholen.

13 Die Hände säubern und die Tasse zum Trocknen auf eine Gipsplatte setzen. Falls sie beim Versetzen eine kleine Delle oder Ähnliches bekommen hat, kannst du das vorsichtig ausgleichen.

Die Tasse zum Trocknen beiseitestellen: Seite 163
Die Tasse henkeln: Seite 135
Die Tasse vor dem Henkeln abdrehen: Seite 140

10

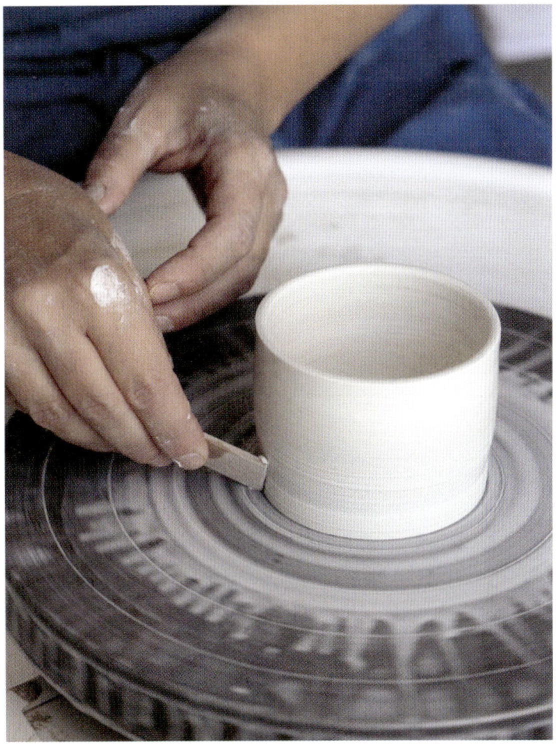

11

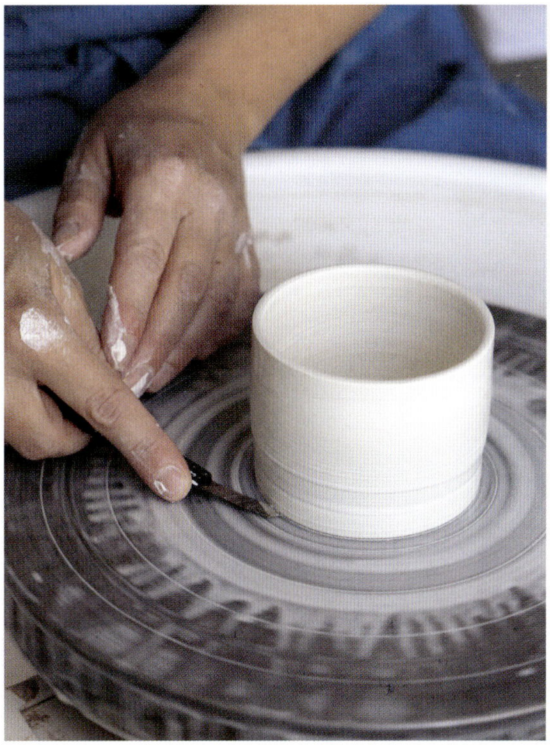

12

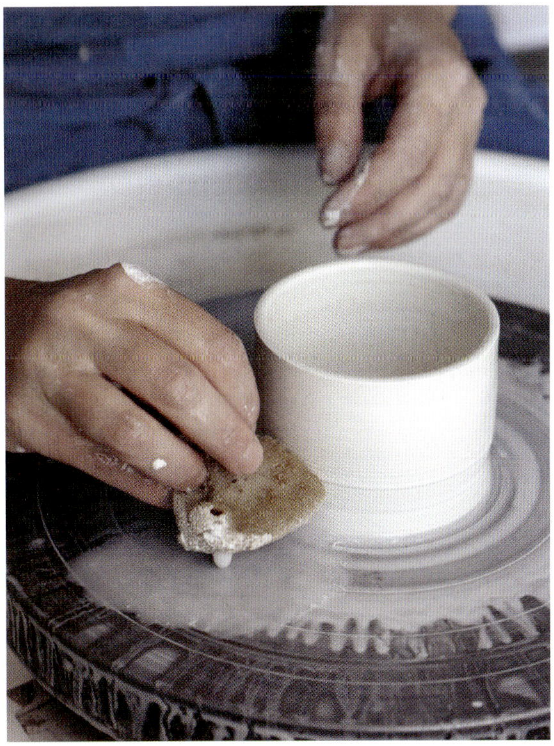

13

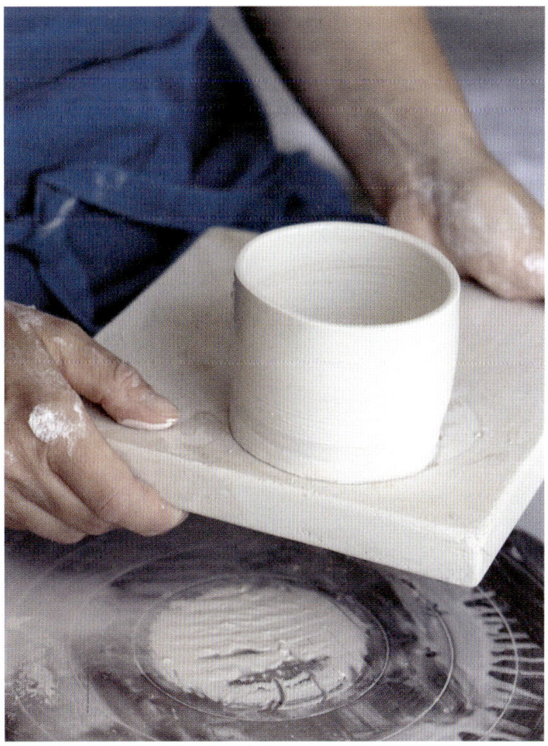

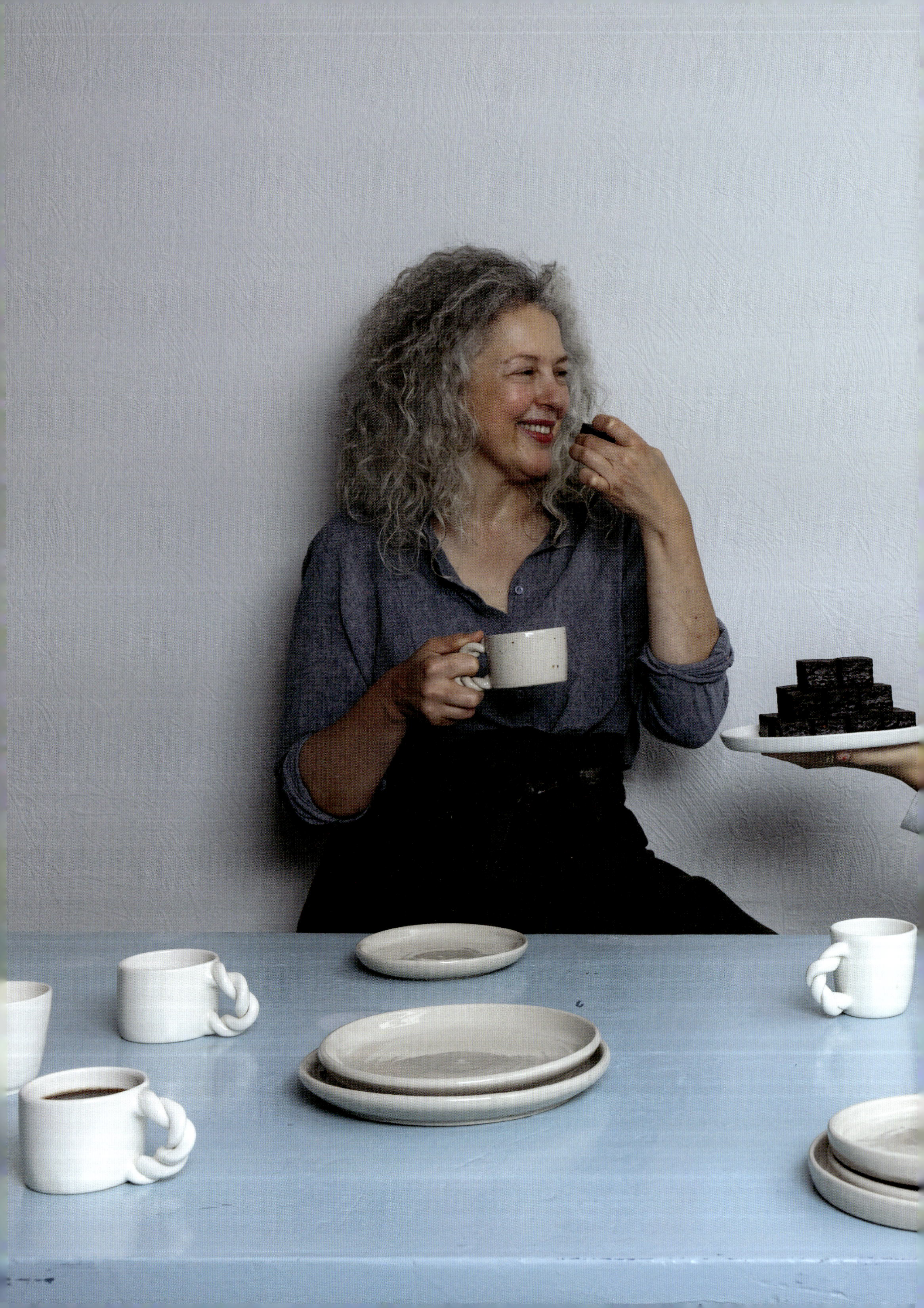

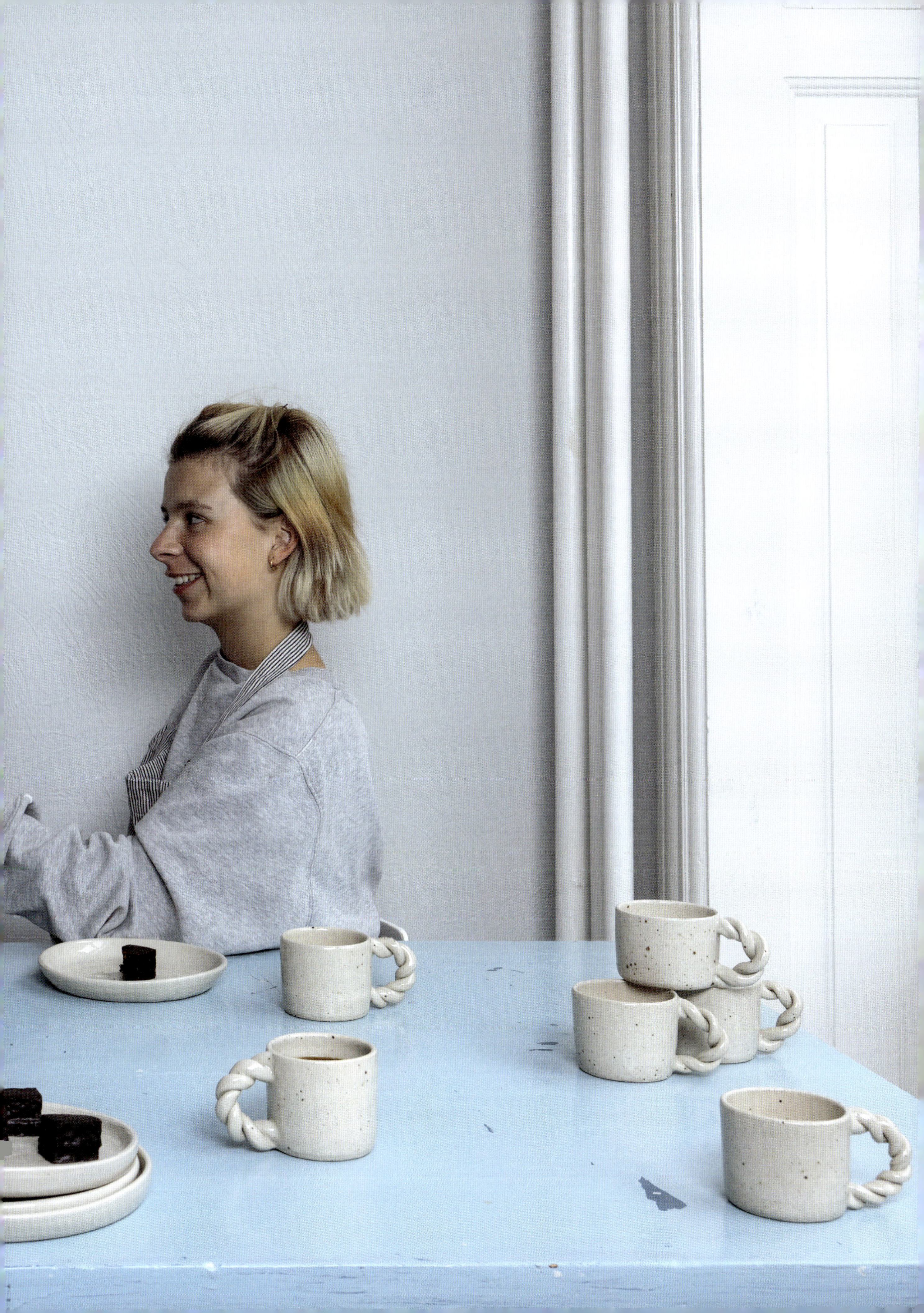

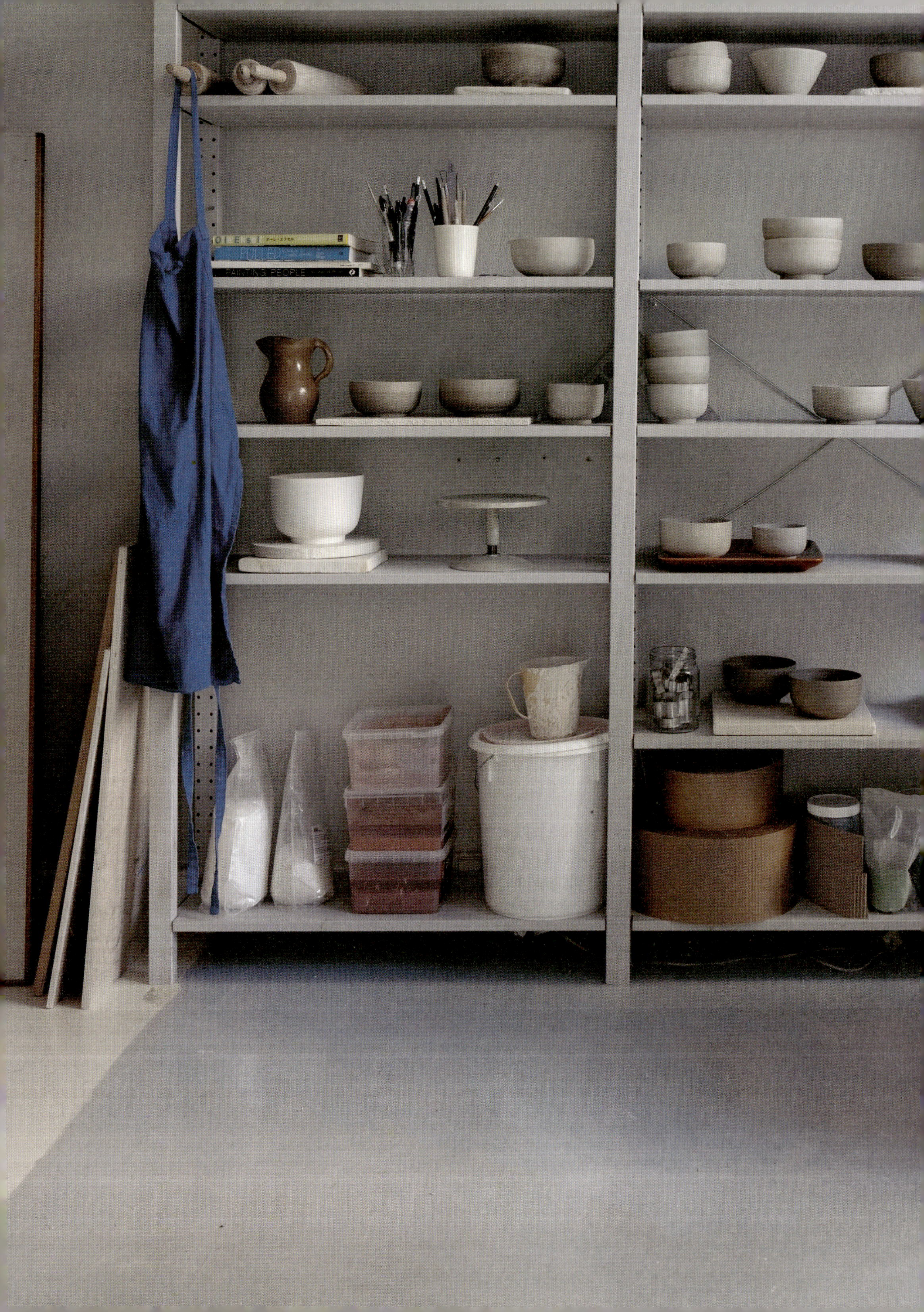
PULLED
PAINTING PEOPLE

Eine Schale drehen

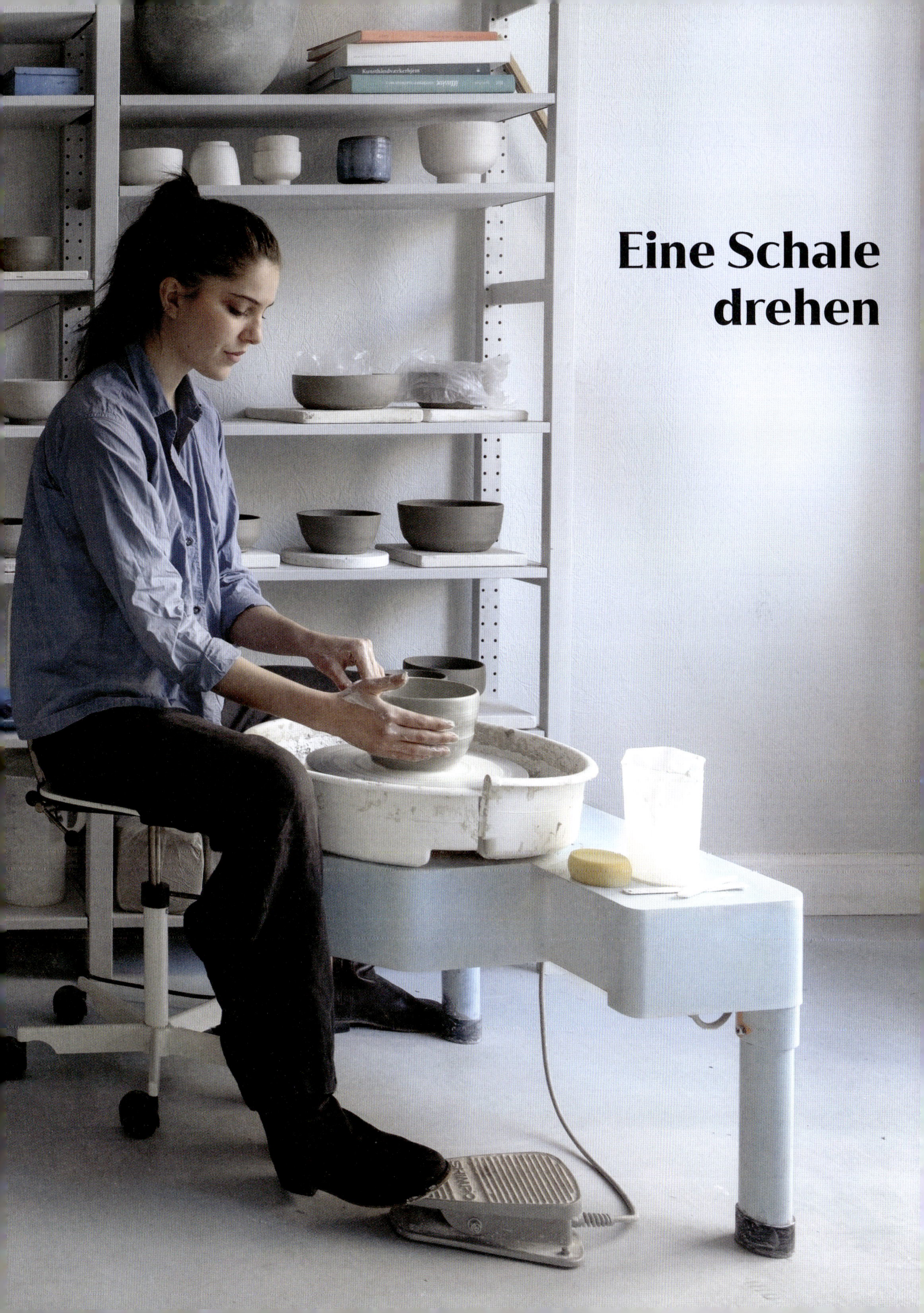

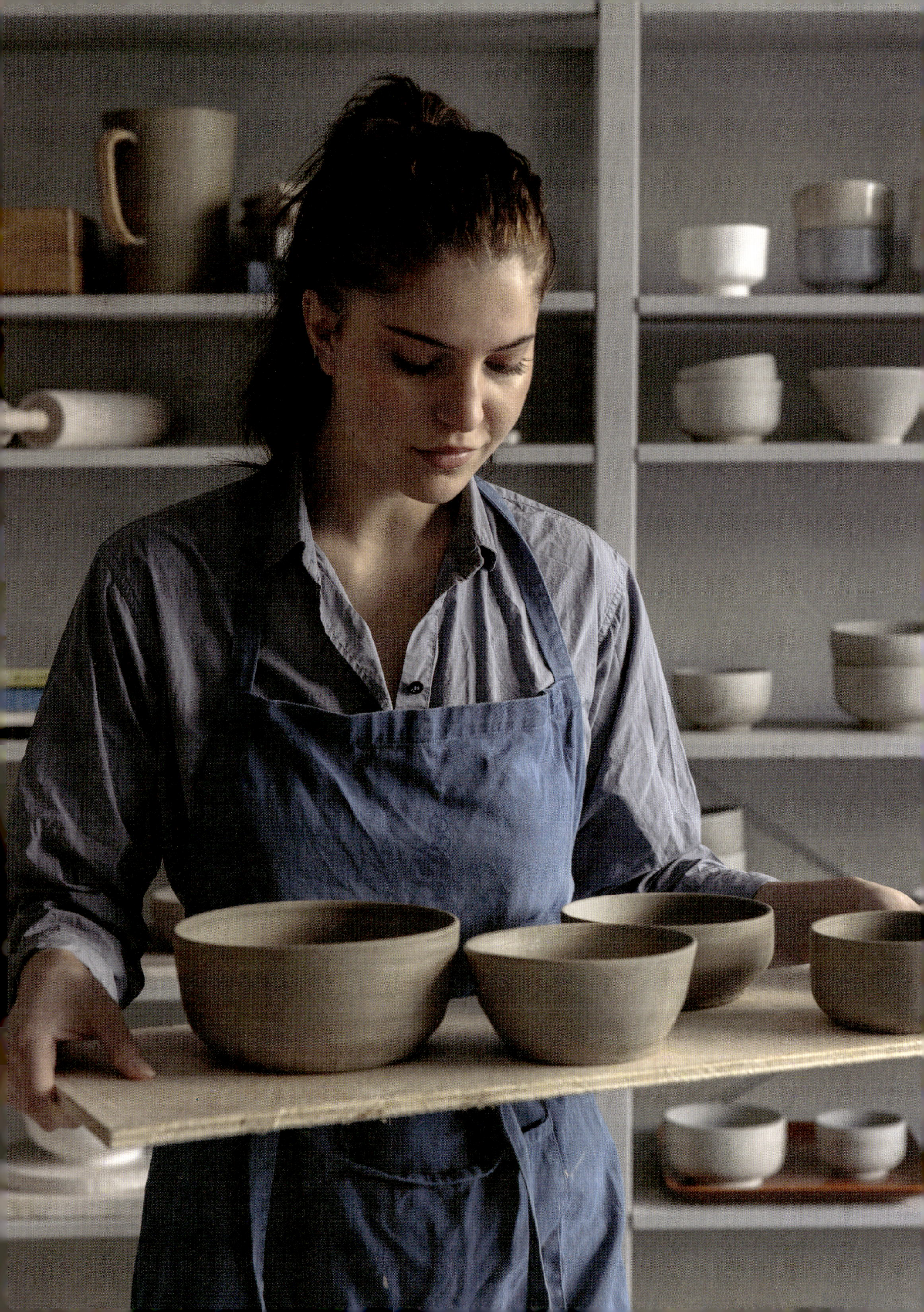

Eine Schale drehen

Maße der Schale vor dem Brand
7,5 cm hoch x 14,5 cm breit

Maße der Schale nach dem Brand
6,5 cm hoch x 13 cm breit

Ton
Steinzeug

Gewicht
350 g

Werkzeuge und Utensilien
Töpfernadel
Schwamm
flaches Modellierholz
Drehschiene
Lineal
Bastelmesser
Schneidedraht
große Schüssel mit Wasser
Schürze

In diesem Kapitel zeigen wir dir, wie du eine niedrige, breite Schale drehen kannst. Verwendet wird hier Steinzeugmasse, die nach dem Brennen hellbraun ist und kleine dekorative Sprenkel aufweist.

Vor dem Drehen solltest du dir überlegen, welche Art von Schale du herstellen möchtest. Soll sie niedrig und breit oder eher hoch sein? Soll es eine Müslischale werden oder eine Schale zum Servieren von Speisen?

1 Den Ton kneten, wie auf Seite 35 beschrieben.

2 Den Klumpen in die Mitte der Drehscheibe schlagen und zentrieren (Seite 43).

3 Nach dem Zentrieren die Drehscheibe auf 2/3-Geschwindigkeit stellen und die Hände anfeuchten. Den Ton links mit der linken Hand stützen und mit dem Daumen oder Zeigefinger der rechten Hand langsam in der Mitte nach unten drücken.

4 Jetzt den Ton mit dem rechten Zeigefinger langsam nach außen ziehen, um die Öffnung zu vergrößern. Beim Ziehen gleichzeitig mit der linken Hand an der linken Seite stützen, damit der Boden nicht zu schnell zu breit wird. Der Boden sollte außen einen Durchmesser von ca. 10 cm haben. Mit dem Finger zwei- bis dreimal von links nach rechts über den Boden massieren, um ihn zu verdichten. Dabei können Rillen oder Spiralen entstehen, die du mit den Fingern oder einem Schwamm vorsichtig glätten kannst.

5 Die Scheibe anhalten und mit einer Töpfernadel prüfen, wie dick der Boden der späteren Schale ist. Er sollte ca. 1 cm dick sein.

3

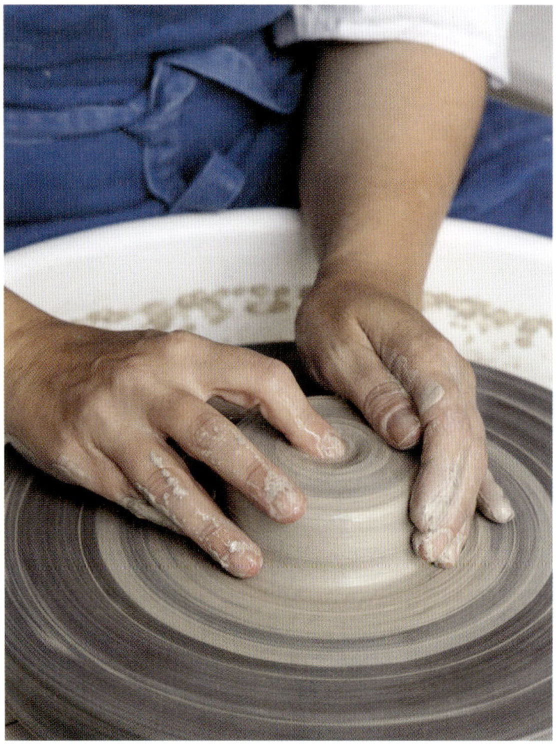

4

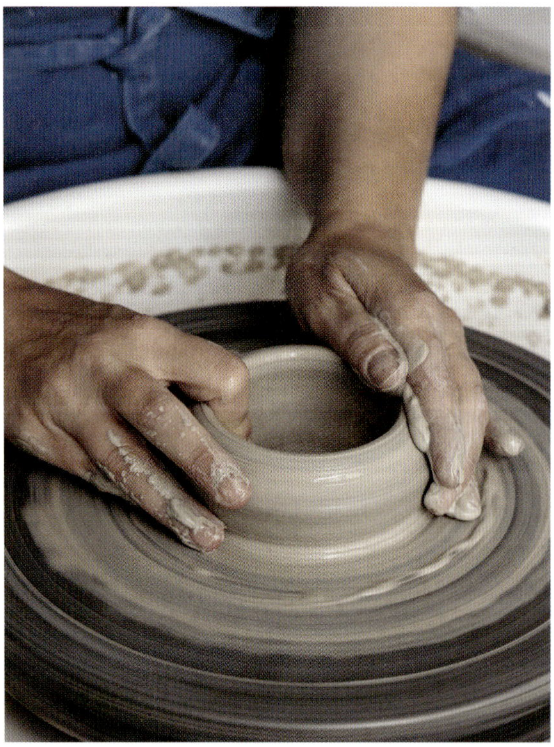

5

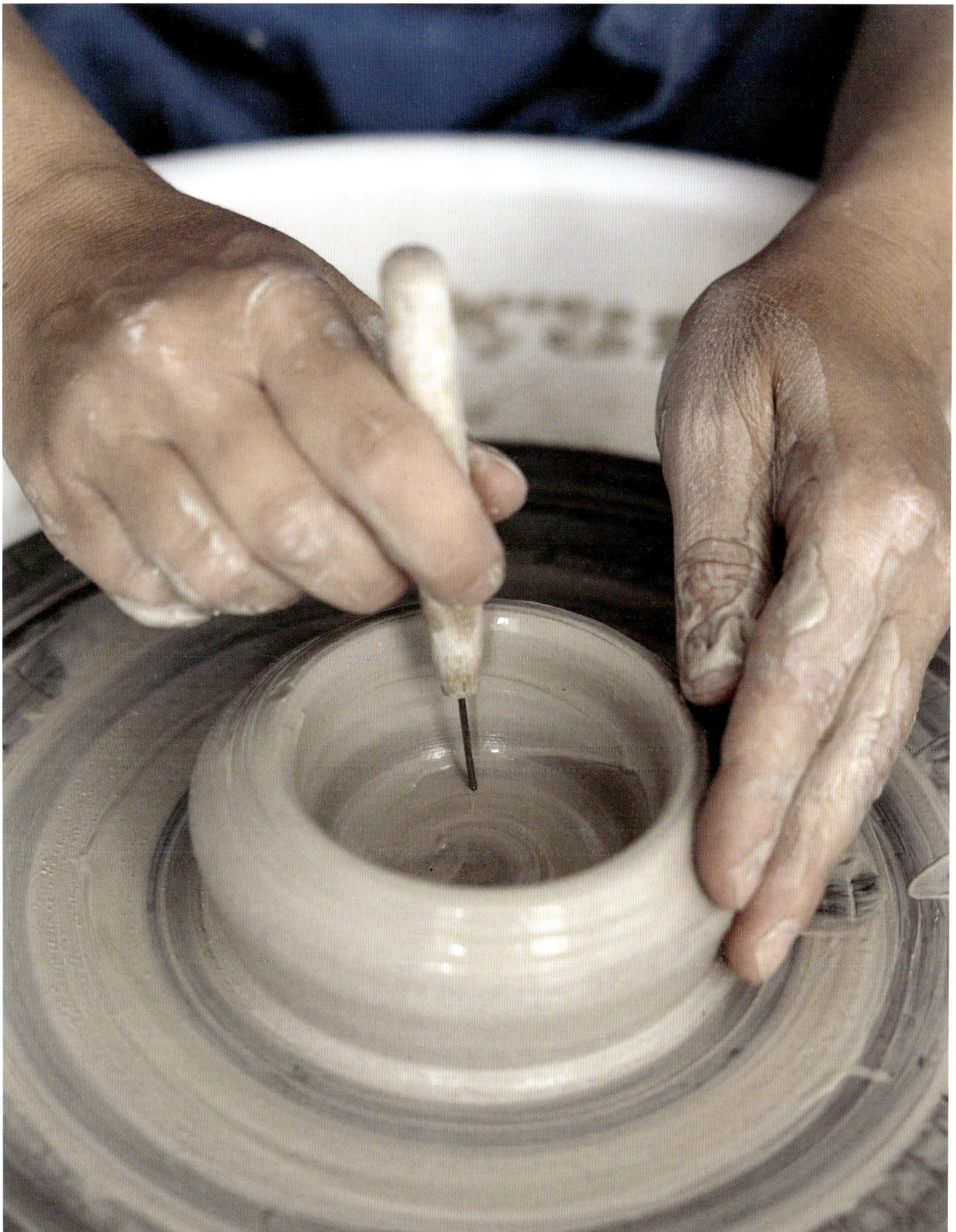

6 Um den Ton in die gewünschte Form zu ziehen, die linke Hand ins Gefäß legen, wobei der linke Zeigefinger an der Innenwand anliegt. Stelle dir das Objekt als Uhr vor: Dein Finger liegt auf drei Uhr. Den Zeigefinger deiner rechten Hand krümmen und außen genau an die Stelle an den Ton legen, an der dein linker Zeigefinger innen die Wand berührt.

Nun den Ton gleichmäßig von unten nach oben ziehen, indem du mit dem rechten Zeigefinger vorsichtig an der Außenseite drückst und innen mit dem linken Zeigefinger stützt. Dies langsam ein- bis zweimal wiederholen und von unten nach oben immer den gleichen Druck ausüben, sodass ein Zylinder entsteht (5 cm hoch x ca. 10 cm breit). Das Gefäß vorsichtig mit dem Schwamm abwischen, um die Form besser zu erkennen und überschüssiges Wasser sowie Tonmaterial zu entfernen.

7 Jetzt die Drehgeschwindigkeit etwas verringern. Mit dem linken Zeigefinger an der Innenseite drücken und mit dem rechten Zeigefinger an der Außenseite stützen. Beide Zeigefinger gleichzeitig von unten nach oben ziehen und dies langsam ein- bis zweimal wiederholen. Darauf achten, dass die Gefäßwand unten nicht zu dünn und oben nicht zu dick wird. Je nachdem, wie dick sie ist, kannst du die Schale entweder weiter in die Höhe oder in die Breite ziehen. Die Wand sollte von oben bis unten etwa gleich dick sein (0,5–1 cm). Der obere Durchmesser sollte ca. 14,5 cm betragen.

8 Wenn die gewünschte Form und Größe erreicht sind, den Rand der Schale abrunden. Hierzu den Rand mit dem linken Daumen und Zeigefinger vorsichtig festhalten. Den rechten Zeigefinger sanft oben auf den Rand legen, ihn zur gewünschten Dicke drücken und abrunden. Dann innen und außen vorsichtig Wasser- und Tonreste mit dem Schwamm abwischen.

6

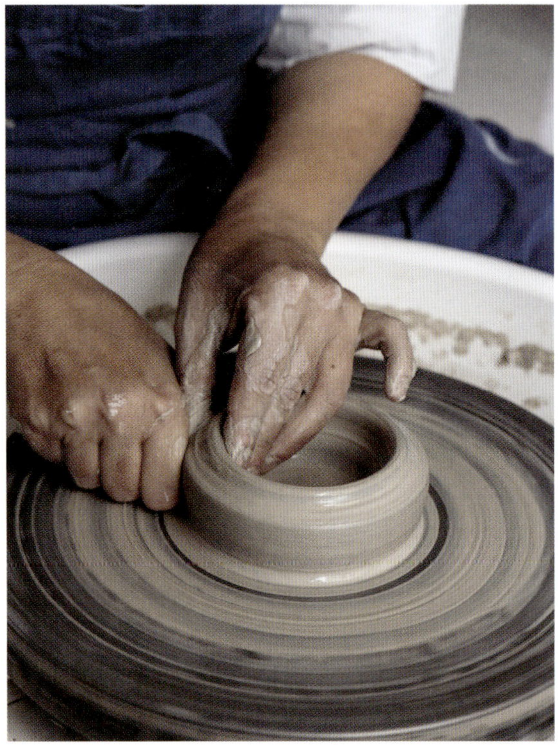

7

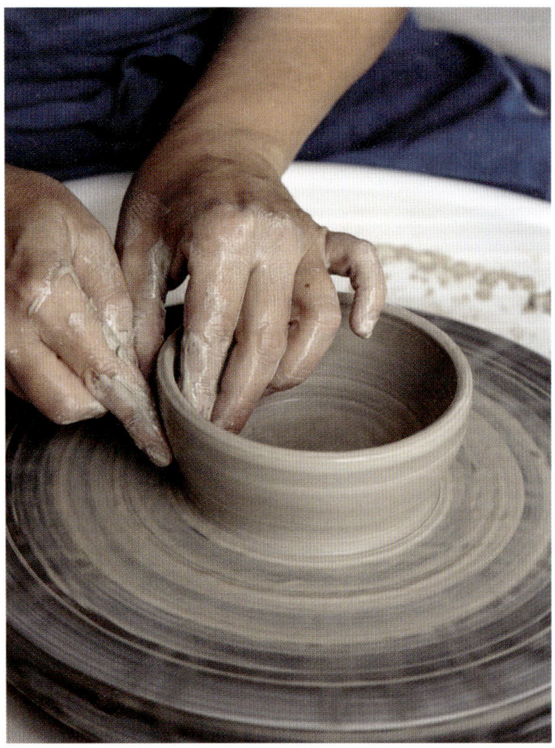

8

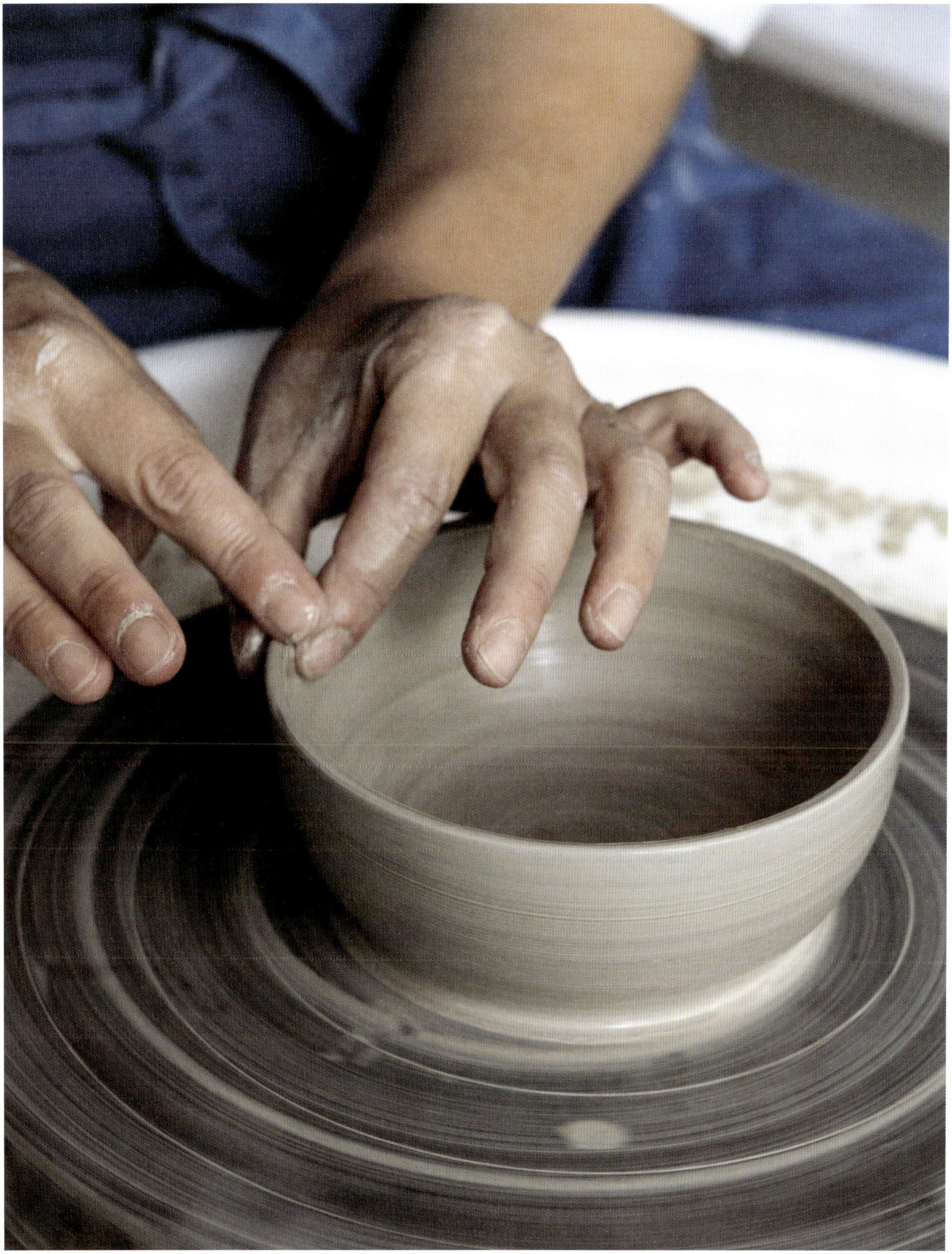

9 Nun mit dem Modellierholz den unteren Rand der Schale begradigen, indem du überschüssigen Ton abschabst. Es ist besser, den Ton, der sich unten gesammelt hat, jetzt zu entfernen, als damit bis zum Abdrehen zu warten. Um die Schale von der Scheibe zu lösen, das Bastelmesser 5 mm unter den Boden schieben. Auf diese Weise lässt sich der Schneidedraht leichter unter die Schale führen.

10 Die Töpferscheibe anhalten. Vor und hinter die Schale ein wenig Wasser auf die Scheibe träufeln, damit sie leichter von der Scheibe gleitet. Den Schneidedraht hinter der Schale mit beiden Daumen flach gegen die Drehscheibe drücken und dann unter der Schale hindurch nach vorne ziehen. Wenn die Schale sich beim ersten Versuch nicht löst, den Vorgang wiederholen.

11 Die Hände säubern und die Schale zum Trocknen auf eine Gipsplatte setzen. Falls sie beim Versetzen eine kleine Delle oder Ähnliches bekommen hat, kannst du dies vorsichtig ausgleichen. Warte damit aber 5–10 Minuten, bis der Ton leicht angetrocknet ist.

Die Schale zum Trocknen beiseitestellen: Seite 163
Die Schale abdrehen: Seite 140

9

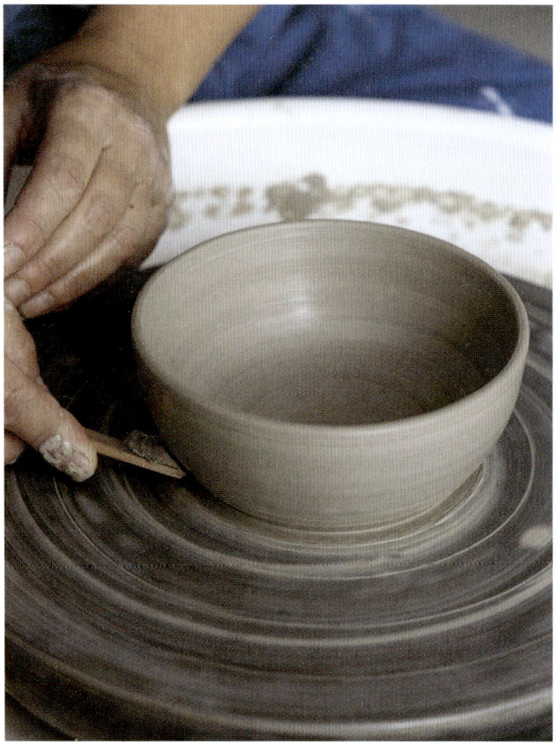

10

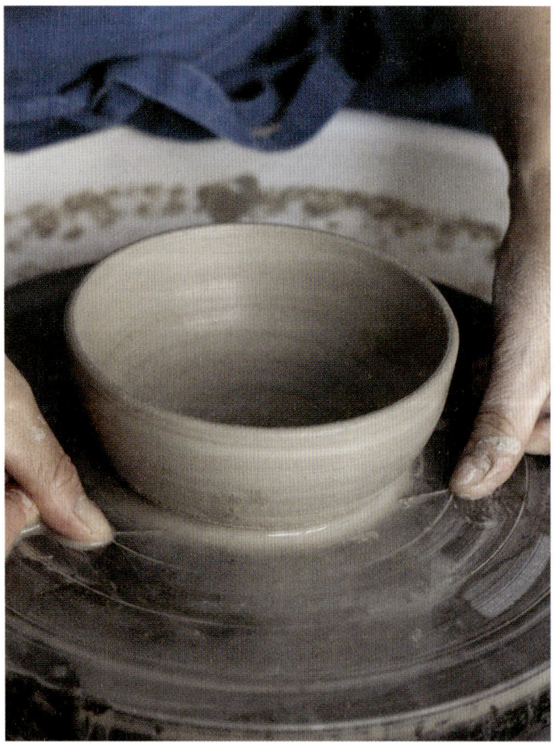

11

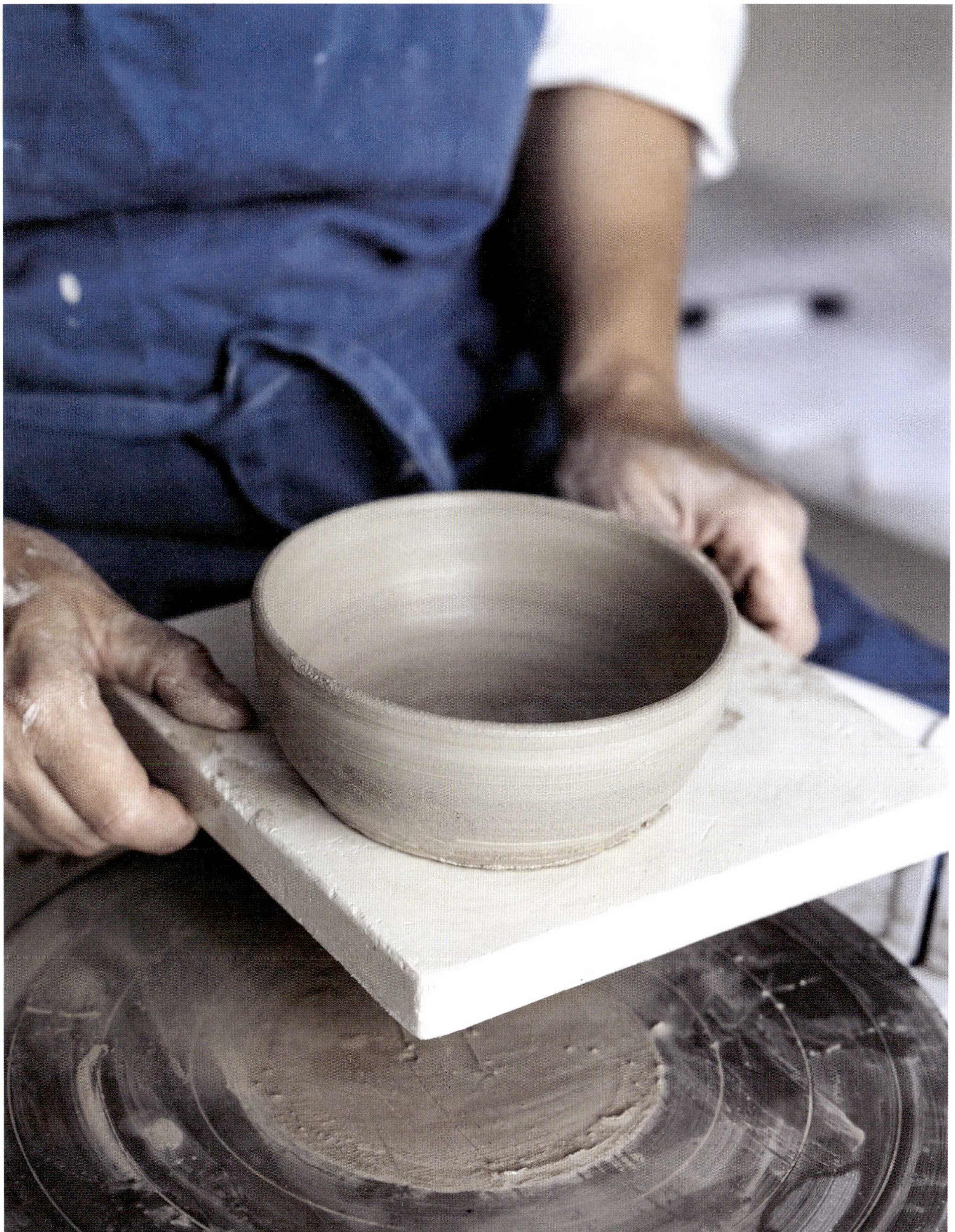

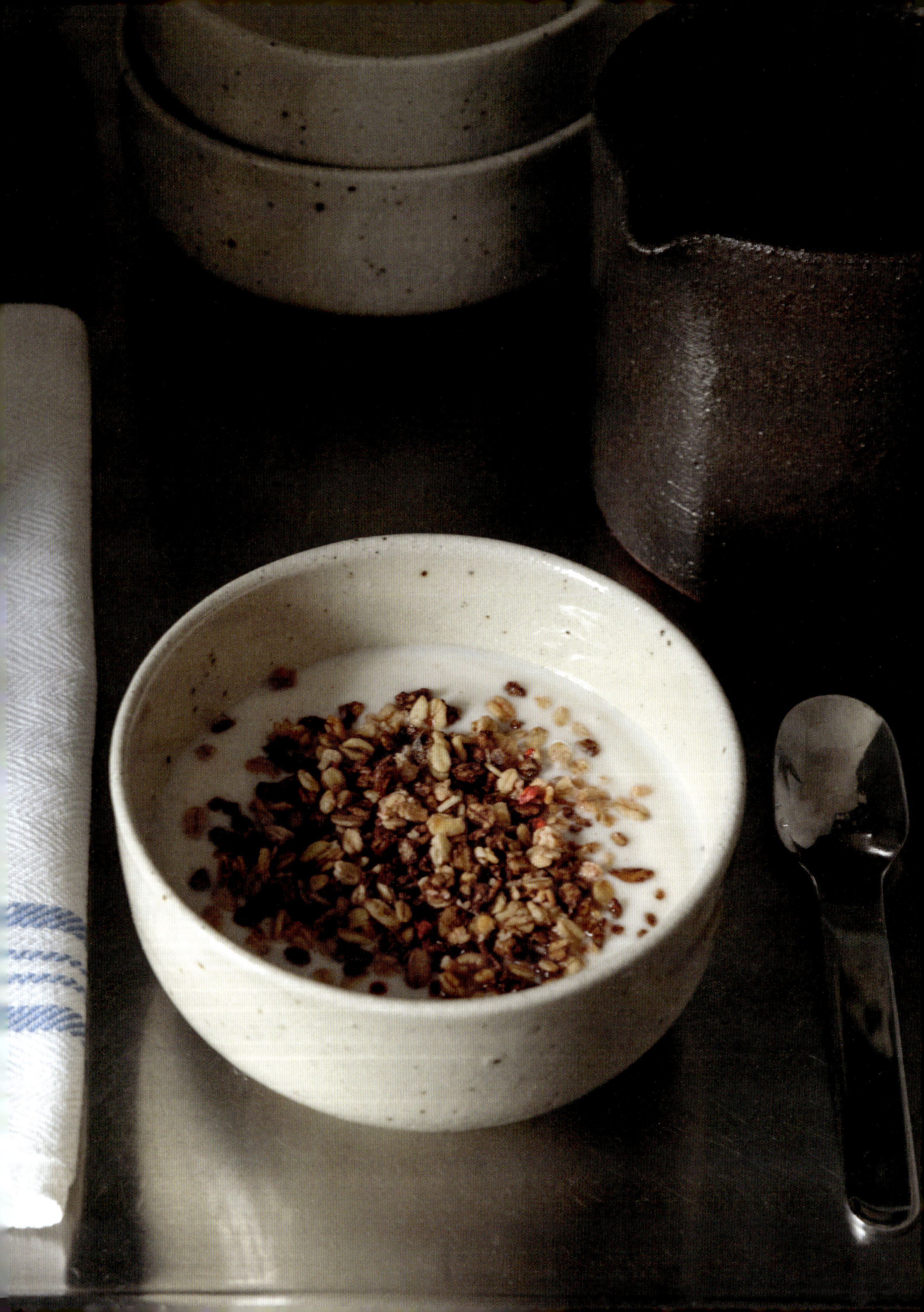

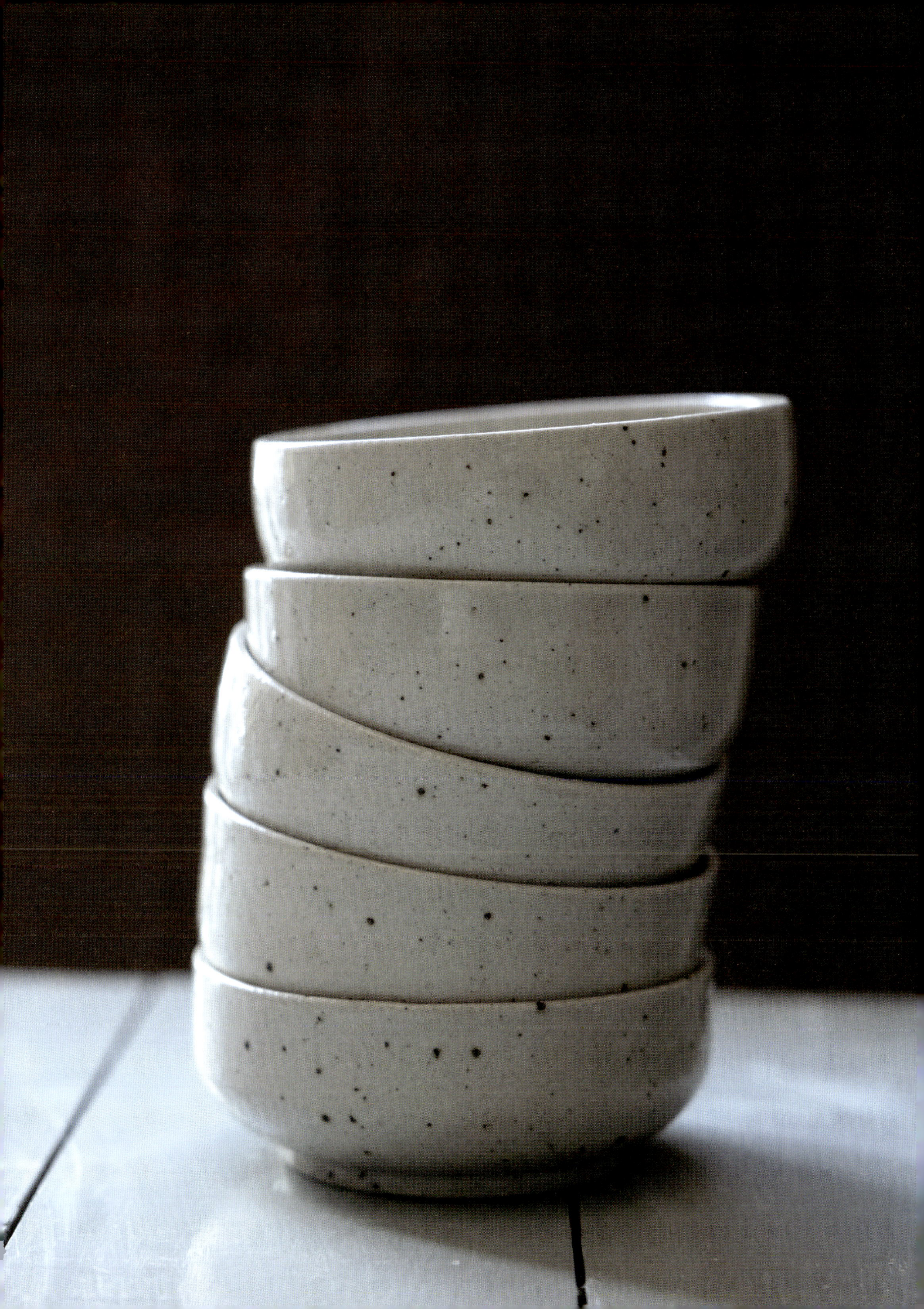

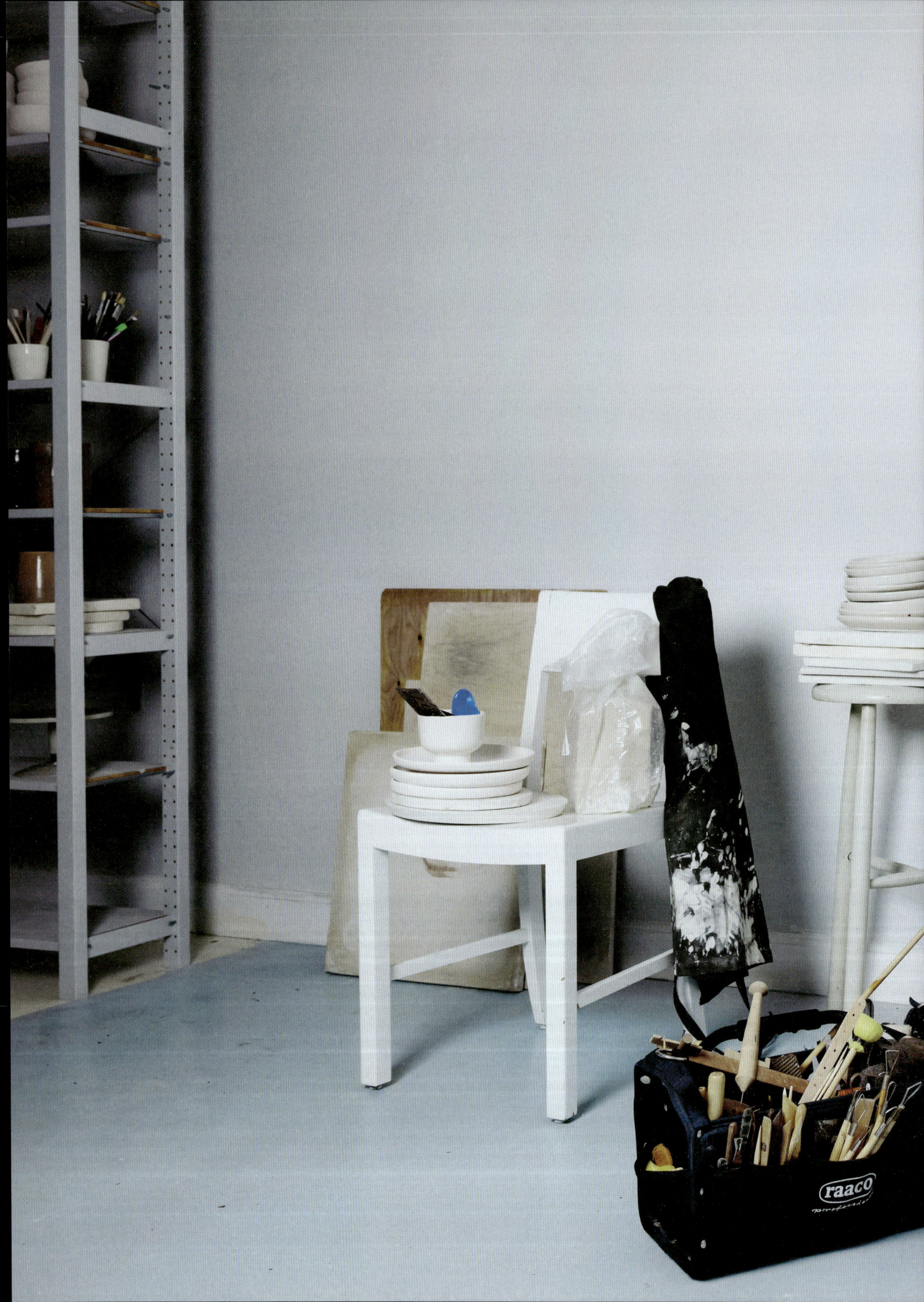
raaco

Einen Teller drehen

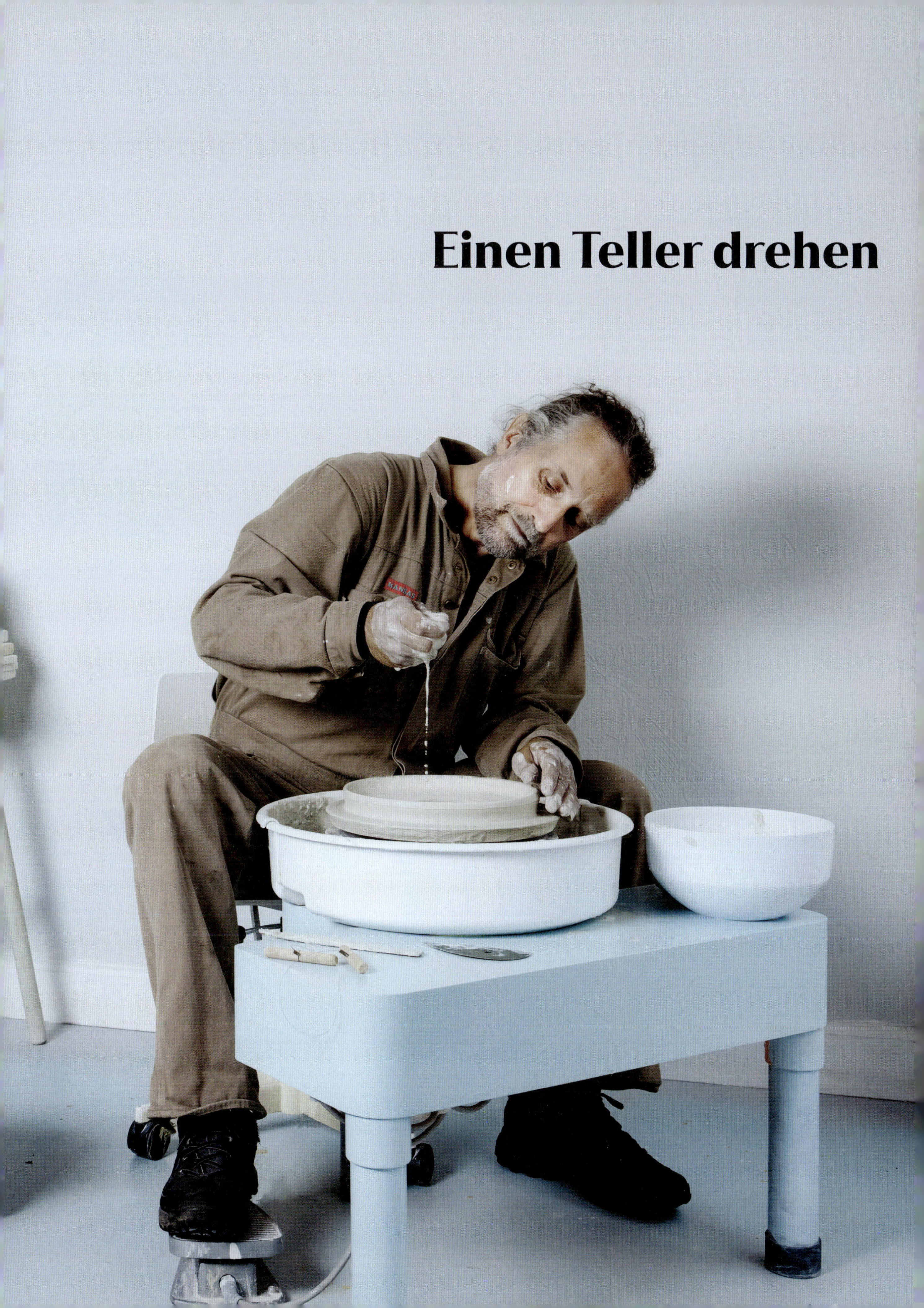

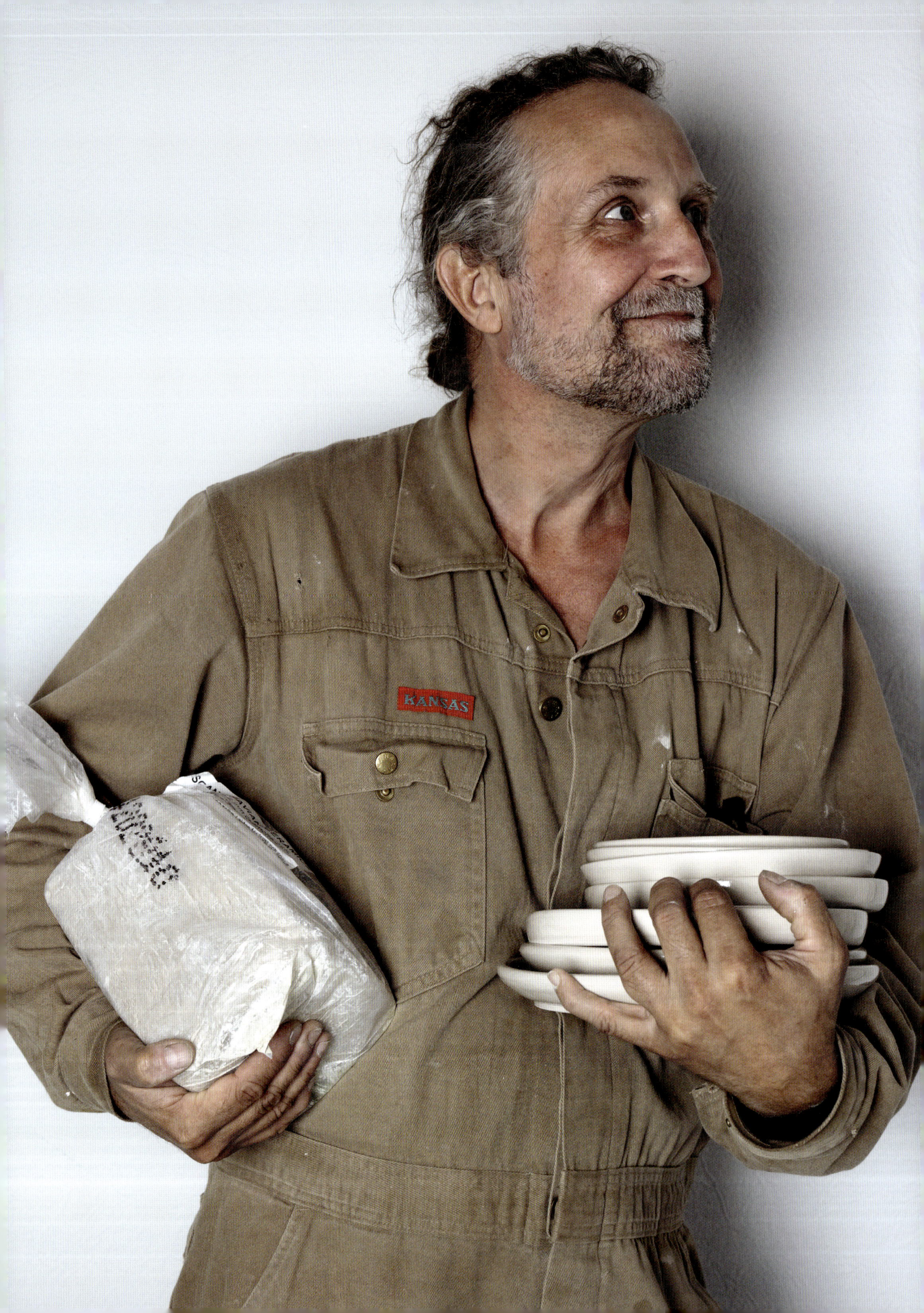
KANSAS

Einen Teller drehen

Maße des Tellers vor dem Brand
3,5 cm hoch x 27 cm breit

Maße des Tellers nach dem Brand
2,5 cm hoch x 24,5 cm breit

Ton
Steinzeug

Gewicht
1100 g

Werkzeuge und Utensilien
Töpfernadel
Schwamm
flaches Modellierholz
Drehschiene
Lineal
Schneidedraht
große Schüssel mit Wasser
Schurze
runde Gipsscheibe, Ø ca. 30 cm
Ton für die Gipsscheibe, ca. 300 g

In diesem Kapitel zeigen wir dir, wie du einen großen Teller aus Steinzeug auf einer Gipsscheibe drehst, die auf die Töpferscheibe aufgelegt wird. Wie schon geschrieben: Ton schrumpft beim Brennen, im Fall von Steinzeug sind es ca. 10 %. Der Teller muss also entsprechend größer gedreht werden.

Große Teller lassen sich nicht von der Drehscheibe lösen, ohne zu verbiegen oder kaputtzugehen. Deshalb ist es ratsam, eine runde Gipsplatte auf der Töpferscheibe zu befestigen und den Teller auf dieser Platte zu drehen. Auf ihr kann er auch trocknen. Das erfordert ein paar zusätzliche Vorbereitungsschritte, aber beim Drehen von großen Tellern lohnt sich dieser Aufwand auf jeden Fall.

EINE GIPSSCHEIBE AUF DER TÖPFERSCHEIBE BEFESTIGEN

1 Zunächst 300 g Ton auf der Töpferscheibe zentrieren.

2 Den Ton zu einer großen, 1–2 cm dicken Scheibe flach drücken.

3 Mittig ein Loch mit 5 cm Durchmesser in den Ton drücken, das bis hinunter zur Töpferscheibe reicht. Außerdem noch eine Rille in den Tonfladen drücken. Der Rest des Fladens sollte ganz plan sein.

4 Die Gipsscheibe mit etwas Wasser beträufeln und kräftig mittig auf den Tonfladen drücken. Die Gipsplatte sollte nun so fest aufliegen, dass man den Teller darauf drehen kann.

1

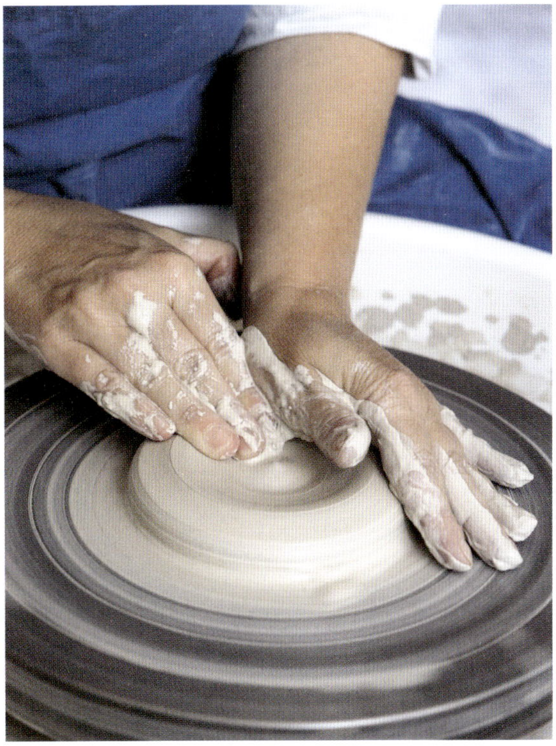

2

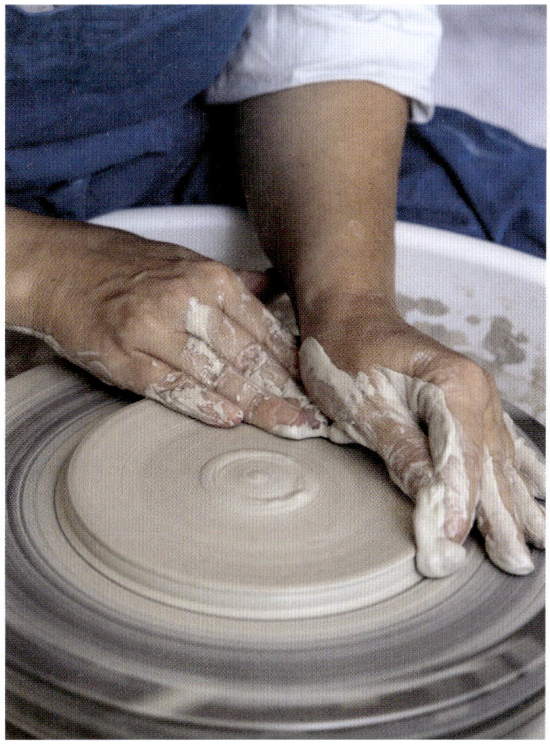

3

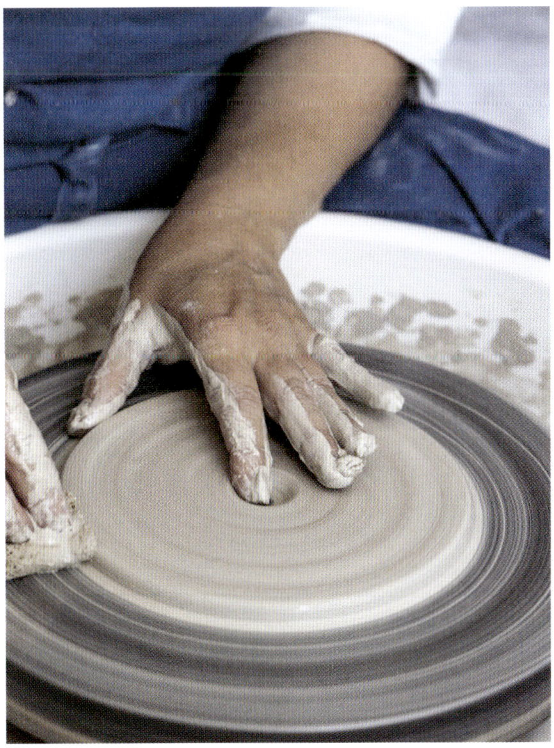

4

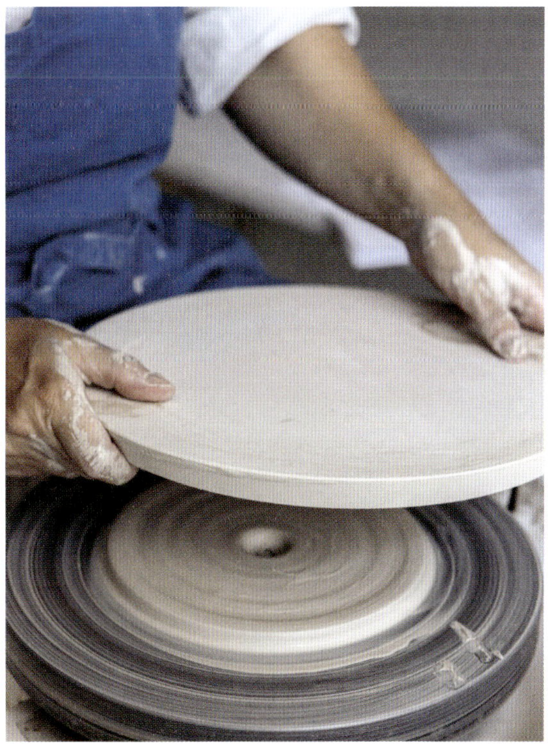

1 Den Ton kneten, wie auf Seite 35 beschrieben.

2 Den Klumpen in die Mitte der Gipsscheibe schlagen und zentrieren (Seite 43).

3 Nach dem Zentrieren den Ton bei hoher Geschwindigkeit zu einem dicken, flachen Zylinder formen (5 cm hoch x 15 cm breit). Hierzu die Hände anfeuchten und den Ton links mit der linken Hand stützen und mit dem Zeigefinger oder mehreren Fingern der rechten Hand langsam in der Mitte nach unten drücken, bis der Finger ca. 1 cm von der Gipsscheibe entfernt ist. Die Hände zwischendurch immer wieder anfeuchten. Die Scheibe eventuell anhalten und die Dicke des Bodens mit einer Töpfernadel prüfen.

4 Die Hände wieder befeuchten und den Ton mit beiden Händen langsam nach außen ziehen, um die Öffnung zu vergrößern. Den Ton beim Ziehen gleichzeitig nach unten drücken, damit er vollen Kontakt zur Gipsscheibe behält.

5 Es kann recht anstrengend sein, eine große Tonfläche mit den Fingern auseinanderzuziehen. Alternativ kannst du auch eine Faust machen und den Ton mit dem Handrücken nach unten drücken. Wichtig ist, den gesamten Ton von der Mitte nach unten und außen zu drücken, um später den Teller samt Boden und Rand formen zu können.

Vier- bis fünfmal von links nach rechts über den Boden massieren, um ihn zu verdichten. Dabei können Rillen oder Spiralen entstehen, die du mit den Fingern oder einem Schwamm vorsichtig glätten kannst. Der Boden des Tellers sollte einen Durchmesser von ca. 24 cm haben.

3

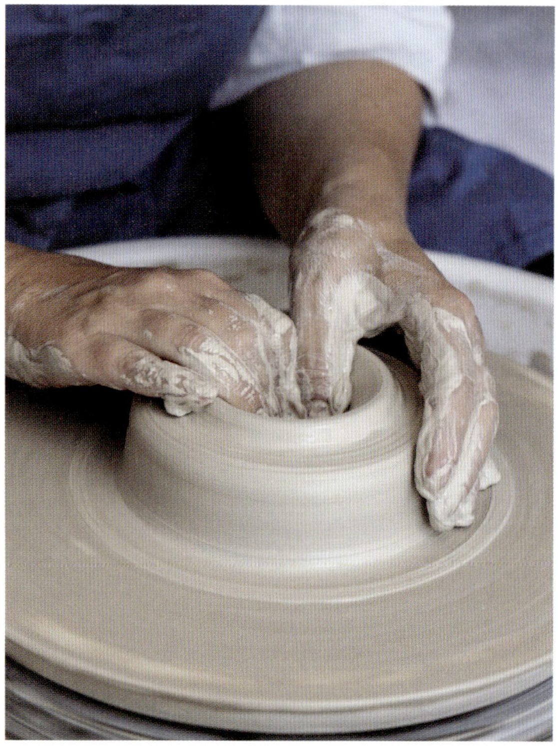

4

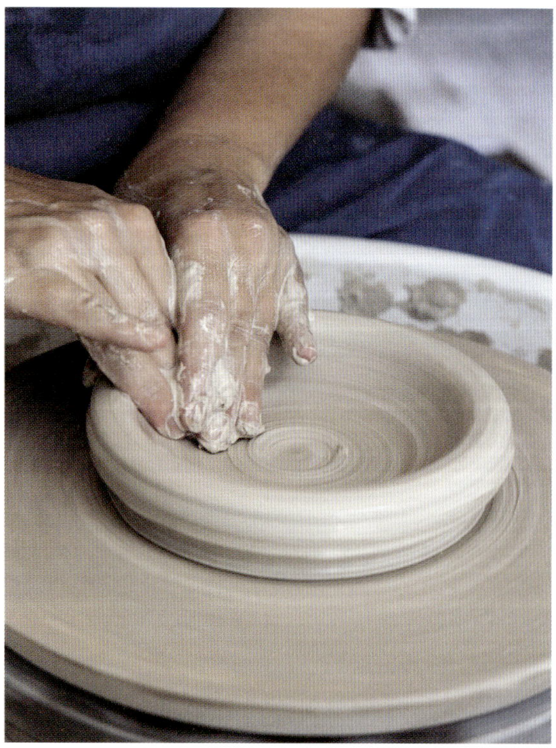

5

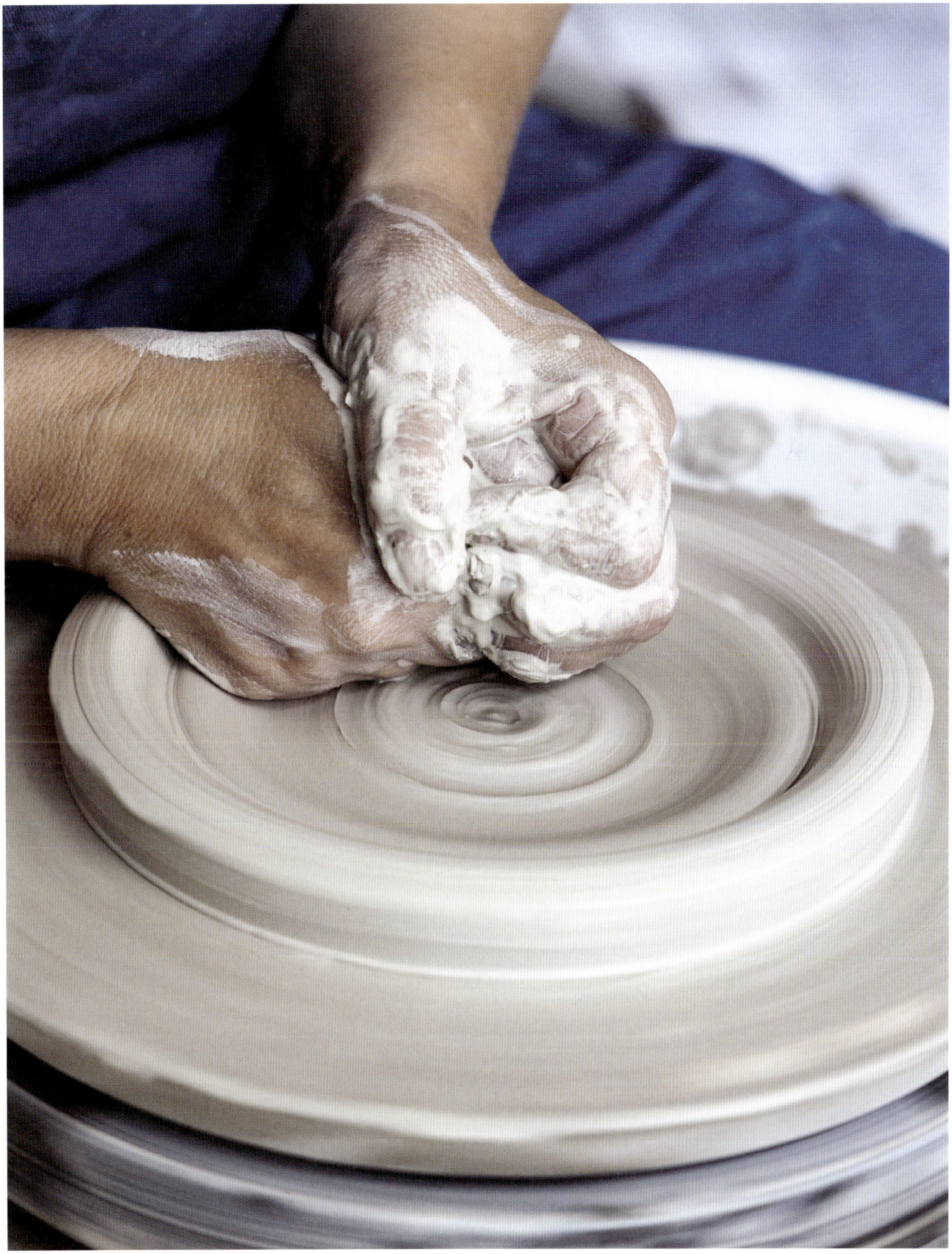

6 Um den Teller in die gewünschte Form zu bringen, die linke Hand in den Teller legen, wobei der linke Zeigefinger an der Innenwand anliegt. Stelle dir das Werkstück als Uhr vor: Dein Finger liegt auf drei Uhr. Krümme den Zeigefinger deiner rechten Hand und lege ihn außen an den Ton, und zwar genau an die Stelle, an der dein linker Zeigefinger innen die Tonwand berührt.

Nun den Ton einmal gleichmäßig von unten nach oben ziehen. Dazu mit dem rechten Zeigefinger vorsichtig an der Außenseite drücken und innen mit dem linken Zeigefinger stützen. Wichtig ist, den gesamten Ton vom Boden nach oben zu drücken und unten nichts zu „verschwenden". Nochmals ein- bis zweimal langsam nach oben drücken. Die Krümmung an der Innenseite sollte weich sein und der Krümmung an der Außenseite folgen. Je nachdem, wie dick der Ton ist, kannst du den Tellerrand weiter in die Höhe wachsen lassen, indem du noch einmal vorsichtig von unten nach oben drückst.

Dieser Teller ist ca. 3,5 cm hoch. Du kannst ihn auch noch etwas weiter nach außen ziehen und dadurch verbreitern. Am besten befühlst du die Wandstärke und entscheidest dann, ob es noch Spielraum gibt, den Teller zu vergrößern. Sie sollte zwischen 0,5 und 1 cm liegen.

7 Sobald die gewünschte Form und Größe erreicht ist, kannst du den Tellerrand abrunden. Hierzu den Rand mit dem linken Daumen und Zeigefinger vorsichtig festhalten. Den rechten Zeigefinger sanft oben auflegen und die Kante formen.

8 Nun mit dem Modellierholz den unteren Rand des Tellers begradigen, indem du überschüssigen Ton abschabst. Es ist besser, den Ton, der sich unten am Rand gesammelt hat, jetzt zu entfernen, als damit bis zum Abdrehen zu warten.

6

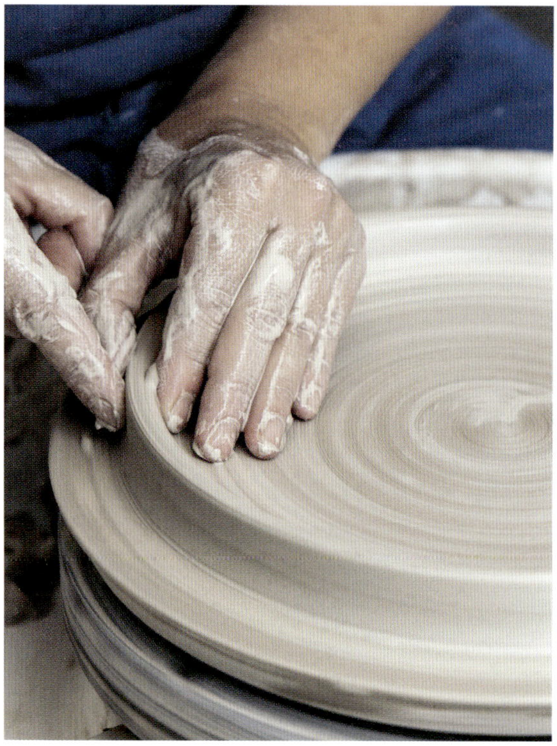

7

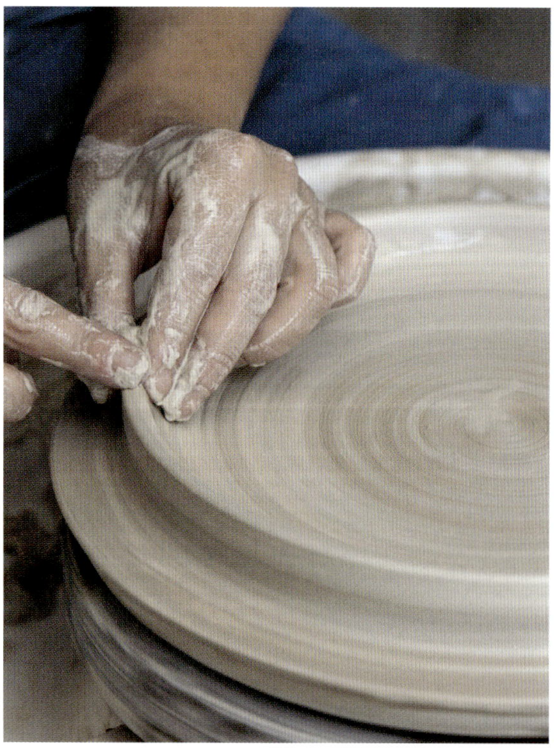

8

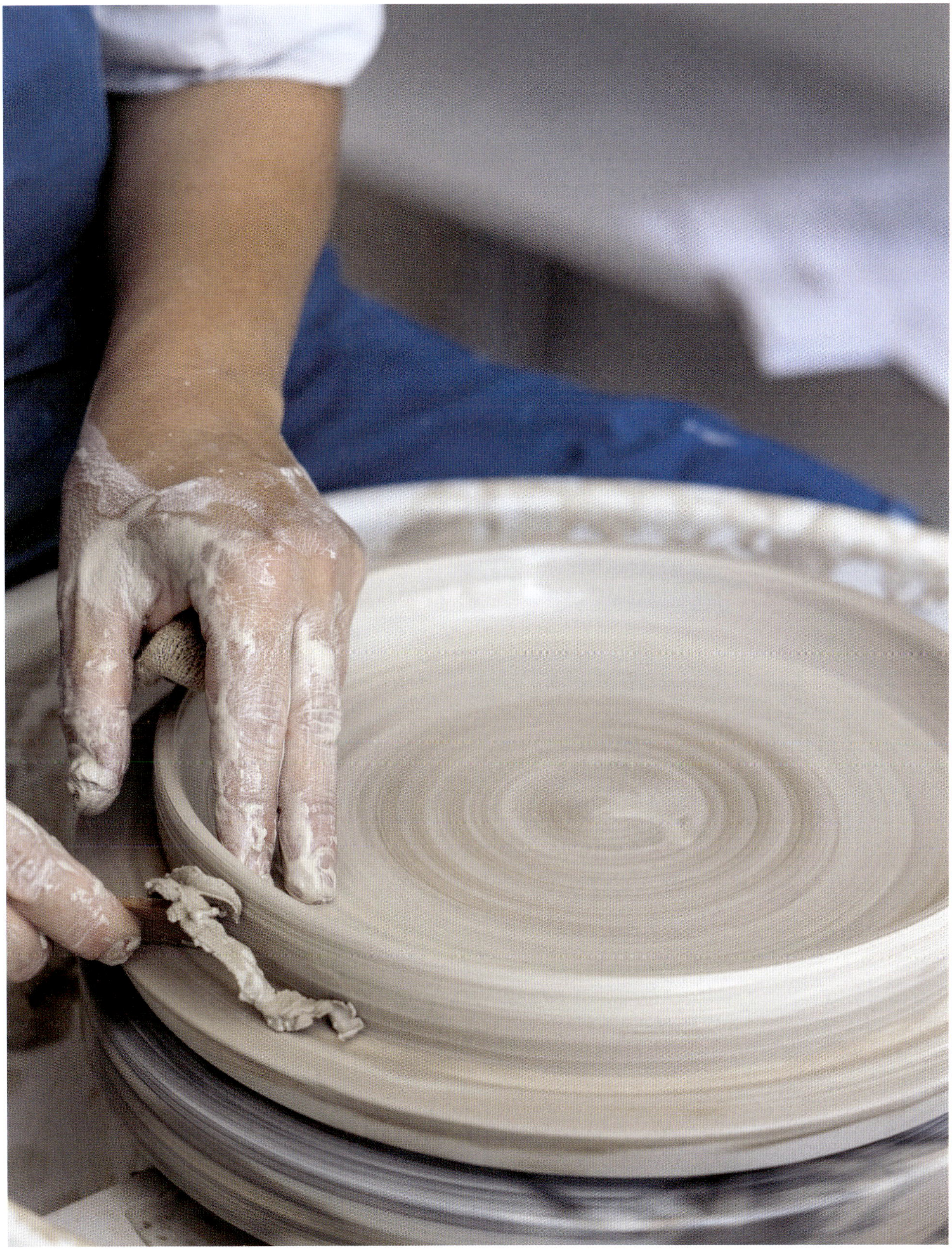

9 Die Töpferscheibe anhalten. Das Modellierholz zwischen Gipsscheibe und Drehteller stecken und hochdrücken, um die Scheibe vom Drehteller zu lösen. Dank der Gipsscheibe kannst du den noch sehr weichen und empfindlichen Teller beiseitestellen, ohne ihn zu berühren.

10 Den Teller antrocknen lassen. Sobald er sich von der Gipsscheibe löst, kannst du ihn vorsichtig abnehmen und abdrehen.

Den Teller zum Trocknen beiseitestellen: Seite 163
Den Teller abdrehen: Seite 142

9

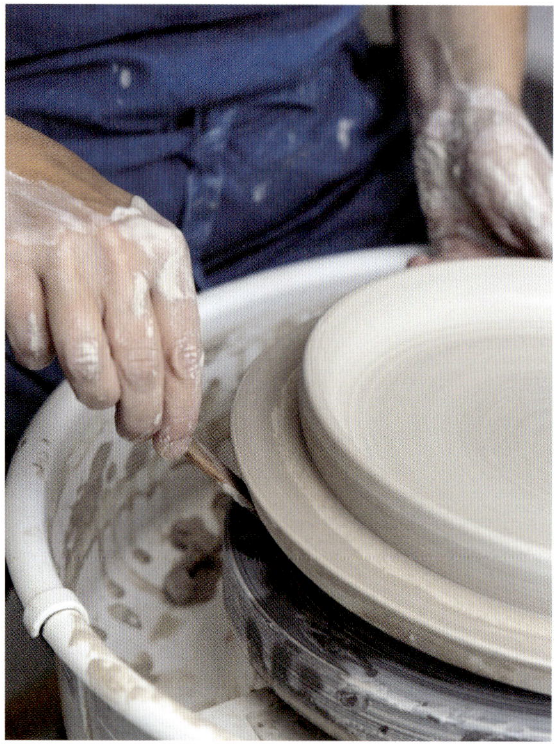

10

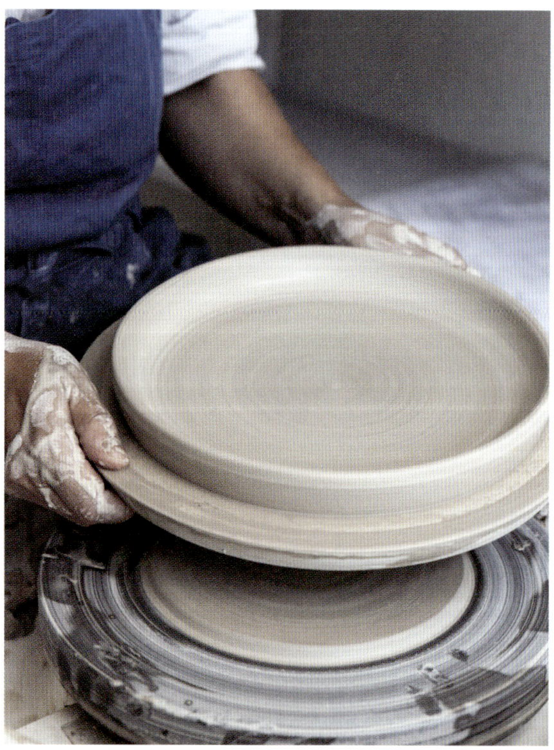

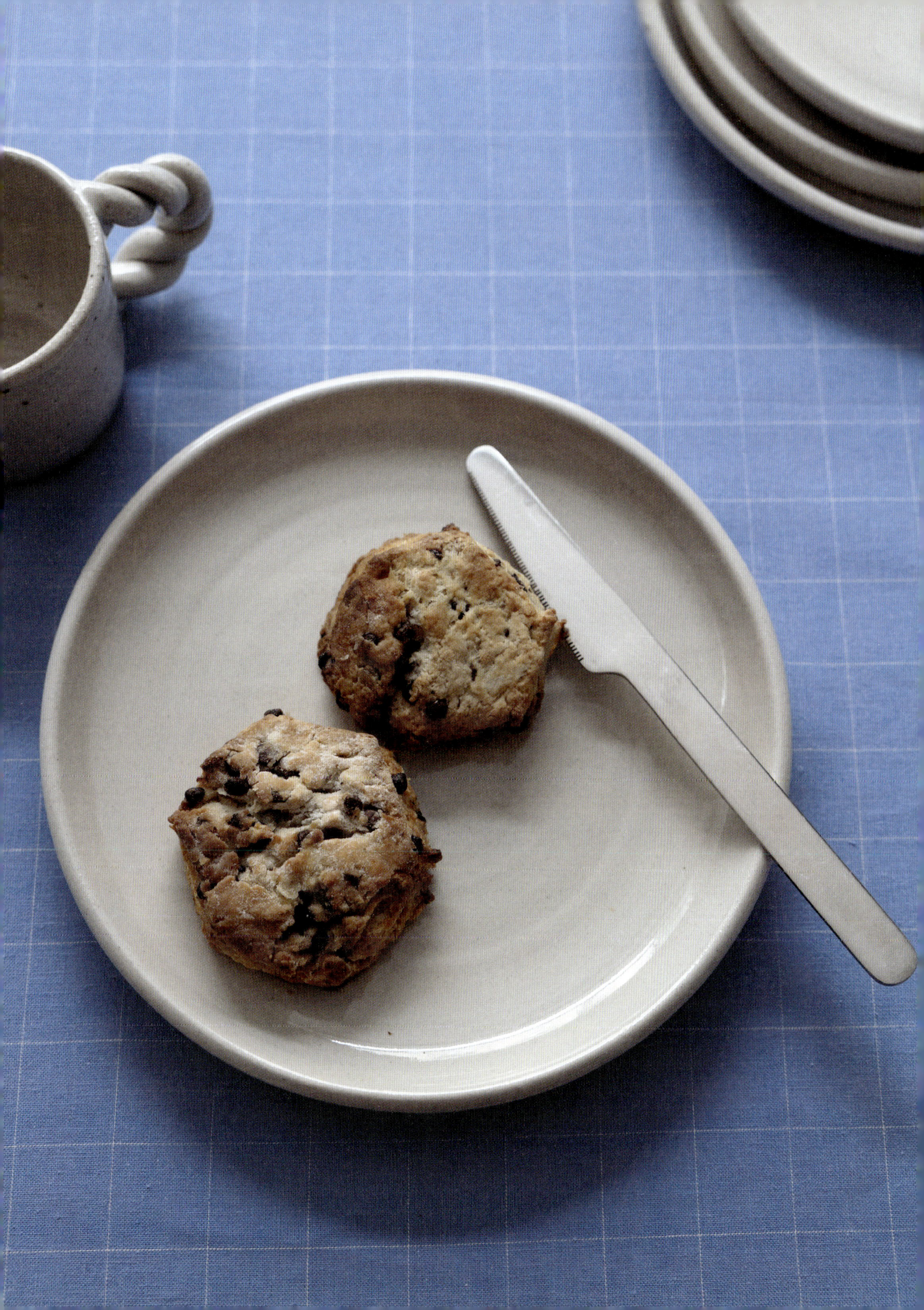

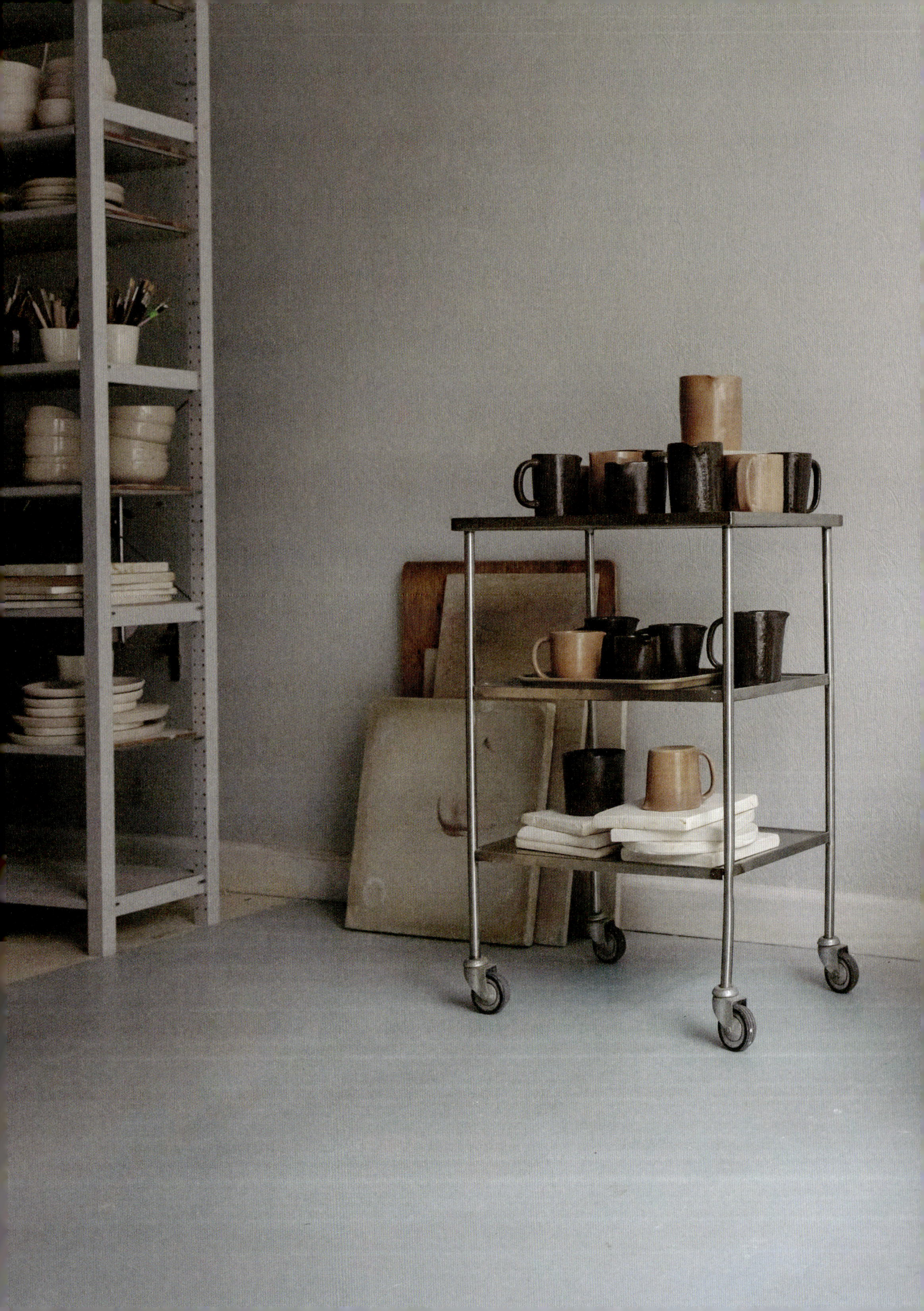

Einen Krug drehen

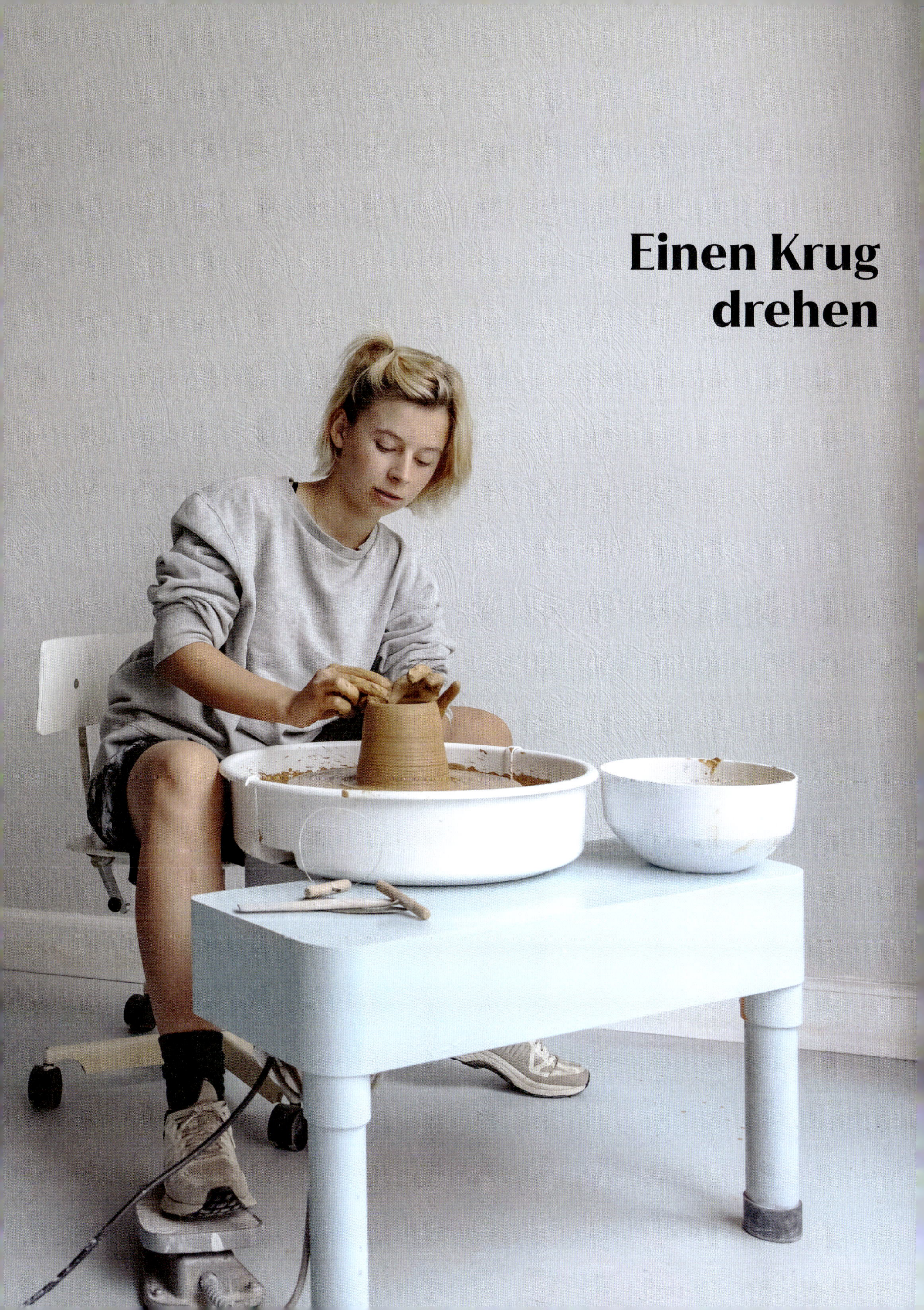

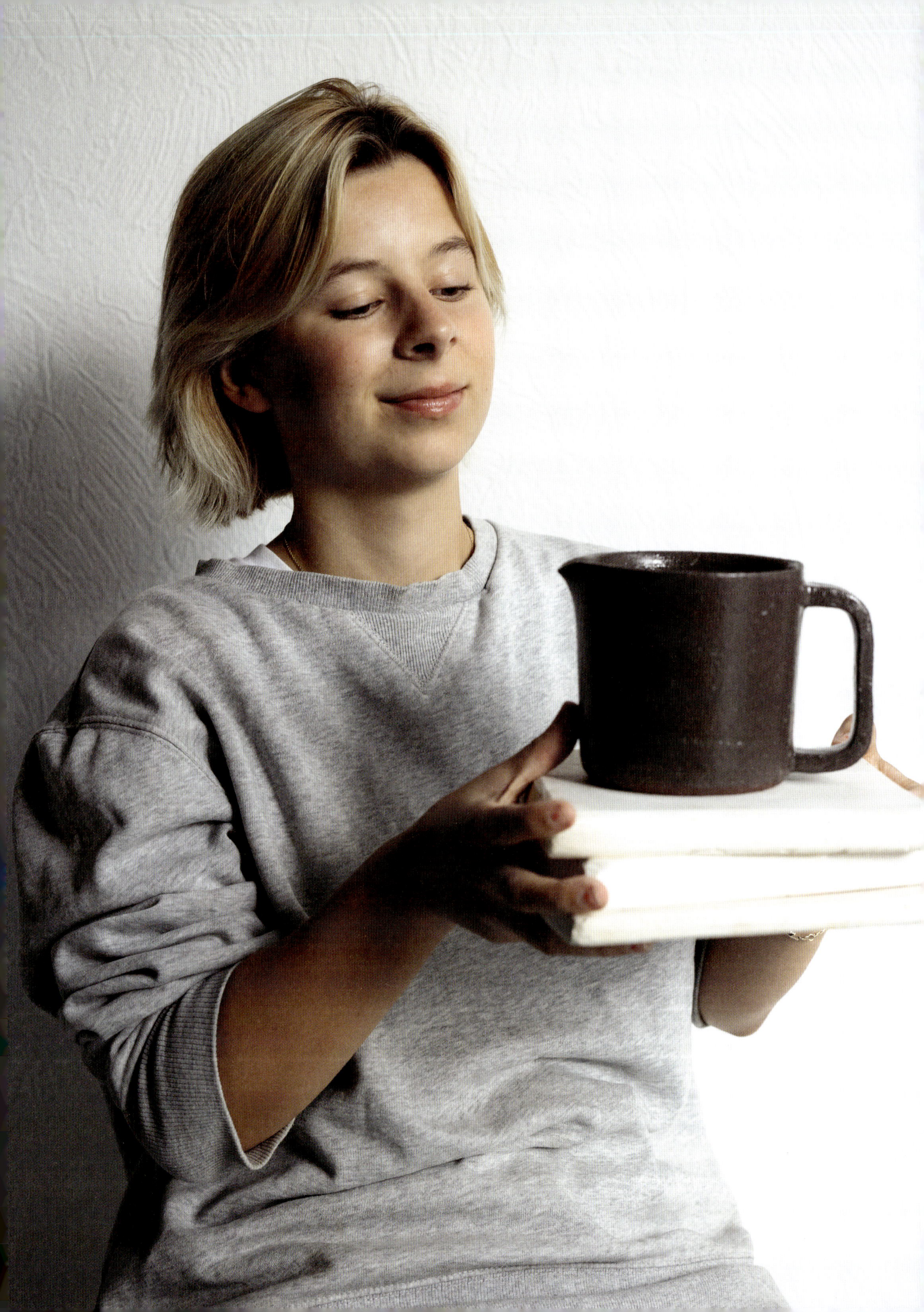

Einen Krug drehen

Maße des Krugs vor dem Brand
12 cm hoch x 13,5 cm breit

Maße des Krugs nach dem Brand
11 cm hoch x 12 cm breit

Ton
Steinzeug

Gewicht
900 g

Werkzeuge und Utensilien
Töpfernadel
Schwamm
flaches Modellierholz
Drehschiene
Bastelmesser
Lineal
Schneidedraht
große Schüssel mit Wasser
Schürze

In diesem Kapitel erfährst du, wie du einen Krug drehst und die Tülle zum Ausgießen formst. Unser Beispielkrug ist mittelgroß und für Wasser oder Saft geeignet. Er besteht aus einer groben, dunklen Steinzeugmasse mit viel Schamotte.

Weiter hinten im Buch zeigen wir, wie du den Krug mit einem Henkel ausstattest (Seite 127).

Vor dem Drehen solltest du dir Gedanken darüber machen, wofür der Krug verwendet werden soll. Soll es eher ein Milchkännchen werden, das gar keinen Henkel braucht? Oder soll es ein großer Krug mit Henkel werden?

1 Den Ton kneten, wie auf Seite 35 beschrieben.

2 Den Klumpen in die Mitte der Drehscheibe schlagen und zentrieren (Seite 43).

3 Nach dem Zentrieren den Ton bei 2/3-Geschwindigkeit zu einem massiven Zylinder formen. Die Hände zwischendurch immer wieder anfeuchten. Den Ton links mit der linken Hand stützen und mit dem Daumen oder Zeigefinger der rechten Hand langsam in der Mitte nach unten drücken, bis der Finger ca. 1 cm von der Töpferscheibe entfernt ist. Eventuell die Scheibe anhalten und die Dicke des späteren Bodens mit einer Töpfernadel prüfen.

4 Die Hände befeuchten und den Ton mit dem rechten Zeige- und Mittelfinger langsam nach außen ziehen, um die Öffnung zu vergrößern. Beim Ziehen gleichzeitig mit der linken Hand an der linken Seite stützen, damit der Boden nicht zu schnell zu breit wird. Der Boden sollte etwa einen Durchmesser von 13 cm haben. Mit dem Finger drei- bis viermal von links nach rechts über den Boden massieren, um ihn zu verdichten. Wenn dabei Rillen oder Spiralen entstehen, kannst du sie mit den Fingern oder dem Schwamm vorsichtig glätten.

5 Jetzt den Ton in die Höhe ziehen. Dazu die linke Hand ins Gefäß legen, wobei der linke Zeigefinger an der Innenwand anliegt. Stelle dir das Objekt als Uhr vor: Dein Finger liegt auf drei Uhr. Krümme den Zeigefinger deiner rechten Hand und lege ihn außen an den Ton, und zwar genau an die Stelle, an der dein linker Zeigefinger innen die Tonwand berührt.

3

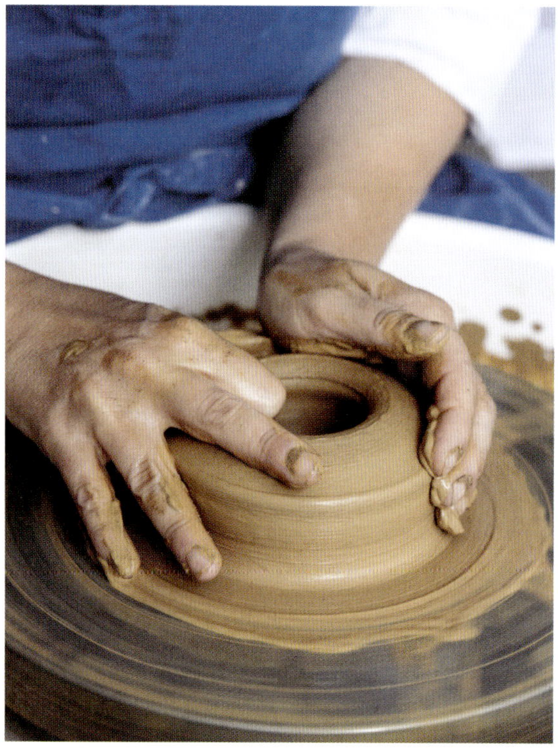

4

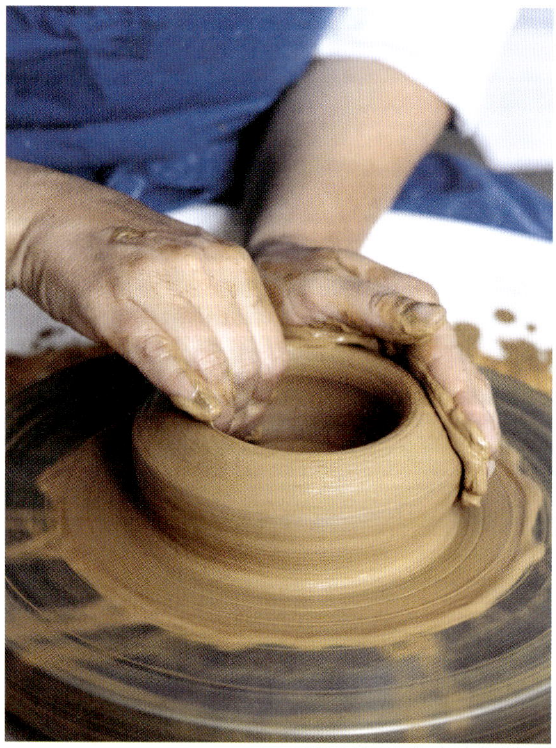

5

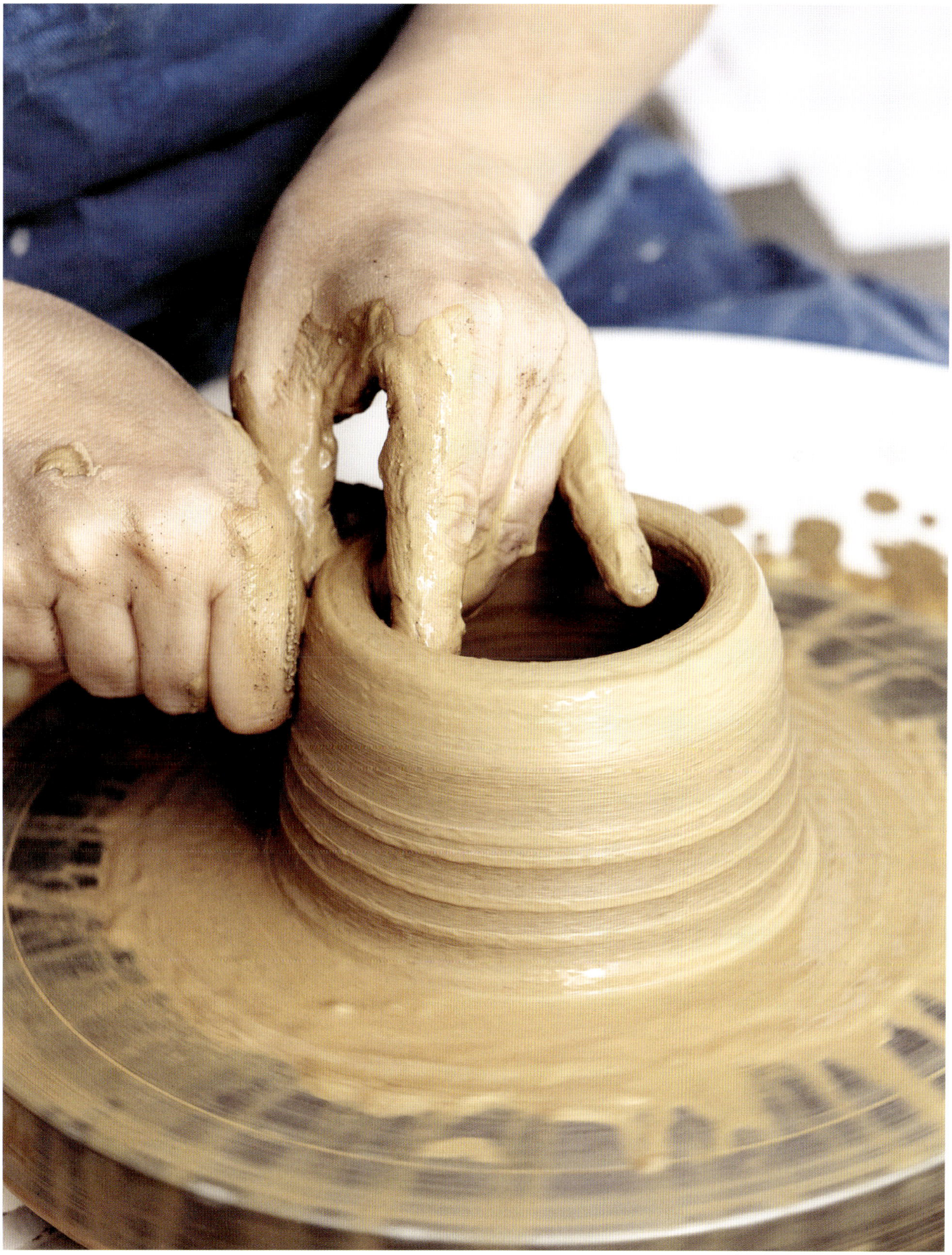

6 Den Ton jetzt vorsichtig von unten nach oben drücken. Wichtig ist, den gesamten Ton vom Boden nach oben zu drücken und unten nichts zu „verschwenden“. Dazu mit dem rechten Zeigefinger an der Außenseite drücken und innen mit dem linken Zeigefinger stützen. Dies vier- bis fünfmal langsam wiederholen und dabei von unten nach oben immer den gleichen Druck ausüben, bis ein Zylinder entstanden ist (ca. 12 cm hoch). Das Werkstück vorsichtig mit dem Schwamm abwischen, um die Form besser zu erkennen und überschüssiges Material zu entfernen.

7 Jetzt die Drehgeschwindigkeit der Scheibe etwas verringern. Nun mit dem linken Zeigefinger an der Innenseite drücken und mit dem rechten Zeigefinger an der Außenseite stützen. Die Finger gleichzeitig von unten nach oben ziehen, bis der Ton an der Kante die gewünschte Dicke hat. Achte darauf, dass der Ton gleichmäßig dick wird (0,5–1 cm).

8 Dieser Krug ist gerade und zylinderförmig. Um dem Krug außen eine glatte Oberfläche zu verleihen, kannst du eine Drehschiene senkrecht an den Krug halten und die Wand abschaben.

9 Sobald die gewünschte Form und Größe erreicht ist, die obere Kante abrunden. Hierzu den Rand mit dem linken Daumen und Zeigefinger vorsichtig festhalten. Den rechten Zeigefinger sanft oben auf die Kante legen, sie zur gewünschten Dicke drücken und abrunden. Den gesamten Krug innen und außen vorsichtig mit einem feuchten Schwamm abwischen.

6

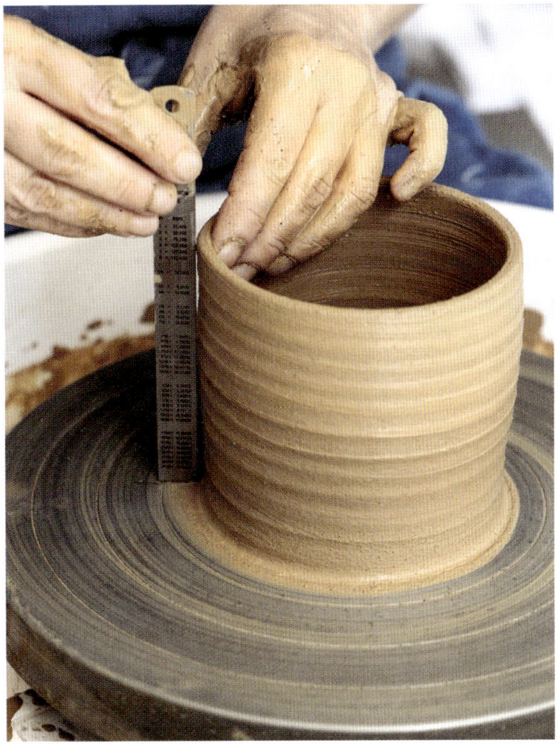

8

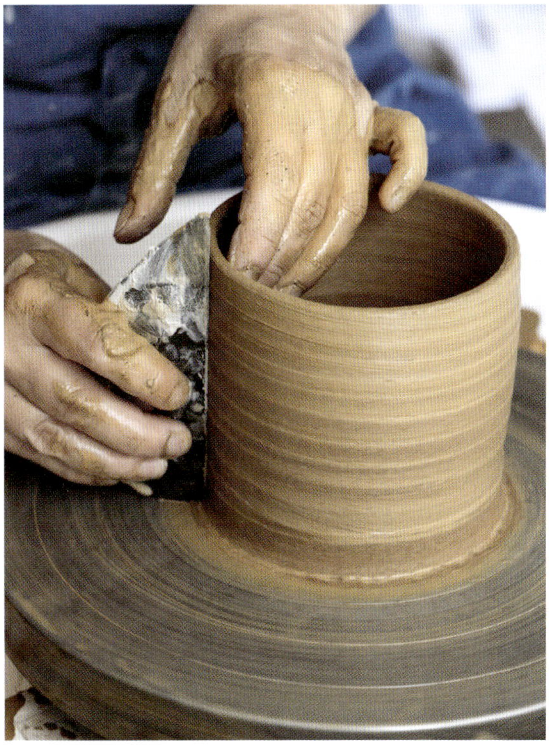

9

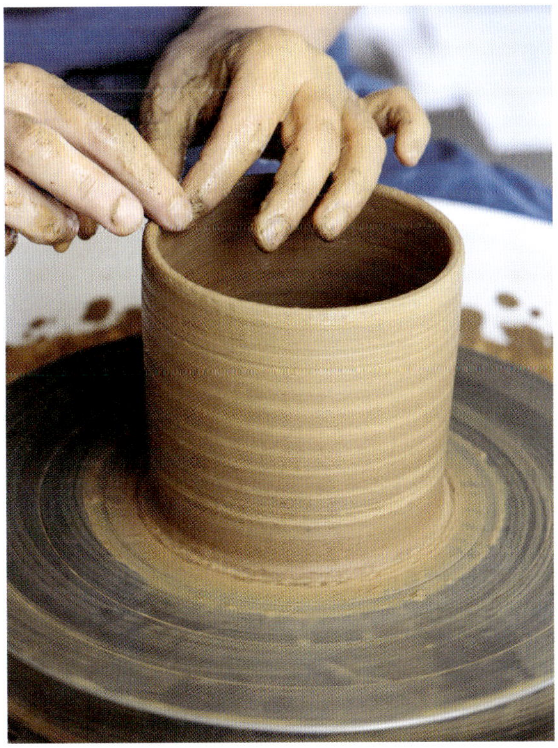

10

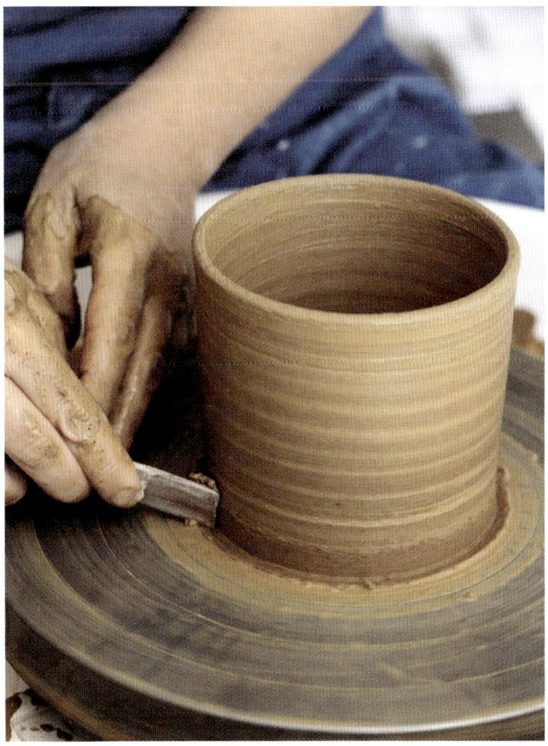

10 Nun mit dem Modellierholz den unteren Rand des Krugs begradigen, indem du überschüssigen Ton abschabst: Dazu das Holz auf die Scheibe setzen und am Boden 5 mm abkratzen.

11 Um den Krug von der Scheibe zu lösen, das Bastelmesser ca. 1 cm unter den Krug schieben. So lässt sich der Schneidedraht anschließend leichter unter den Krug führen.

12 Die Drehscheibe anhalten. Vor und hinter den Krug ein wenig Wasser auf die Scheibe träufeln, damit er leichter von der Scheibe gleitet. Den Schneidedraht hinter dem Krug mit beiden Daumen flach gegen die Drehscheibe drücken und dann unter dem Krug hindurch nach vorne ziehen. Wenn der Krug sich beim ersten Versuch nicht löst, den Vorgang wiederholen.

13 Die Hände säubern und den Krug zum Trocknen auf eine Platte setzen. Falls der Krug beim Versetzen eine kleine Delle oder Ähnliches bekommen hat, kannst du das vorsichtig wieder ausgleichen.

11

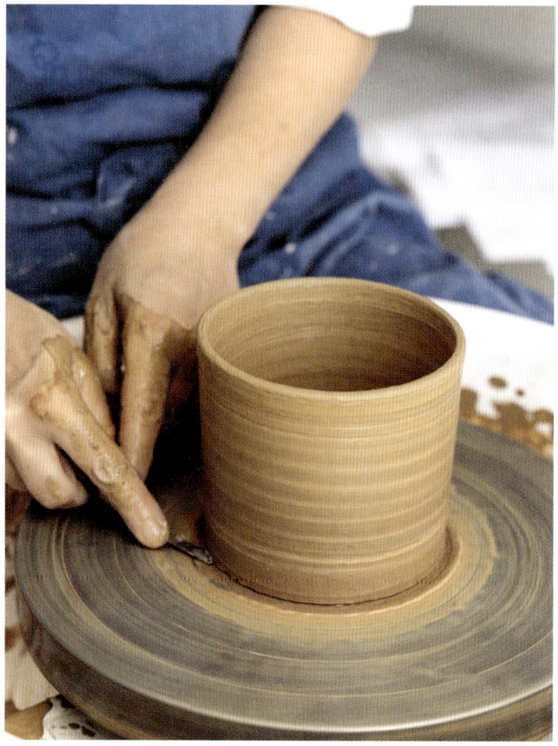

12

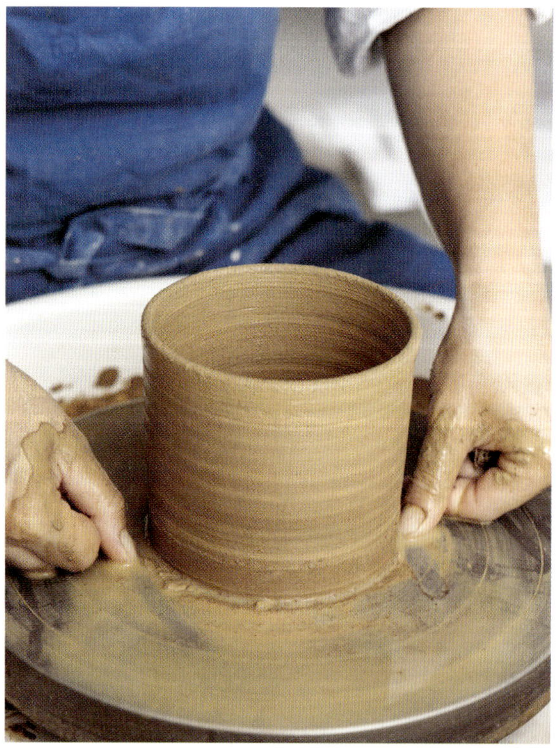

13

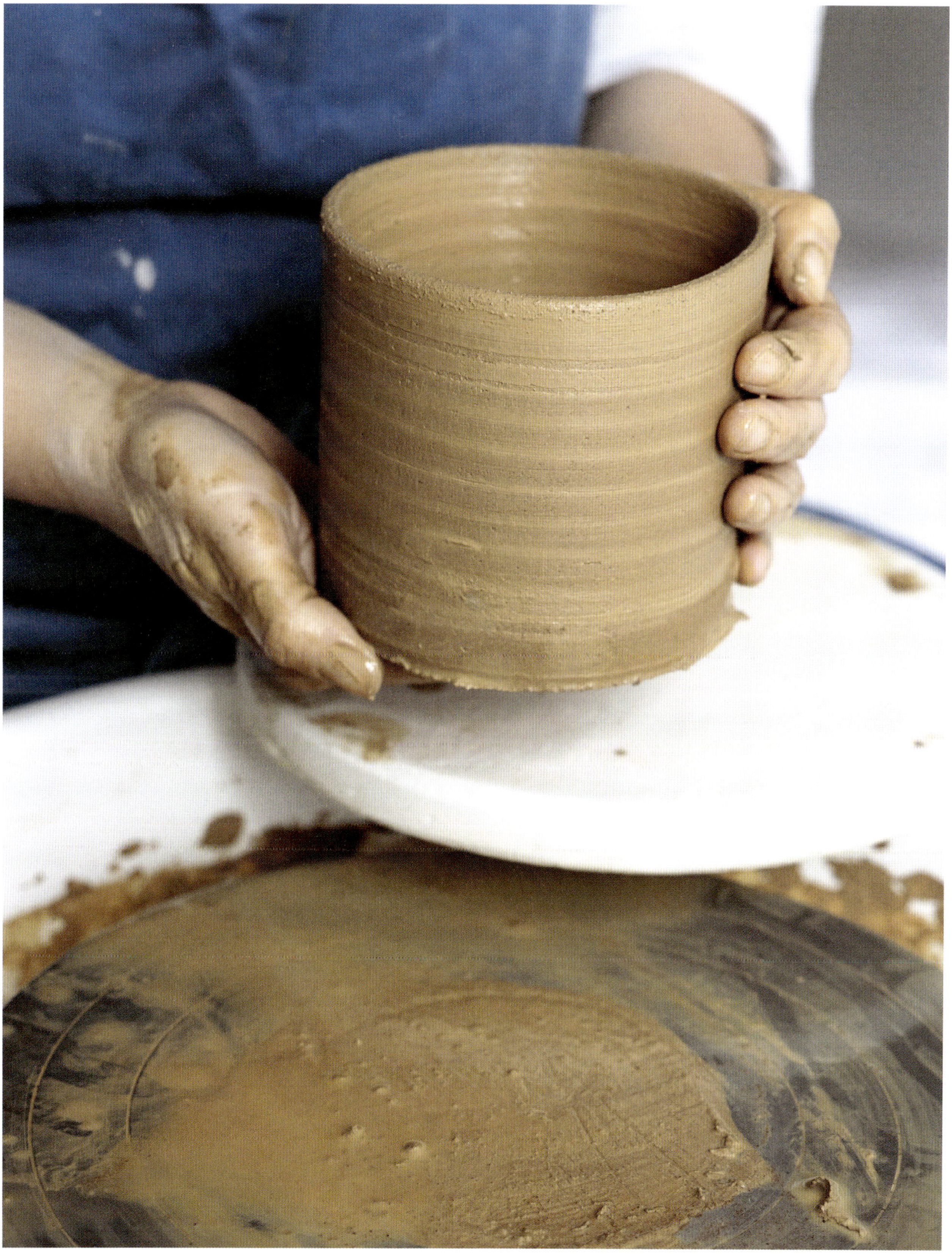

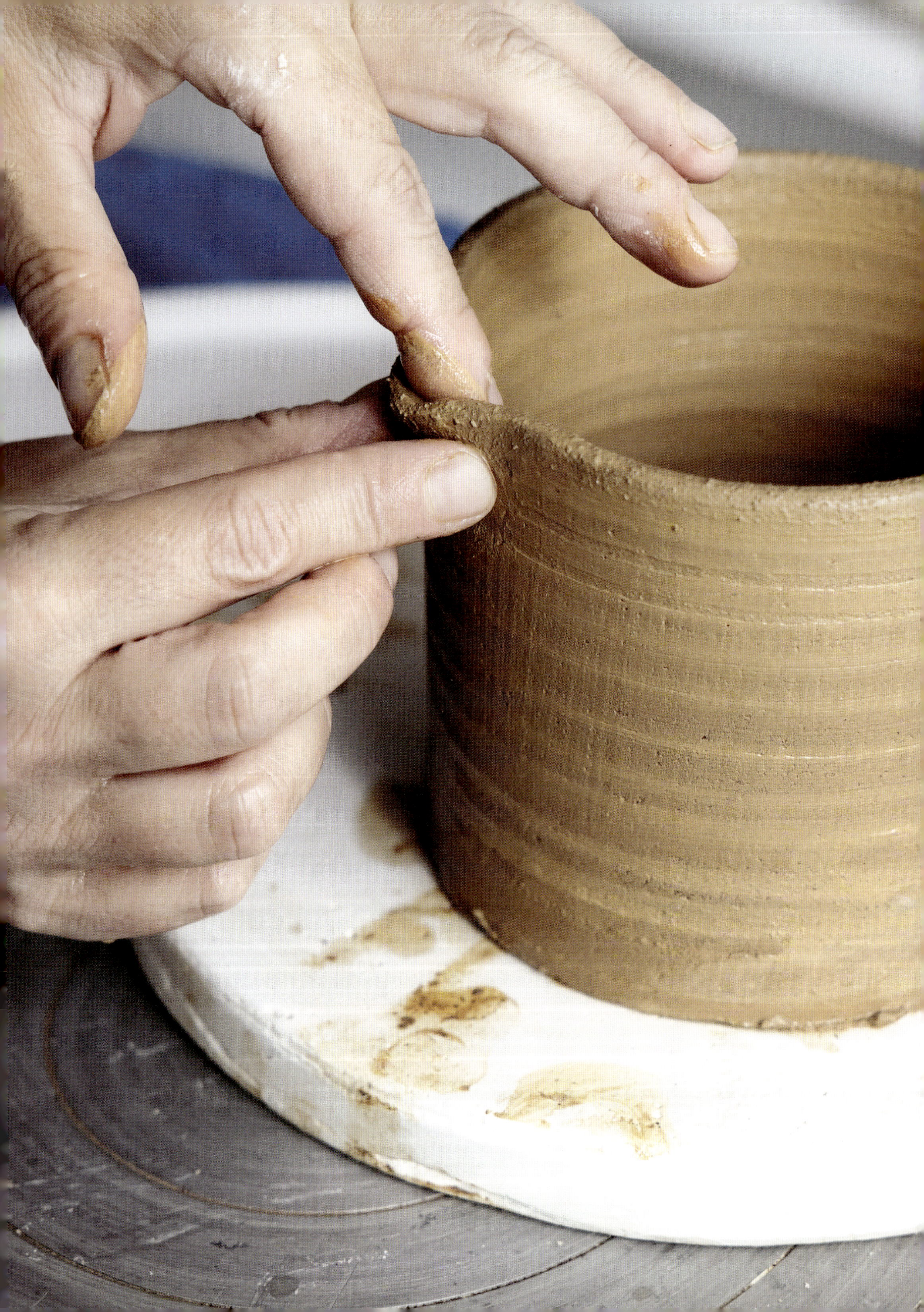

EINE TÜLLE FORMEN

Die Tülle zum Ausgießen formst du unmittelbar nach dem Drehen des Krugs, solange der Ton noch feucht und weich ist.

1 Zuerst den rechten Daumen und Zeigefinger außen an den Rand legen. Den linken Zeigefinger befeuchten und vorsichtig zwischen rechtem Daumen und Zeigefinger senkrecht über den Rand gleiten lassen. Diesen Vorgang je nach gewünschter Größe der Tülle noch mehrmals wiederholen.

2 Beim Formen der Tülle darauf achtgeben, dass sich nicht der gesamte Krug verzieht. Deshalb den rechten Daumen und Zeigefinger fest an beide Seiten der Tülle legen, um nur den Ausgießer und nicht die ganze Krugwand herauszuziehen. Die Tülle vorsichtig mit dem Schwamm abwischen oder damit warten, bis der Ton lederhart ist. Weil die Tülle noch sehr weich ist, kann sie sich leicht verformen.

Den Krug zum Trocknen beiseitestellen: Seite 163
Den Krug henkeln: Seite 127
Den Krug vor dem Henkeln abdrehen: Seite 140

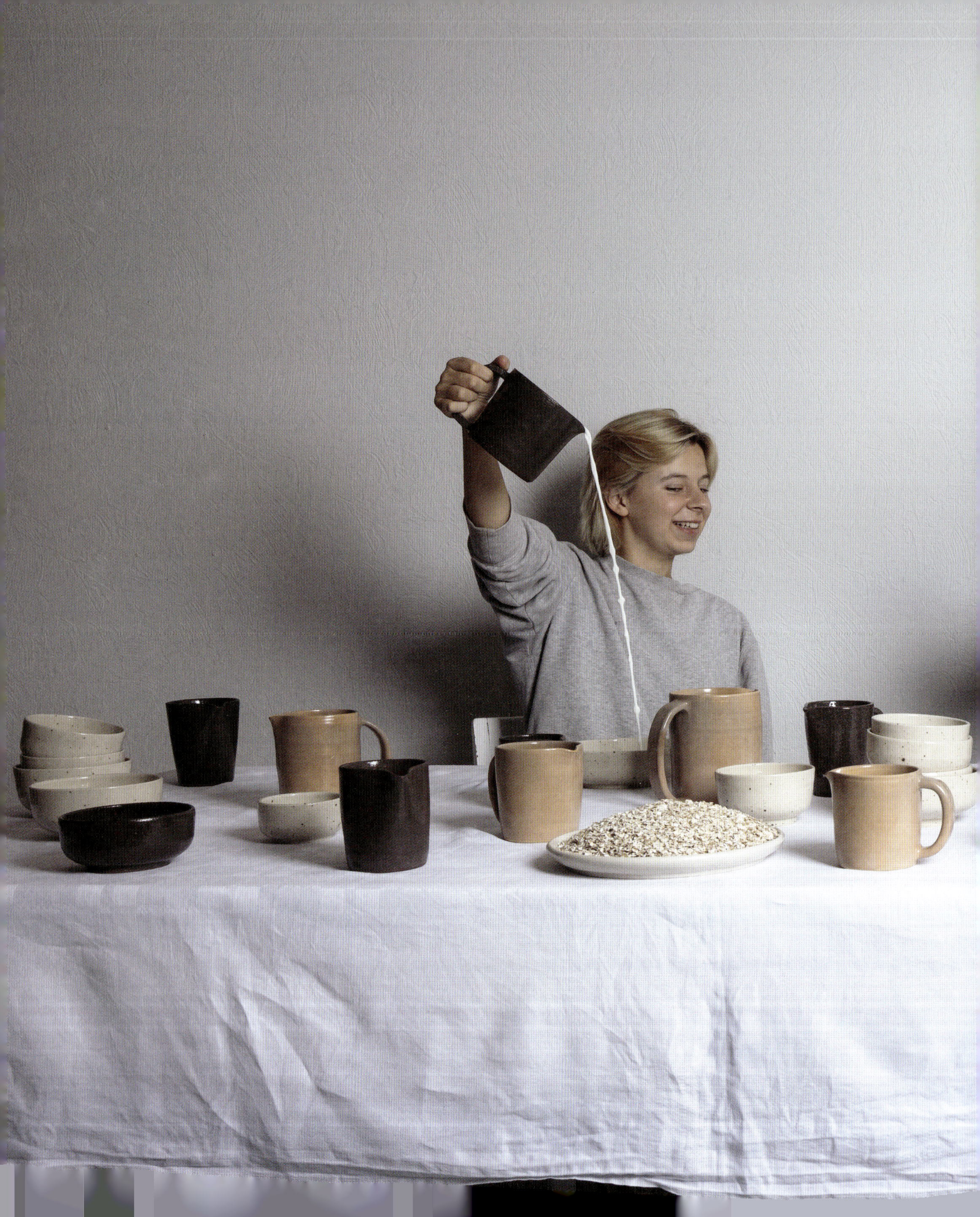

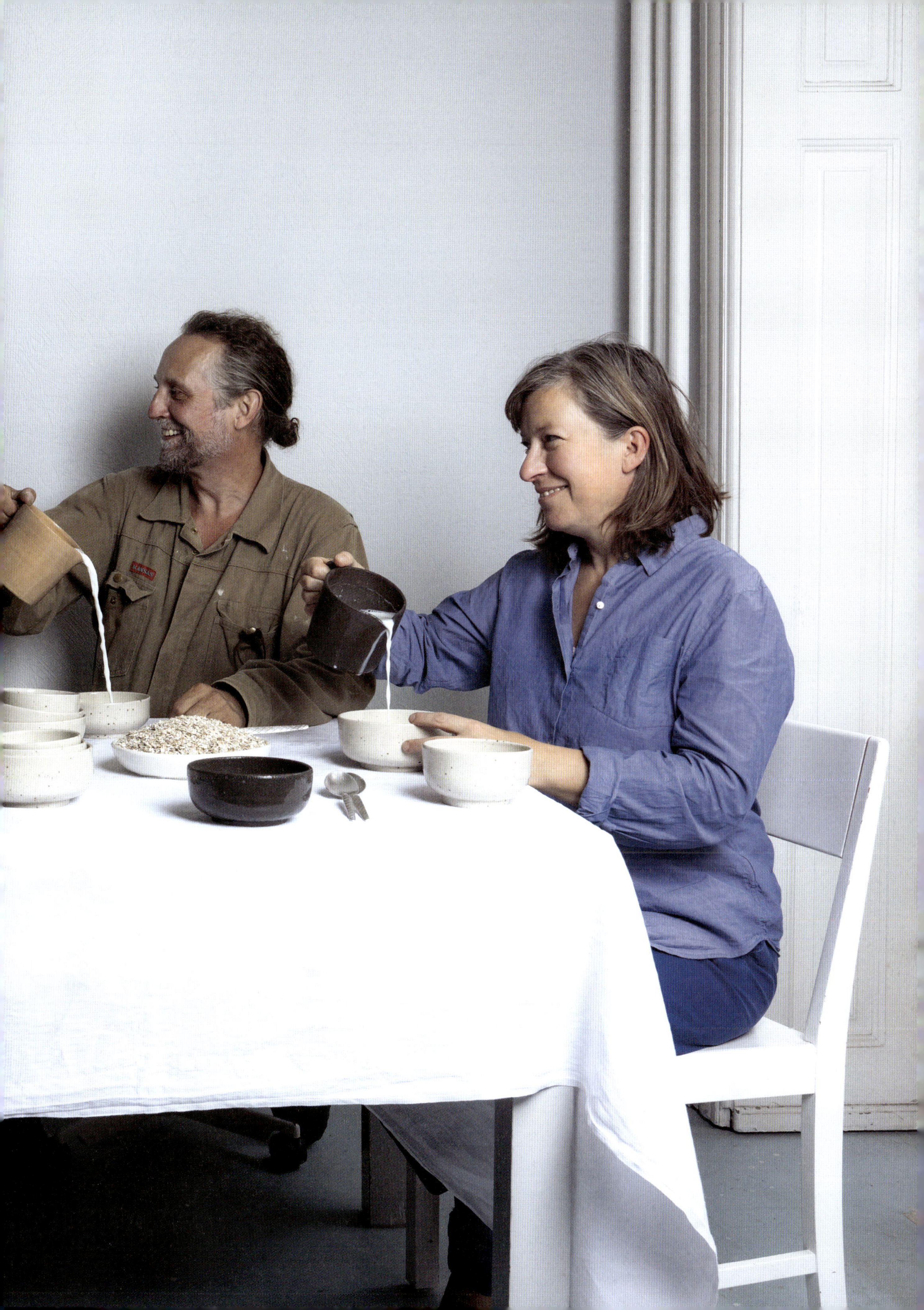

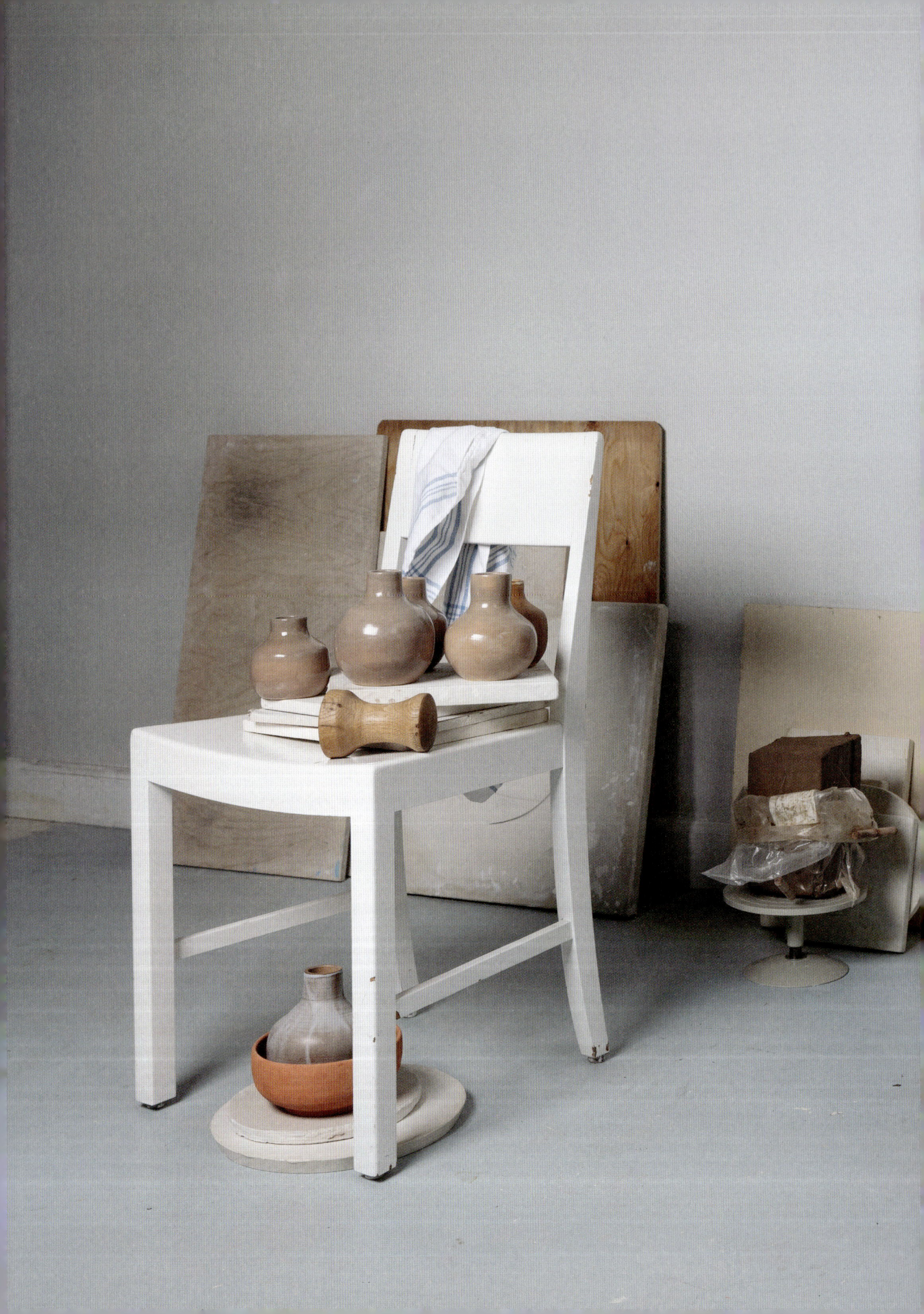

Eine Vase drehen

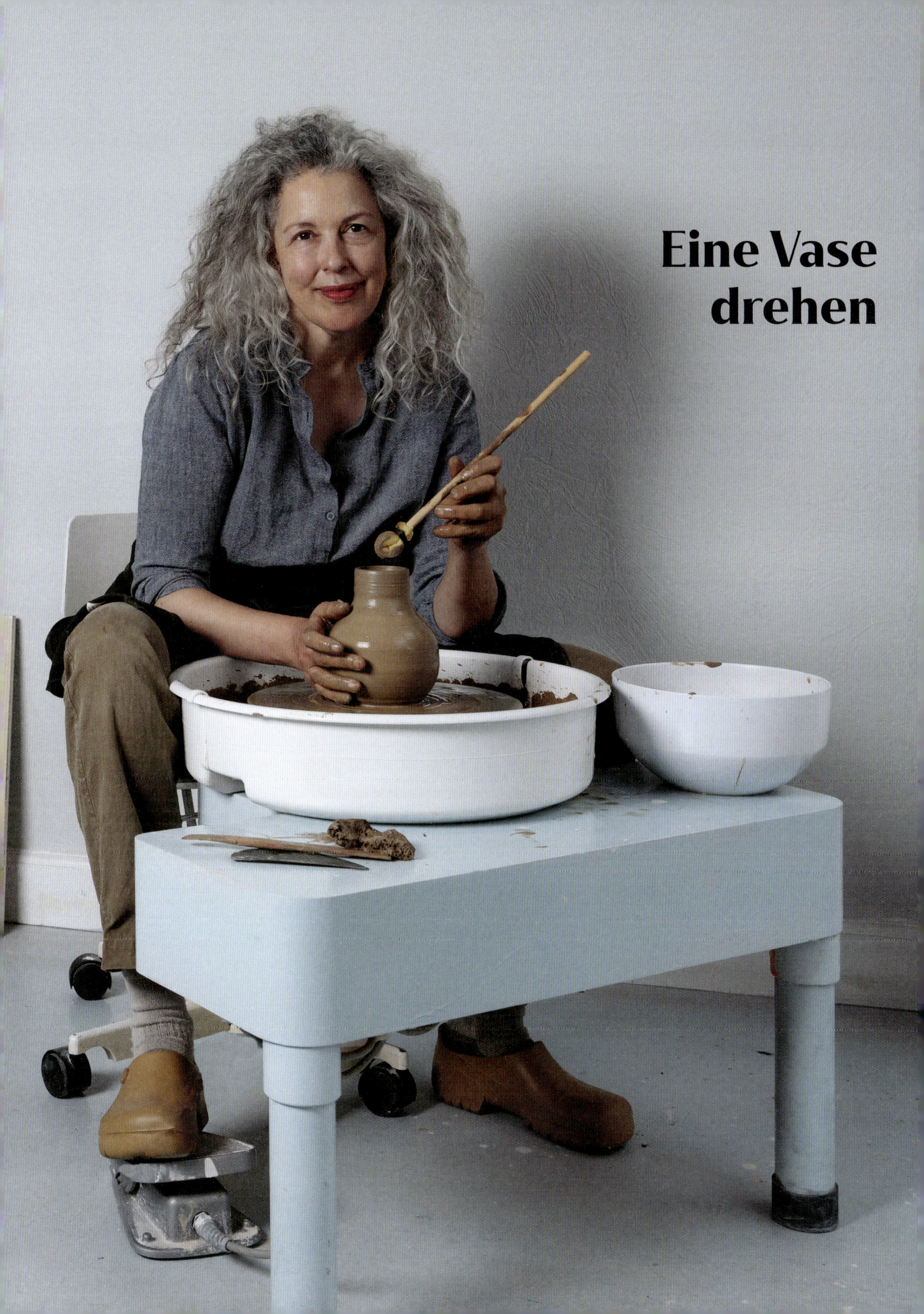

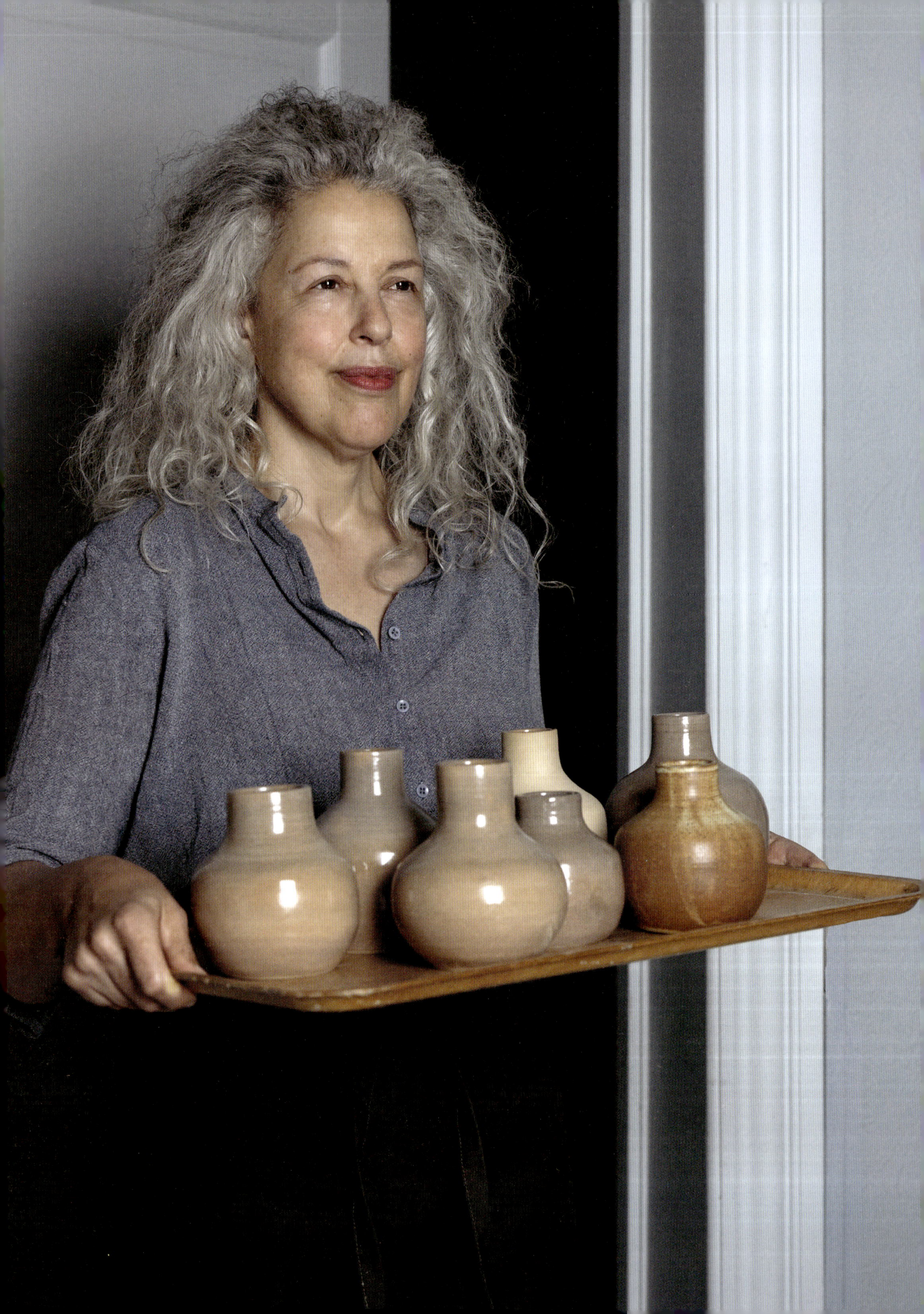

Eine Vase drehen

Maße der Vase vor dem Brand
15 cm hoch x 10 cm breit

Maße der Vase nach dem Brand
13,5 cm hoch x 9 cm breit

Ton
Steinzeug

Gewicht
900 g

Werkzeuge und Utensilien
Töpfernadel
Schwamm
flaches Modellierholz
Lineal
Schneidedraht
Schwamm mit Holzgriff
große Schüssel mit Wasser
Schürze

In diesem Kapitel erklären wir, wie du eine kleine, gedrungene Vase mit schmalem Hals drehen kannst – ideal für einen kleinen Zweig oder eine Blume. Die Vase besteht aus hellbraunem Steinzeug.

Wenn du eine Vase drehen möchtest, solltest du zuvor überlegen, ob sie von der Größe her passend für einen einzelnen Zweig, für mehrere Blumen oder einen ganzen Strauß sein soll.

1 Den Ton kneten, wie auf Seite 35 beschrieben.

2 Den Klumpen in die Mitte der Drehscheibe schlagen und zentrieren (Seite 43).

3 Nach dem Zentrieren den Ton bei 2/3-Geschwindigkeit der Drehscheibe zu einem massiven Zylinder formen. Die Hände zwischendurch immer wieder anfeuchten. Den Ton von links mit der linken Hand stützen und mit dem Daumen oder Zeigefinger der rechten Hand langsam in der Mitte nach unten drücken, bis dein Finger ca. 1 cm von der Töpferscheibe entfernt ist. Eventuell die Scheibe anhalten und die Dicke des Bodens mit einer Töpfernadel prüfen.

4 Die Hände befeuchten und den Ton mit dem rechten Zeige- und Mittelfinger langsam nach außen ziehen, um die Öffnung zu vergrößern. Beim Ziehen gleichzeitig mit der linken Hand an der linken Seite stützen, damit der Boden nicht zu schnell zu breit wird. Der Boden sollte einen Durchmesser von 7–10 cm haben. Mit dem Finger zwei- bis dreimal von links nach rechts über den Boden massieren, um ihn zu verdichten. Wenn dabei Rillen oder Spiralen entstehen, kannst du sie mit den Fingern oder einem Schwamm vorsichtig glätten.

5 Nun den Ton in die Höhe ziehen. Dazu die linke Hand in die Form legen, wobei der linke Zeigefinger an der Innenwand anliegt. Stelle dir das Objekt als Uhr vor: Der Finger liegt auf drei Uhr. Den Zeigefinger der rechten Hand krümmen und außen an den Ton legen, und zwar genau an die Stelle, an der dein linker Zeigefinger innen die Gefäßwand berührt.

3

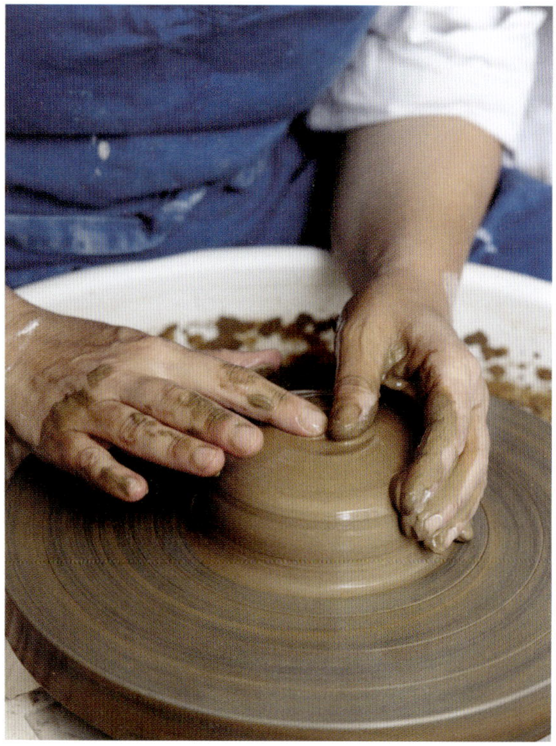

4

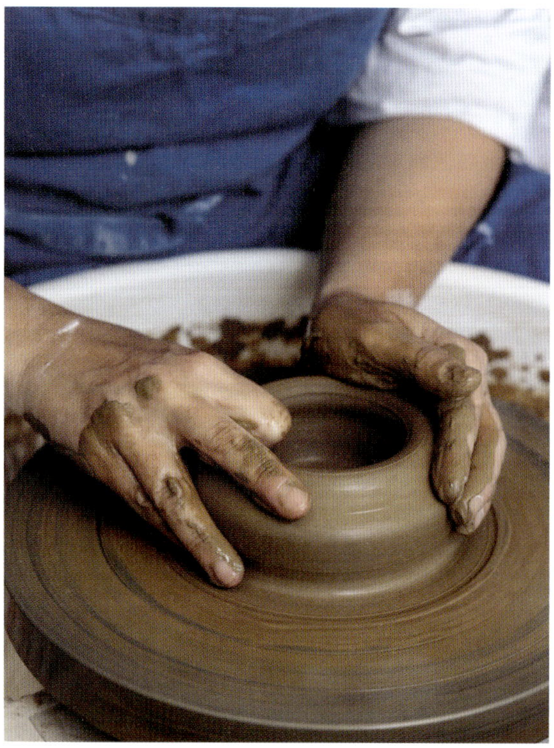

5

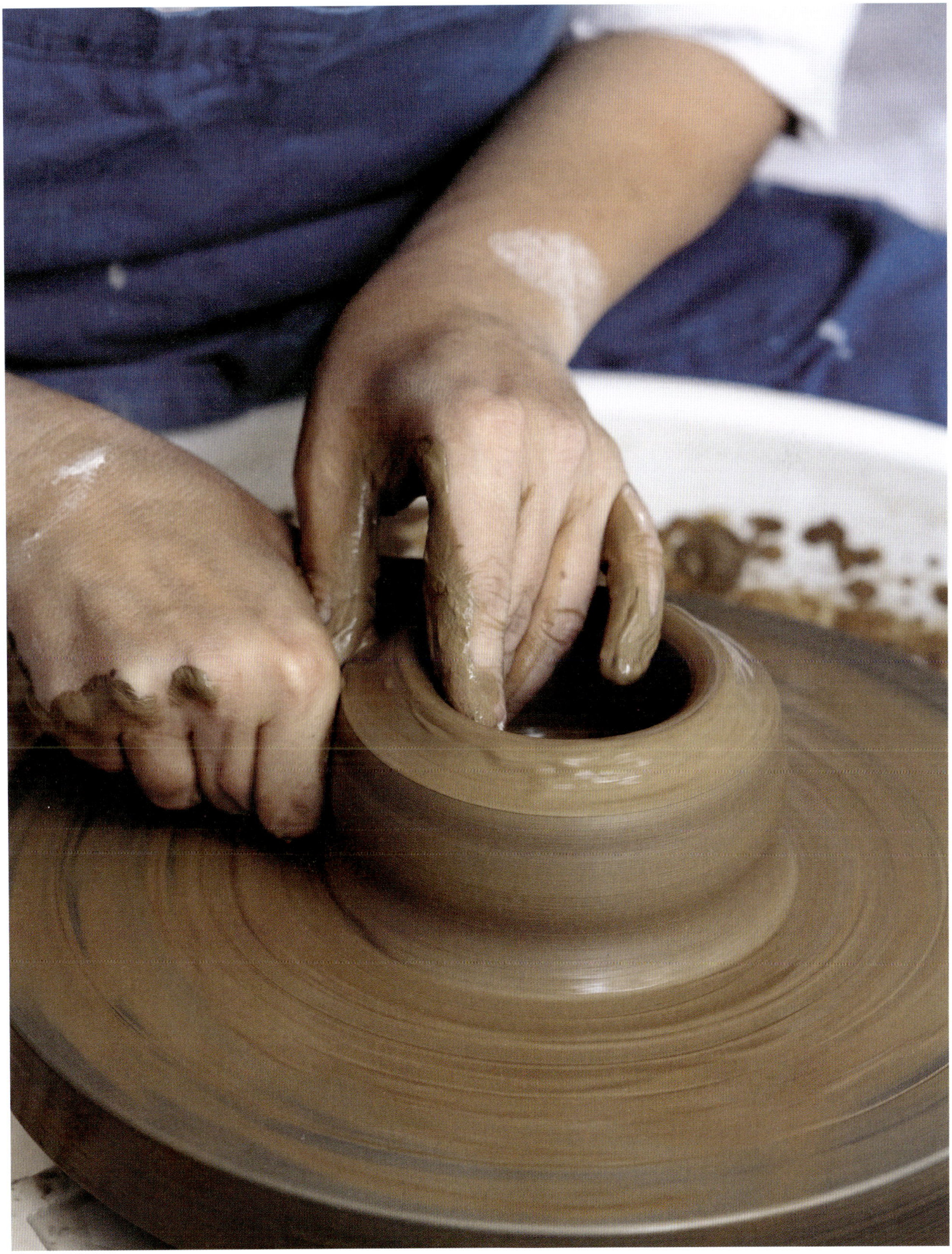

6 Den Ton jetzt vorsichtig von unten nach oben drücken. Wichtig ist, das gesamte Material vom Boden nach oben zu drücken und unten nichts zu „verschwenden". Dazu mit dem rechten Zeigefinger an der Außenseite drücken und innen mit dem linken Zeigefinger stützen. Dieses Vorgehen zwei- bis dreimal langsam wiederholen und von unten nach oben immer den gleichen Druck ausüben, bis ein kleiner Zylinder entstanden ist (10 cm hoch x 8–10 cm Durchmesser). Das Gefäß vorsichtig mit dem Schwamm abwischen, um die Form besser zu erkennen und überschüssiges Wasser sowie Tonmaterial zu entfernen.

7 Jetzt die Drehgeschwindigkeit der Scheibe etwas verringern. Nun mit dem linken Zeigefinger an der Innenseite drücken und mit dem rechten Zeigefinger an der Außenseite stützen. Die Finger gleichzeitig von unten nach oben ziehen und dies vorsichtig zwei- bis dreimal wiederholen, bis der Ton am Rand die gewünschte Dicke hat. Dabei auf eine gleichmäßige Wandstärke der Vase achten (ca. 1,5 cm). Biege den oberen Teil der Vase nicht zu sehr nach außen, damit du noch einen schmalen Hals formen kannst. Wird der Ton zu weit nach außen gezogen, ist es schwierig, ihn für den Hals wieder zu verschmälern, da das Material dann schon sehr nass und weich ist.

8 Ist der obere Teil der Vase zu hoch, zu dick oder eingerissen, kannst du ihn abschneiden. Dazu die Töpferscheibe auf die kleinste Geschwindigkeit stellen, das Bastelmesser ca. 1 cm vom Rand entfernt oder dort, wo der Hals enden soll, von außen vorsichtig zunächst nur halb in den Ton einstechen. Den Rand innen mit dem linken Zeigefinger stützen. Wenn das Messer die Tonwand fast durchdrungen hat, die Drehscheibe ausschalten und den abgeschnittenen Teil vorsichtig abheben.

6

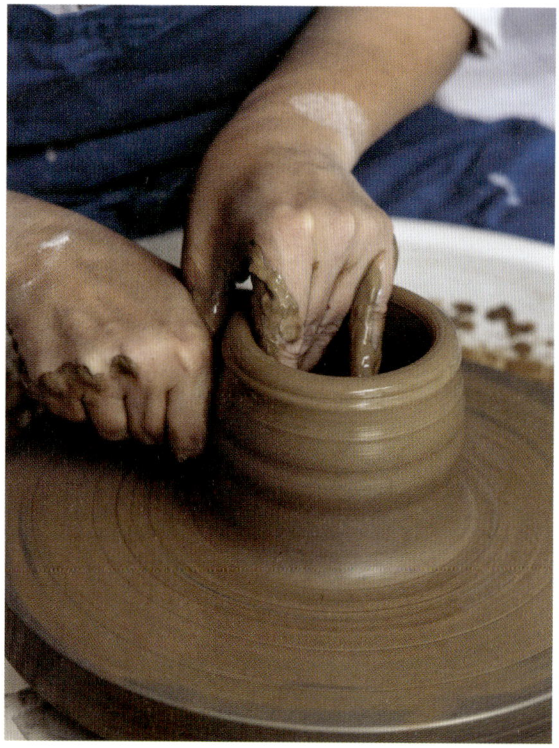

7

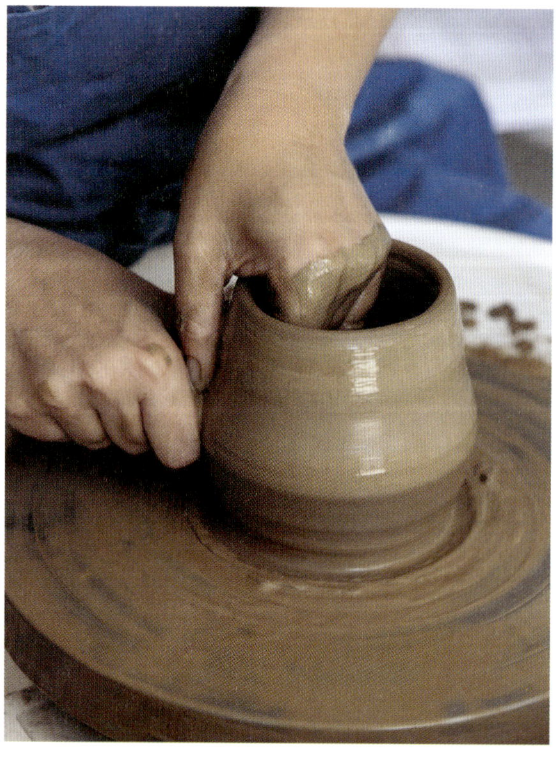

8

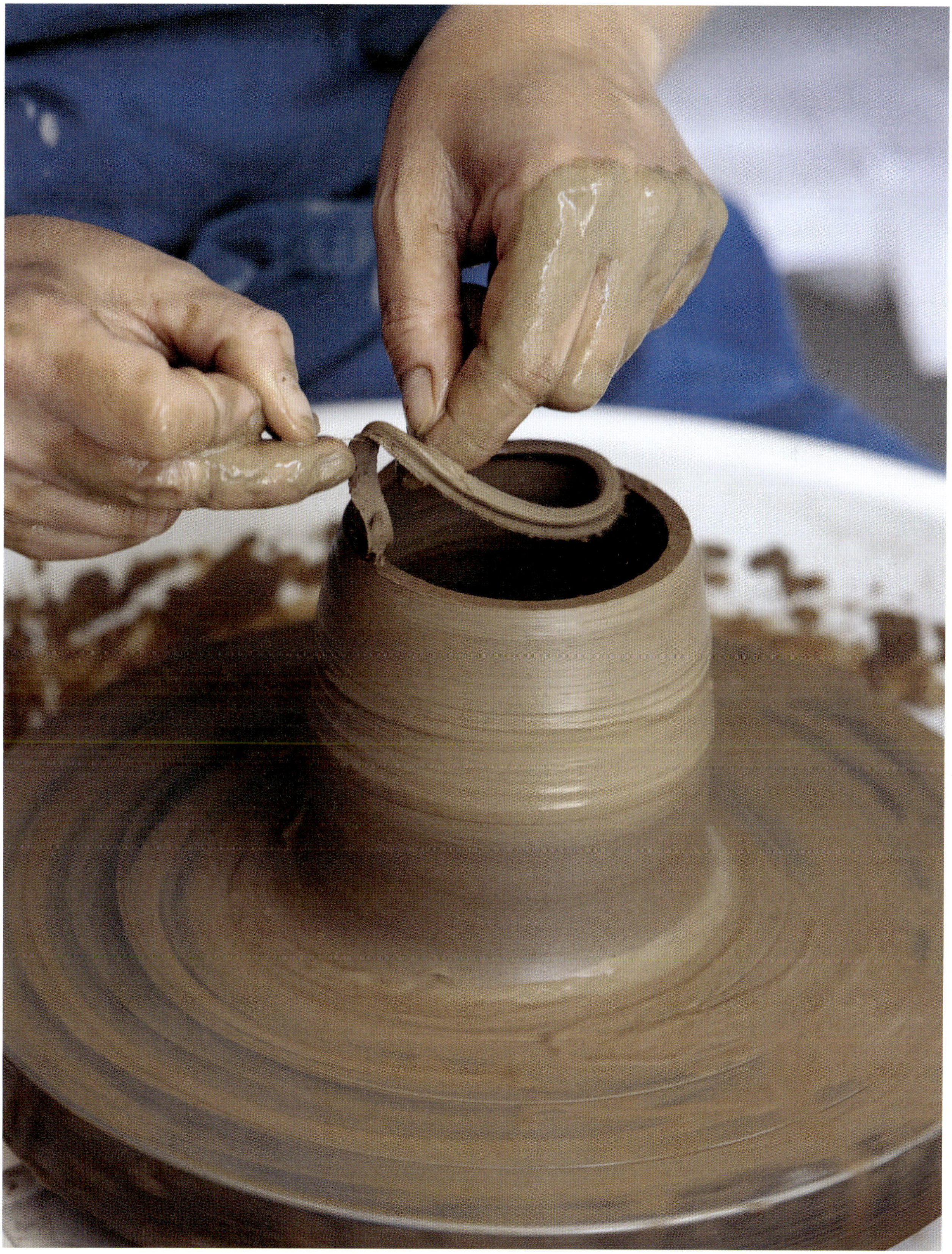

9 Um den Vasenhals zu formen, die Vase oben mit beiden Händen nach innen drücken. Wenn man den Ton zusammendrückt, wird er oben etwas dicker. Das kannst du nutzen, um dem Hals mehr Höhe zu verleihen. Je dünner der Ton ist, desto langsamer sollte die Töpferscheibe jetzt laufen.

10 Wenn du mit der Form der Vase zufrieden bist, solltest du Wasser und Tonreste in der Vase mit einem Schwamm herausholen. Da der Hals zu schmal für eine Hand ist, kannst du dies am besten mit einem Schwamm mit Holzgriff erledigen.

Um den Vasenhals weiter zu bearbeiten, den linken Zeigefinger innen und den rechten Zeigefinger an der Außenseite der Vase platzieren, sodass die Finger sich gegenüberstehen. Die Geschwindigkeit etwas reduzieren und den Ton mit beiden Fingern ein paar Mal sanft nach innen und oben drücken. Gib acht, dass der Ton am Übergang zwischen Vasenbauch und -hals nicht zu dünn wird.

11 Zum Schluss den Rand korrigieren und abrunden. Hierzu den Rand mit dem linken Daumen und Zeigefinger vorsichtig festhalten. Den rechten Zeigefinger sanft oben auf die Kante legen und diese abrunden oder einen flachen Abschluss formen. Die Vase vorsichtig mit dem Schwamm abwischen, um Wasser- und Tonreste zu entfernen.

9

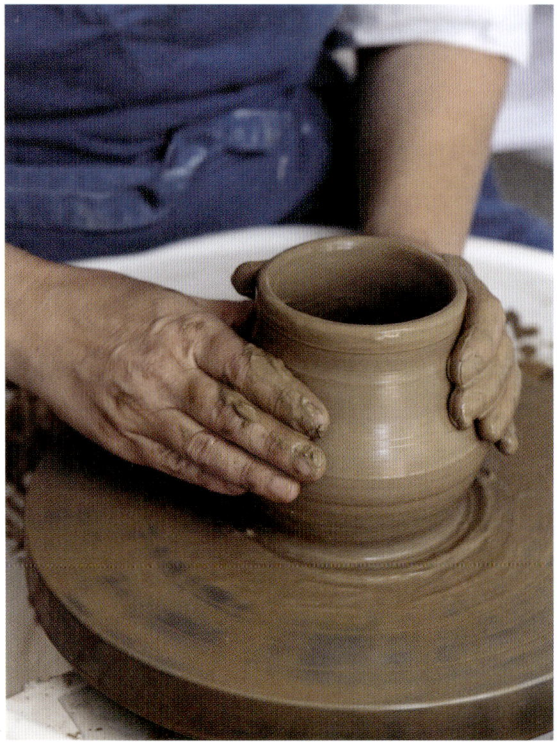

10

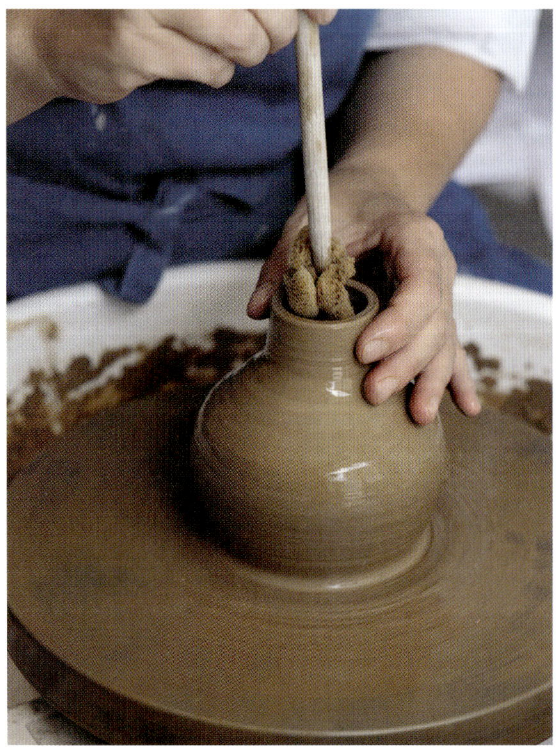

11

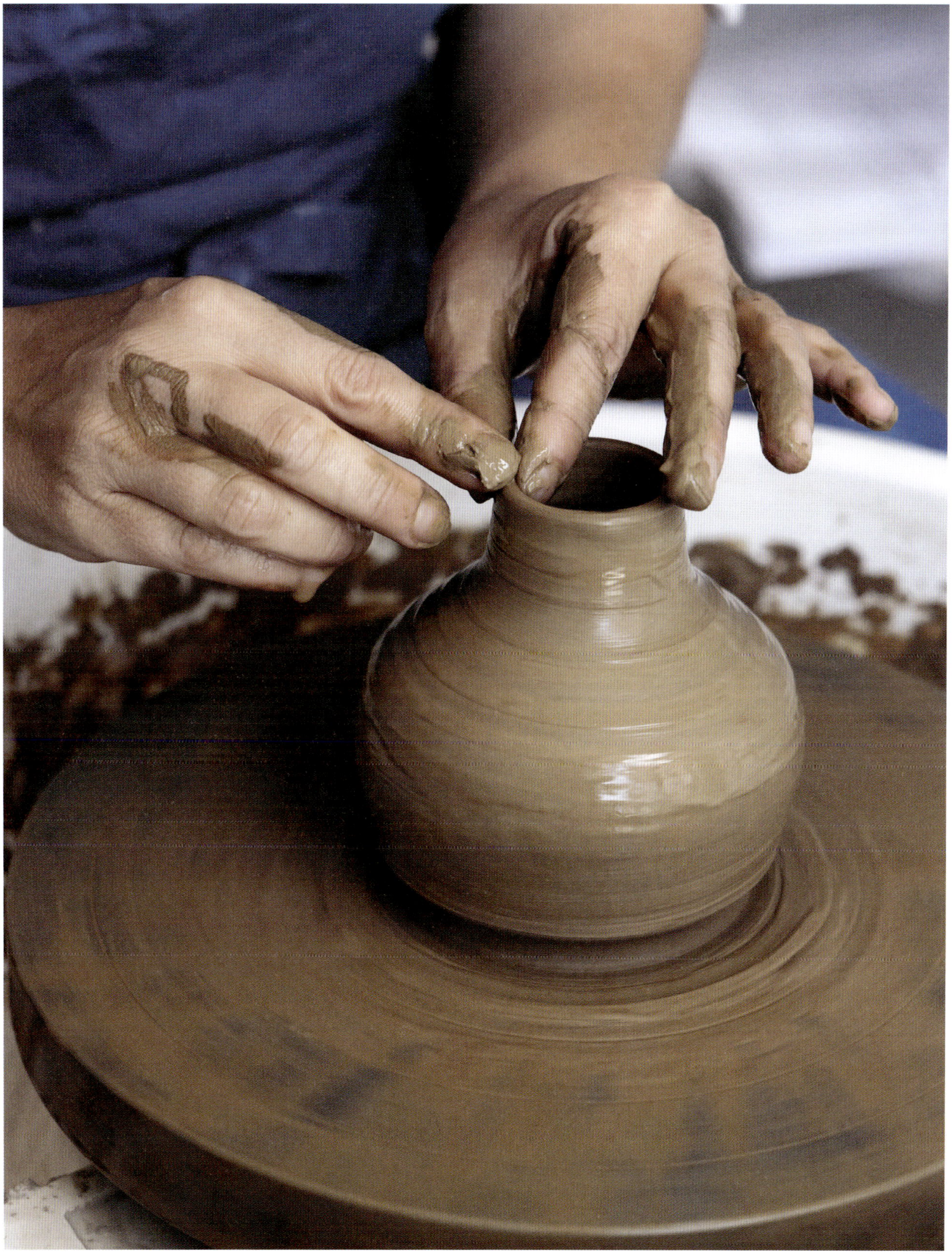

12 Nun mit dem Modellierholz am Boden der Vase ein wenig Ton abschaben. Es ist besser, den Ton, der sich unten am Rand gesammelt hat, jetzt zu entfernen, als damit bis zum Abdrehen zu warten.

13 Um die Vase von der Scheibe zu lösen, das Bastelmesser 5 mm unter die Vase schieben. Auf diese Weise lässt sich der Schneidedraht leichter unter die Vase führen.

14 Die Drehscheibe anhalten. Vor und hinter die Vase ein wenig Wasser auf die Scheibe träufeln, damit die Vase leichter von der Scheibe gleitet. Den Schneidedraht hinter der Vase mit beiden Daumen flach gegen die Drehscheibe drücken und dann unter der Vase hindurch nach vorne ziehen. Wenn die Vase sich beim ersten Versuch nicht löst, den Vorgang wiederholen.

15 Die Hände säubern und die Vase dann vorsichtig zum Trocknen auf eine Platte setzen. Falls die Vase beim Versetzen eine Delle oder Ähnliches bekommen hat, kannst du dies vorsichtig wieder ausgleichen. Eventuell lässt du den Ton aber erst noch 5–10 Minuten leicht antrocknen.

Die Vase zum Trocknen beiseitestellen: Seite 163
Die Vase abdrehen: Seite 152

12

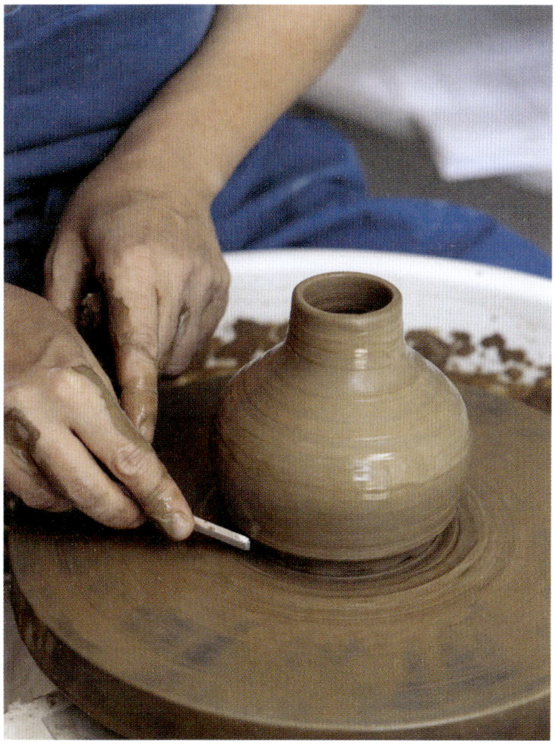

13

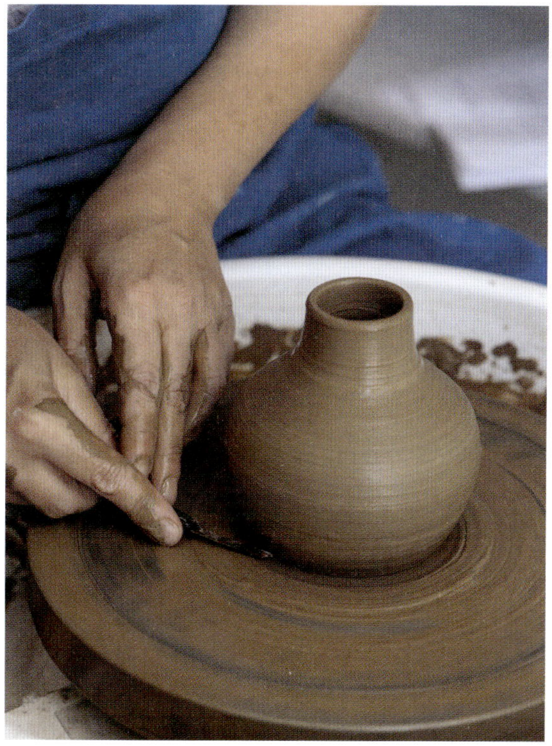

14

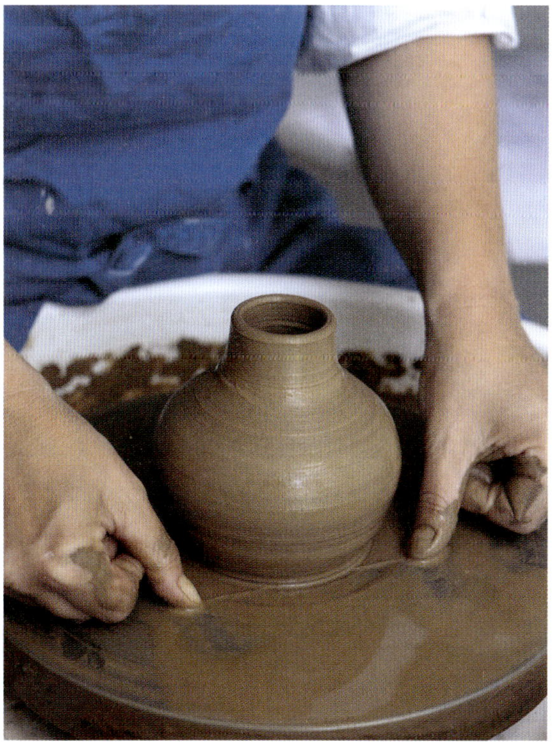

15

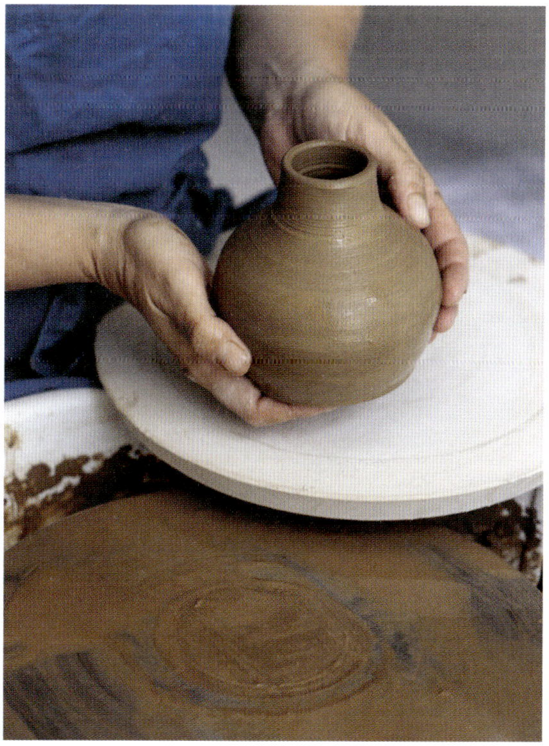

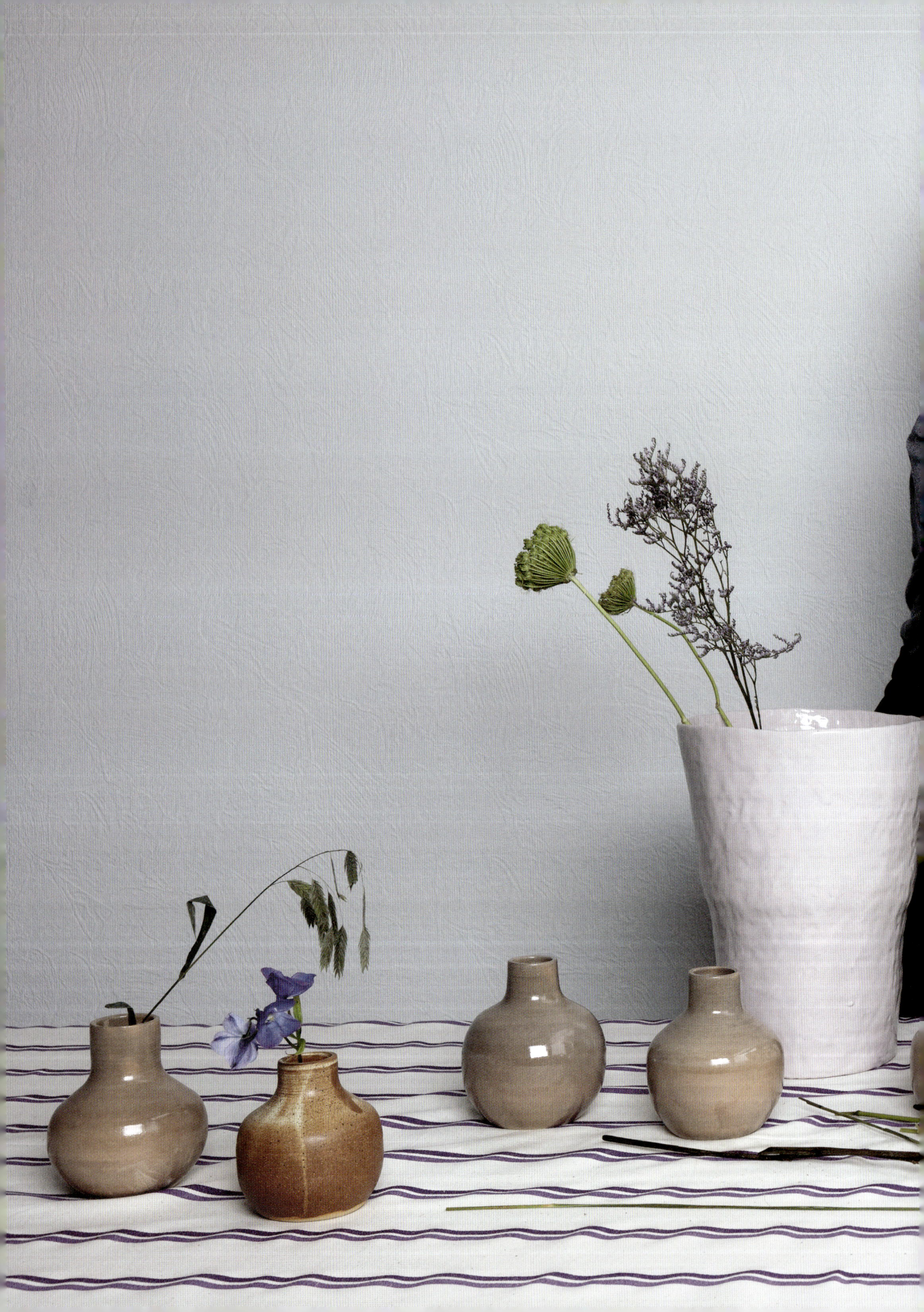

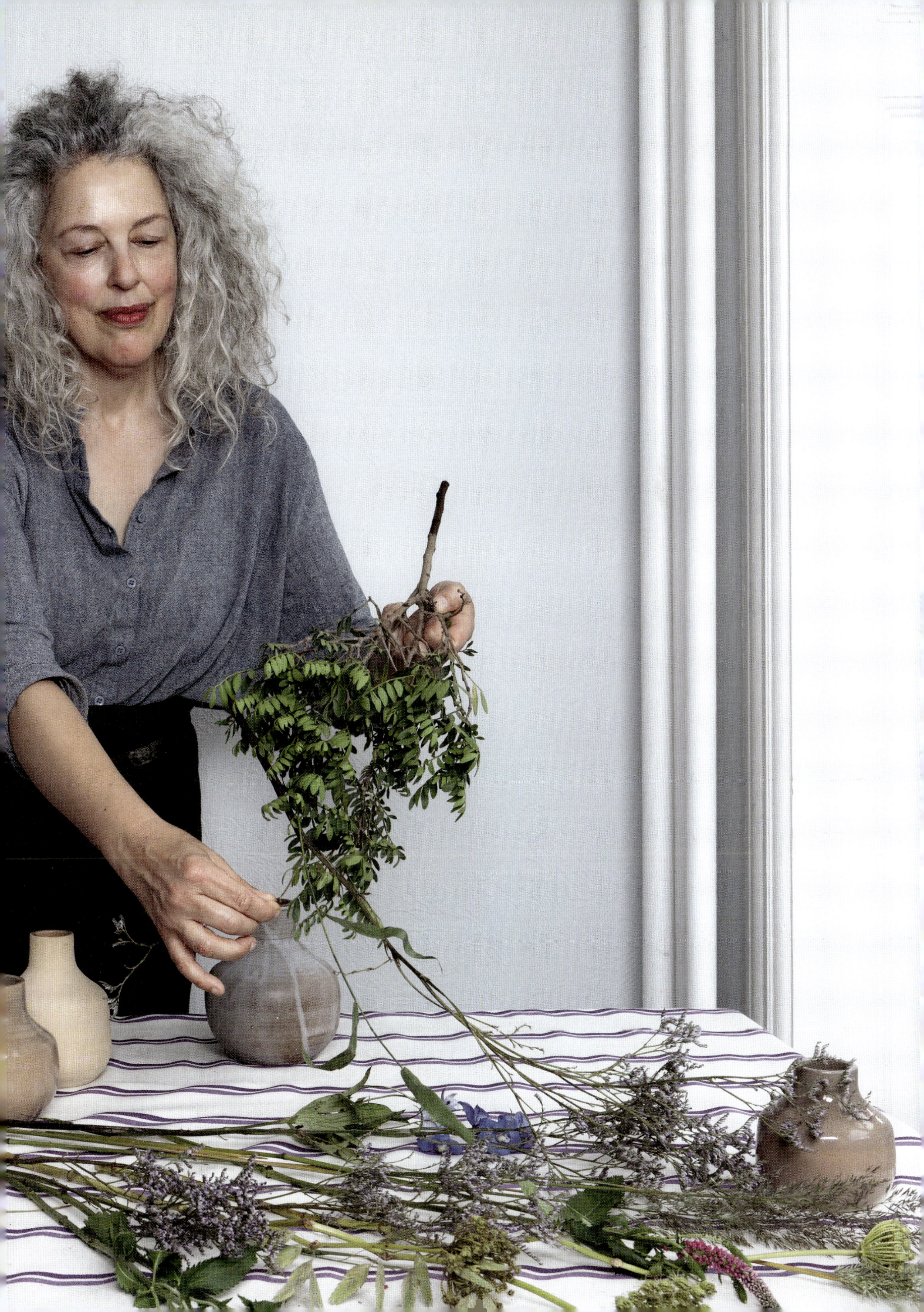

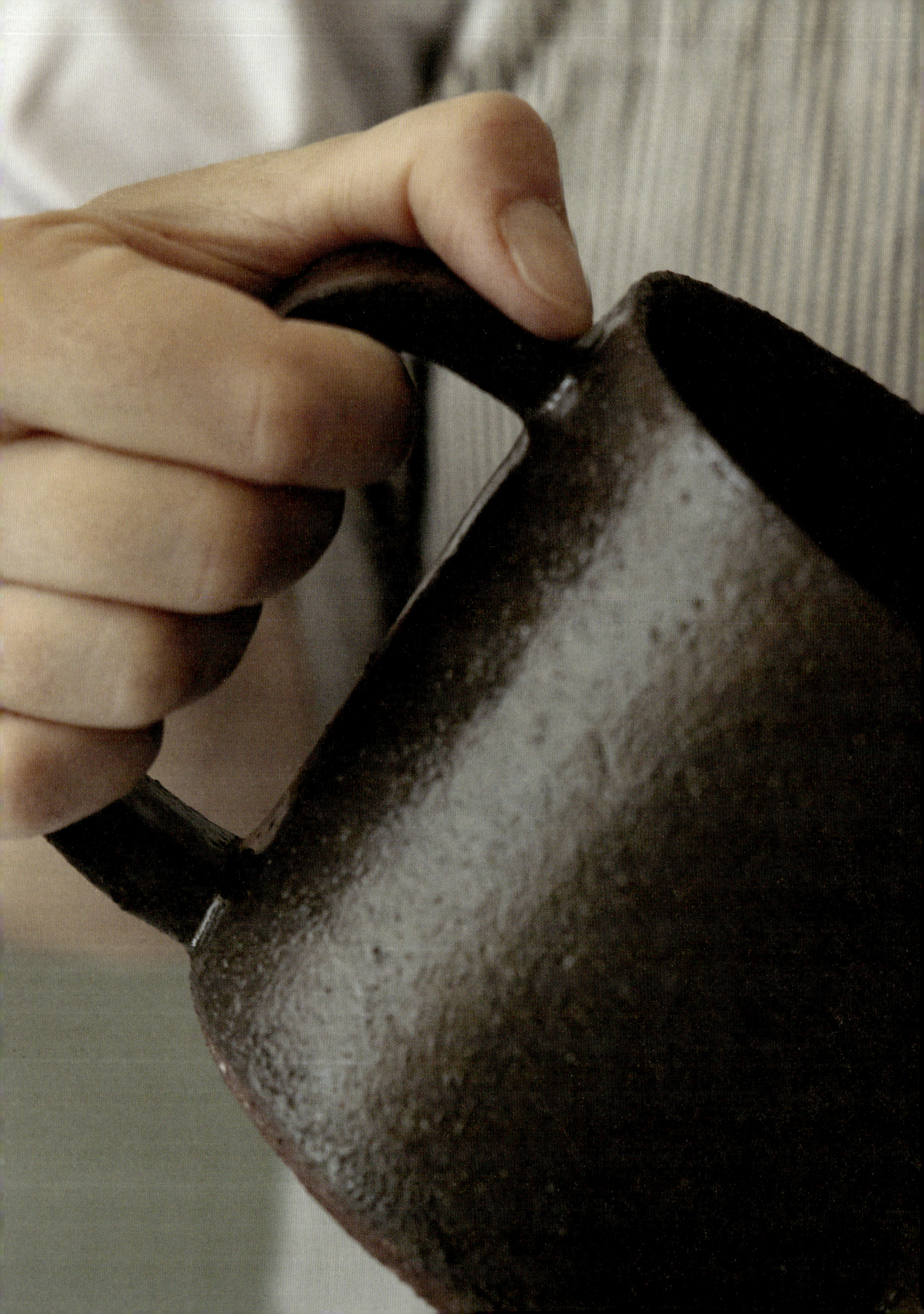

Einen Henkel befestigen

Nun widmen wir uns dem Henkeln eines Gefäßes anhand von drei Beispielen: Der erste Henkel besteht aus Porzellan, wird wie eine Kordel verzwirbelt und passt zur Tasse (Seite 51). Der zweite Henkel, aus dunklem Steinzeug mit Schamotte, wird in Form gebogen und eignet sich für den Krug (Seite 87). Die dritte Variante ist ein gezogener Henkel aus Porzellan.

Henkel lassen sich auf viele verschiedene Arten herstellen und ganz unterschiedlich formen. Sie können einen weichen Bogen bilden oder eckig und streng sein. Man kann einen Henkel auch wie eine Figur modellieren oder formen.

Überlege dir im Vorfeld, wo der Henkel an deiner Tasse oder deinem Krug sitzen soll. Soll er gut in der Hand liegen oder vor allem dekorativ sein? Soll er dick oder dünn sein? Und soll er einen Kontrast zur Form des Gefäßes bilden oder nicht?

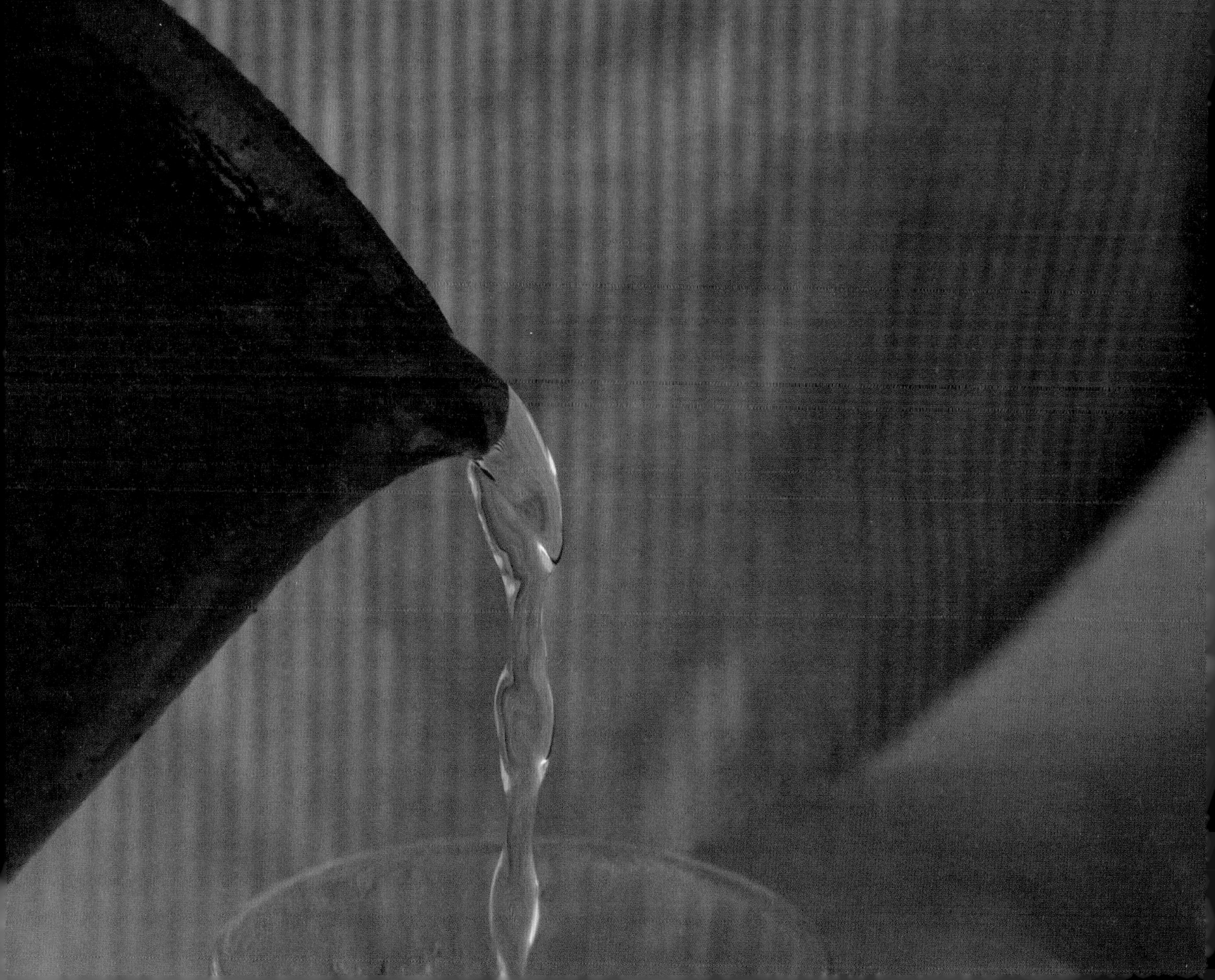

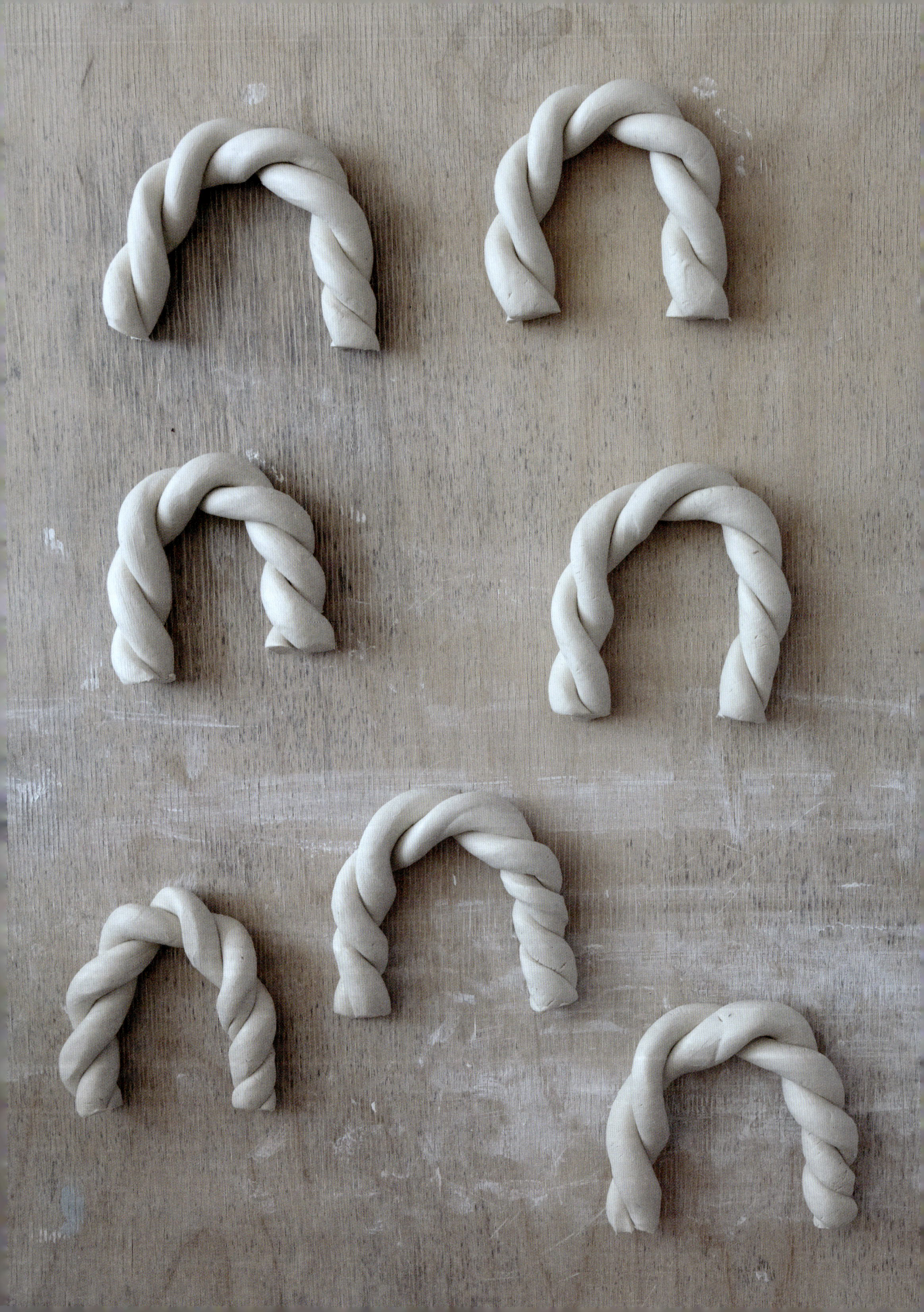

EIN KORDEL-HENKEL FÜR DIE TASSE

Ton
Porzellan (das gleiche Material wie für die Tasse)

Gewicht
ca. 200 g

Werkzeuge und Utensilien
Schwamm
flaches Modellierholz
Bastelmesser
gezackte Metallziehklinge
Schneidedraht
Porzellanschlicker (Seite 125)
große Schüssel mit Wasser
Pinsel

Auf den folgenden Seiten zeigen wir dir, wie du einen verzwirbelten Henkel anbringst, der einen schönen Kontrast zu deiner schlichten Tasse bildet.

Damit der Ton für den Henkel auch gut zur Tasse passt und auf die gleiche Weise schrumpft, ist es wichtig, den gleichen Ton für Henkel und Gefäß zu wählen. Denn Porzellan schwindet beim Brennen um ca. 15 %. Bei der Größe und Formgebung des Henkels musst du dies ebenfalls berücksichtigen.

Vor dem Henkeln muss die Tasse noch abgedreht werden: Eine Anleitung findest du auf Seite 140.

1 Zunächst zwei 15 cm lange und 1 cm dicke Wülste aus Porzellan formen.

2 Die Wülste miteinander verzwirbeln und in die gewünschte Henkelform biegen.

3 Die Oberfläche feucht halten und mit einem Pinsel glätten.

1

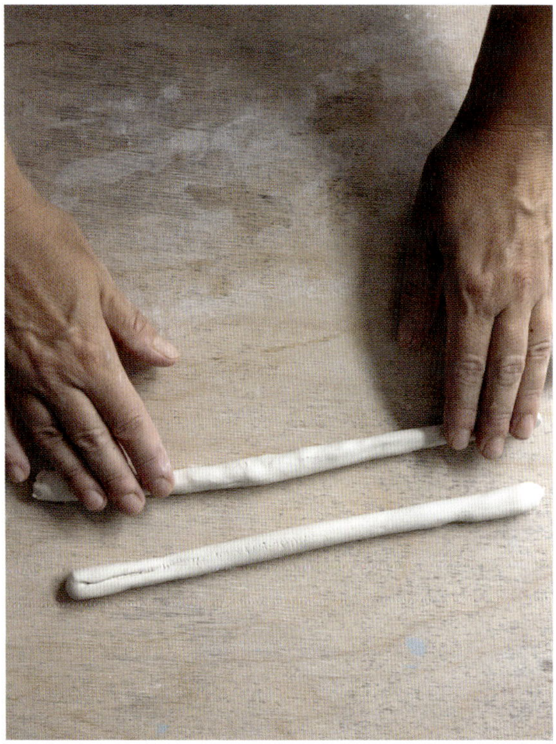

2

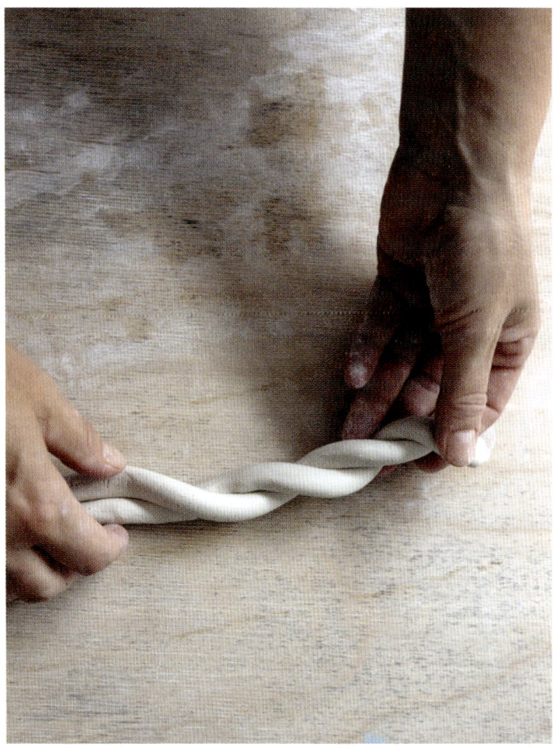

3

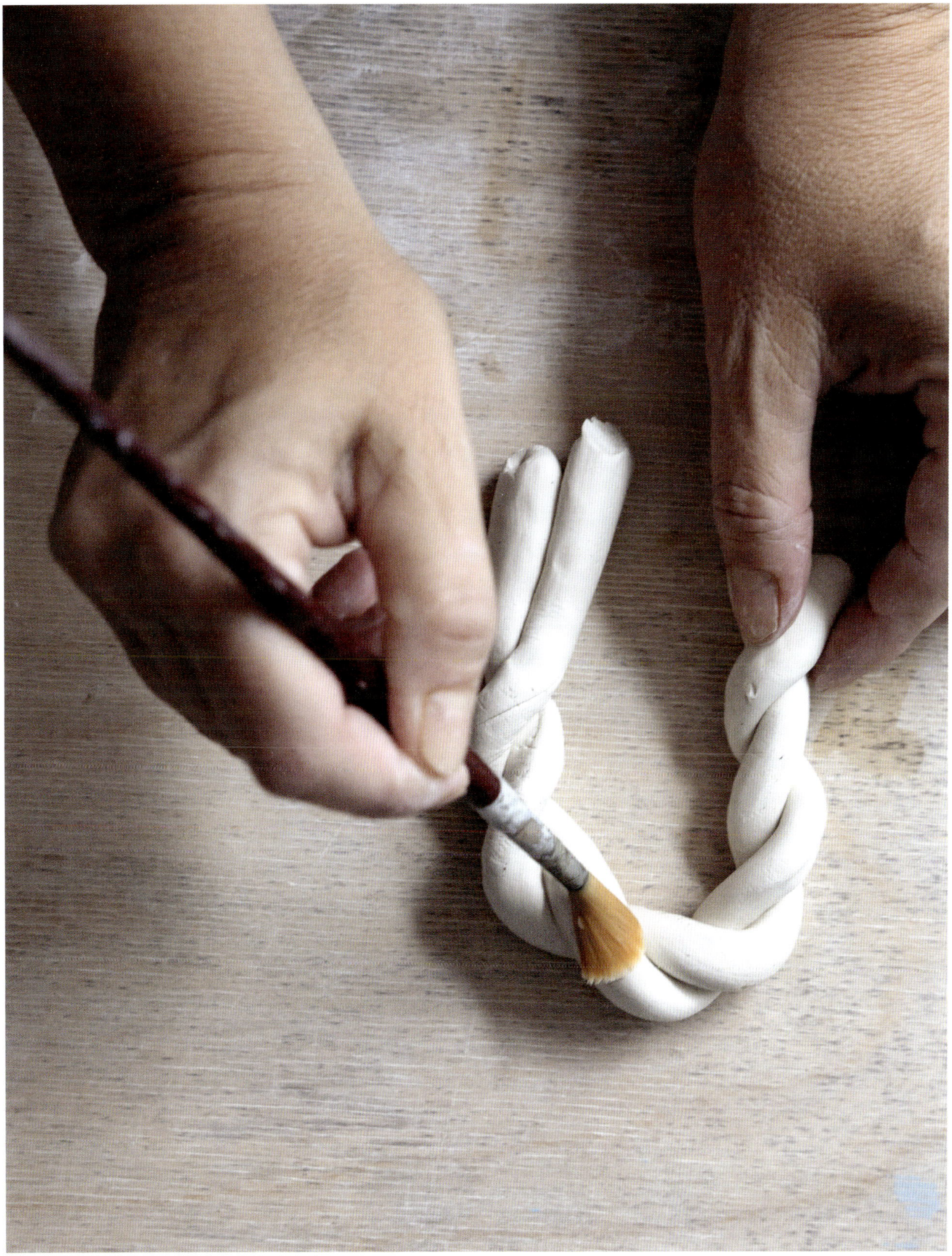

4 Die Enden des Henkels abschneiden.

5 Den Henkel an die Tasse halten. Nicht vergessen, dass der Ton um 15 % schwindet! Sobald Größe und Form des Henkels festgelegt sind, den Henkel antrocknen lassen. Dazu legst du ihn auf die Seite, möglichst auf ein Stück Zeitungspapier, und deckst ihn locker mit Plastikfolie ab. So trocknet er nicht zu schnell. Wende den Henkel zwischendurch mehrmals, damit beide Seiten gleichmäßig trocknen. Achte dabei auf Anzeichen von Rissen und glätte die Oberfläche bei Bedarf mit einem feuchten Pinsel.

6 Sobald der Henkel ausreichend Stabilität erlangt hat und die Form hält, passt du seine Enden mit dem Messer an die Form der Tasse an. Dann ritzt du die glatten Abschnitte des Henkels mit der Ziehklinge ein und betupfst sie mit dem Porzellanschlicker.

4

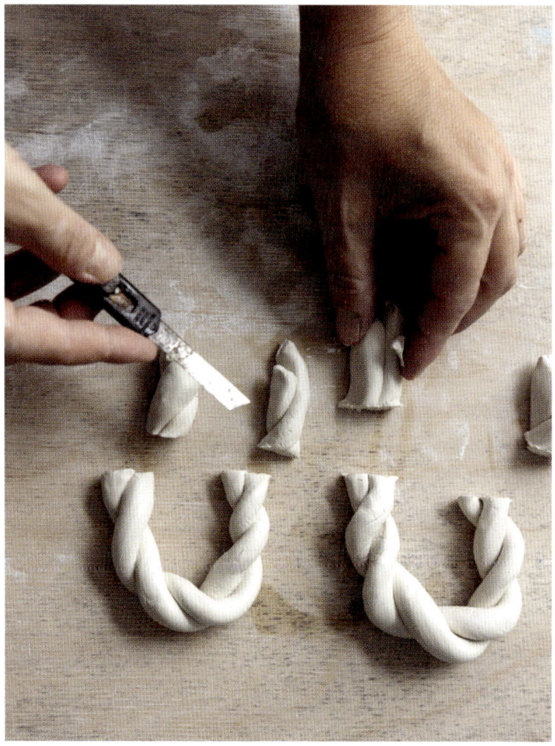

5

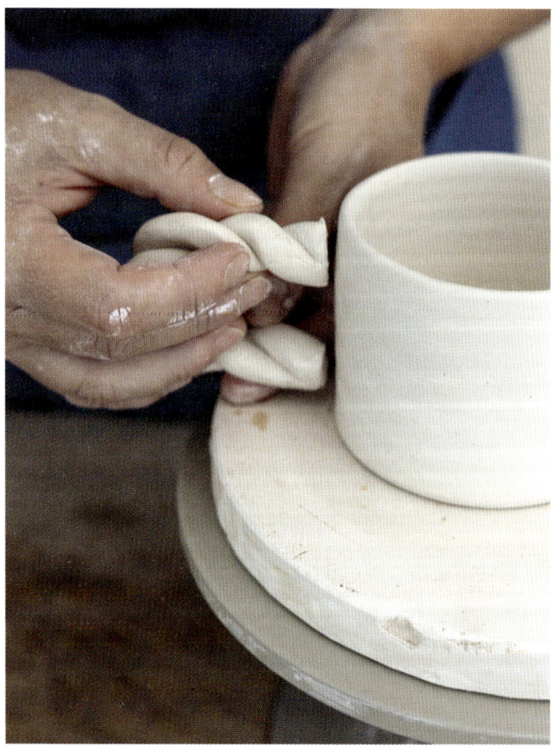

6

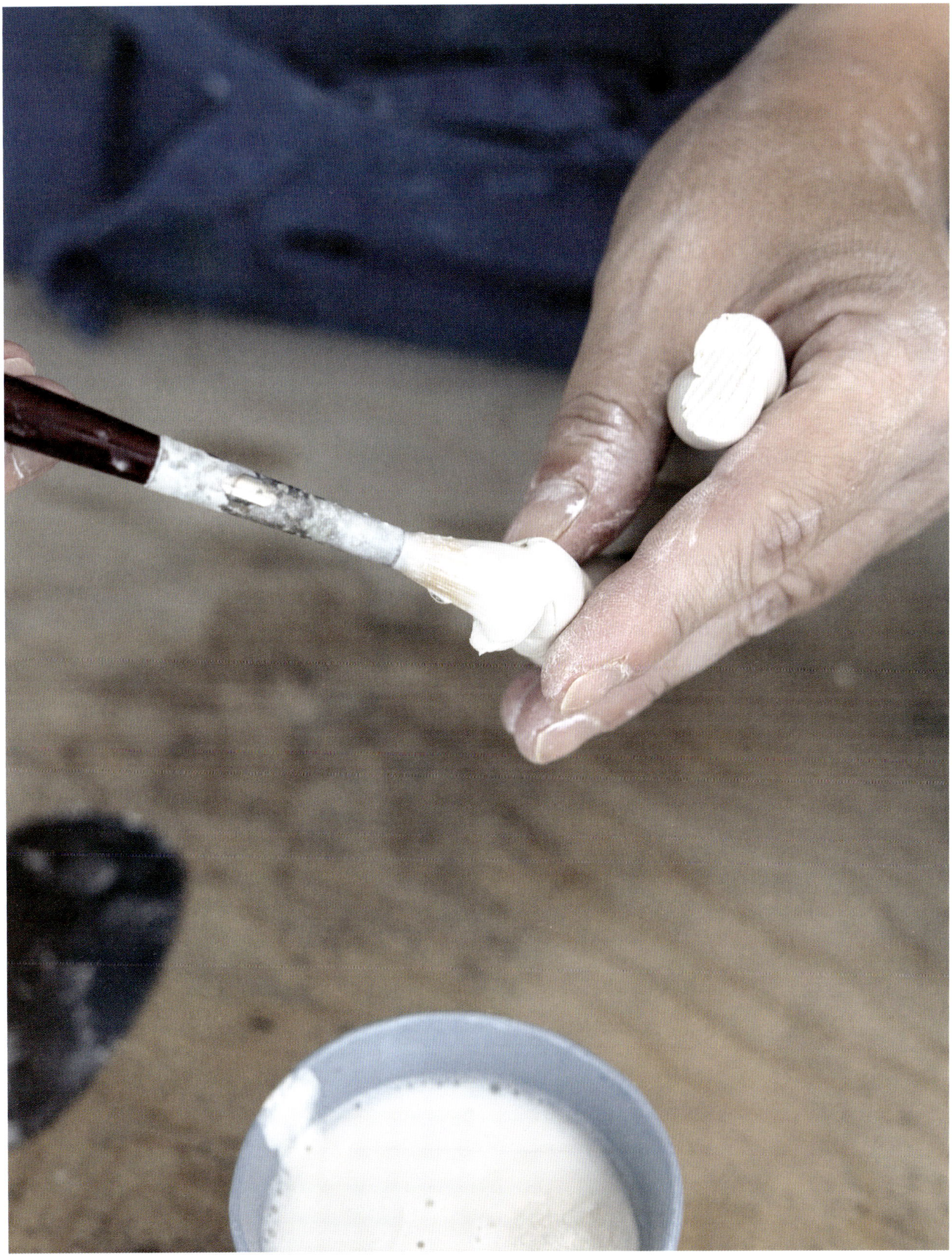

7 Markiere an der Tasse die beiden Stellen, an denen der Henkel befestigt werden soll. Diese Bereiche raust du mit der gezackten Seite der Ziehklinge an.

8 Die angerauten Bereiche ebenfalls mit Schlicker betupfen.

9 Nun zuerst das obere Ende des Henkels an der Tasse andrücken, dann das untere Ende. Da der Henkel aus zwei Wülsten besteht, kann es sein, dass er nicht überall gleichmäßig an der Tasse anliegt. Das kannst du beheben, indem du rund um die Enden des Henkels einen dünnen, 3 mm dicken Wulst auflegst.

10 Den Wulst gut in den Schlicker an der Verbindungsstelle drücken und mit dem Finger oder dem Modellierholz sorgfältig verreiben, um Henkel und Tasse gut miteinander zu verbinden. Den Übergang glätten, damit alles schön ineinander übergeht.

7

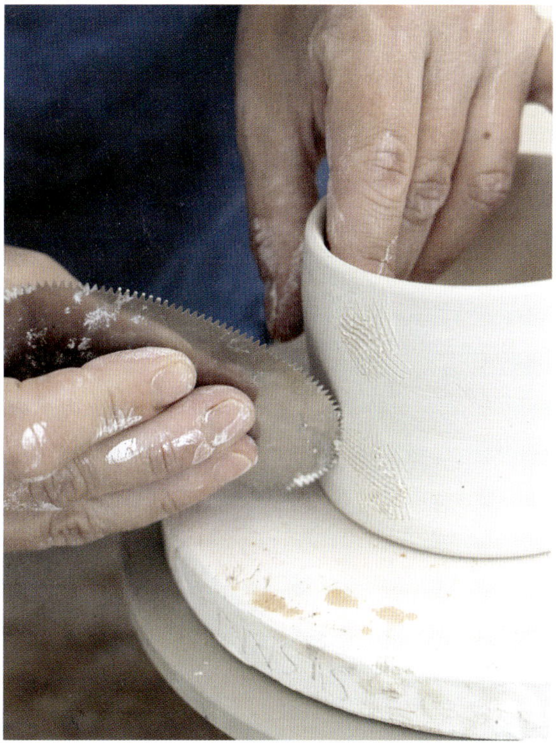

8

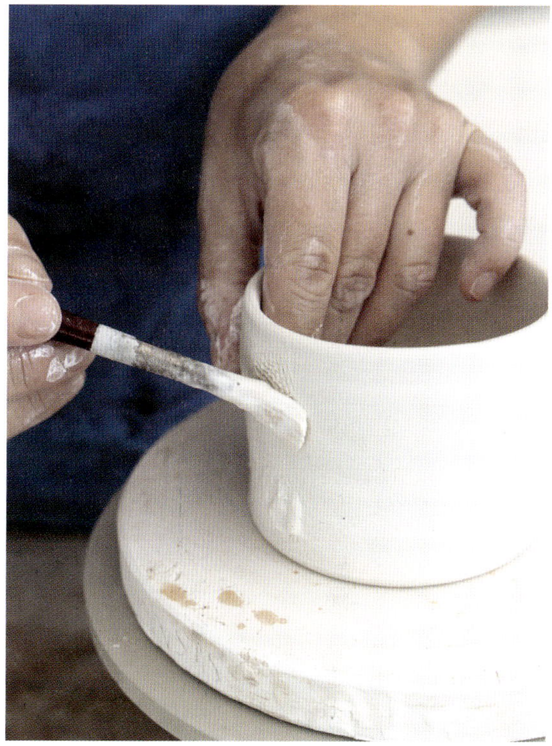

9

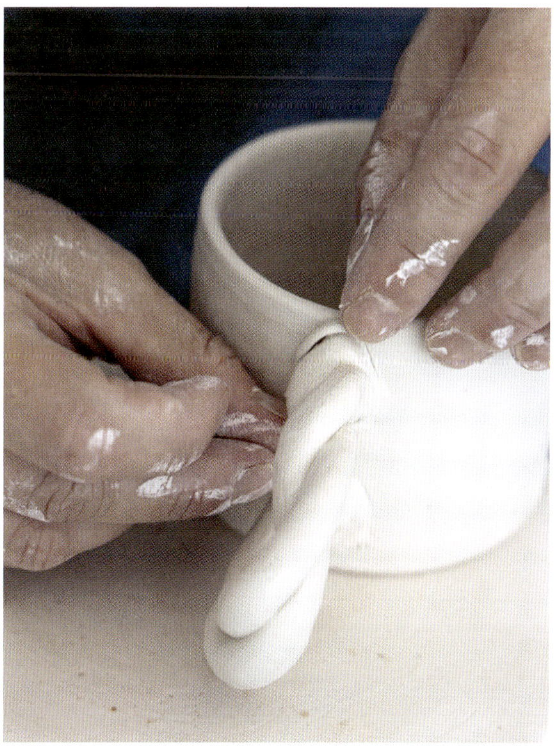

10

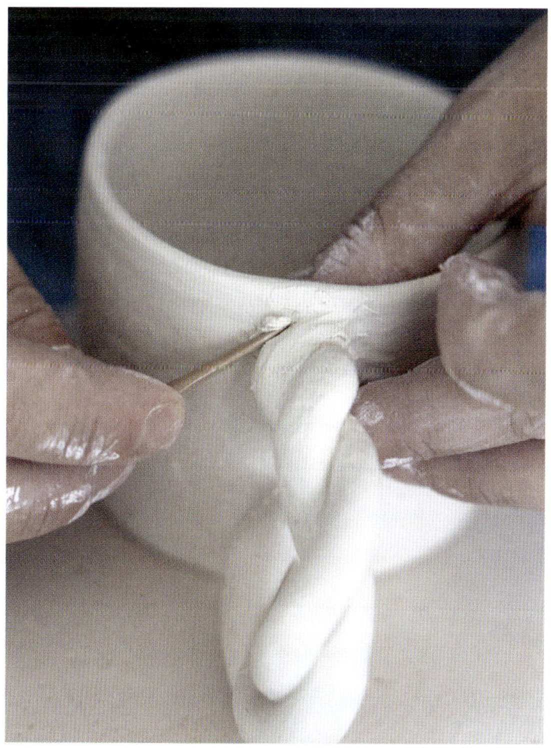

11

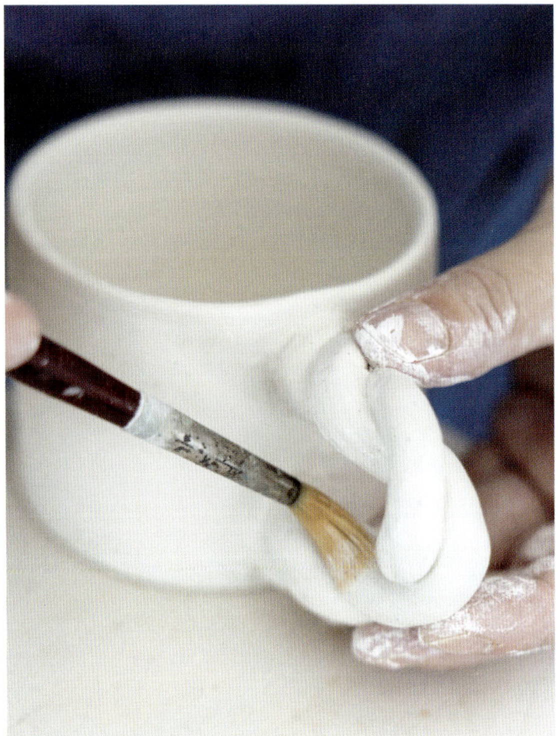

11 Achte darauf, dass der Henkel während der Arbeit nicht zu trocken wird, denn Porzellan trocknet rasch und bricht dann leicht. Den Henkel deshalb zwischendurch immer wieder mit einem feuchten Pinsel glätten. Tasse und Henkel am Schluss vorsichtig mit dem Schwamm abwischen.

12 Bei Bedarf den Henkel unten mit etwas Ton oder weichem Papier abstützen, damit er nicht absinkt oder sich beim Trocknen verzieht. Da der Henkel schneller trocknet als die restliche Tasse, solltest du ihn mit etwas Plastikfolie umwickeln, um zu verhindern, dass er abbricht oder Risse bildet.

Die Tasse zum Trocknen beiseitestellen: Seite 163

12

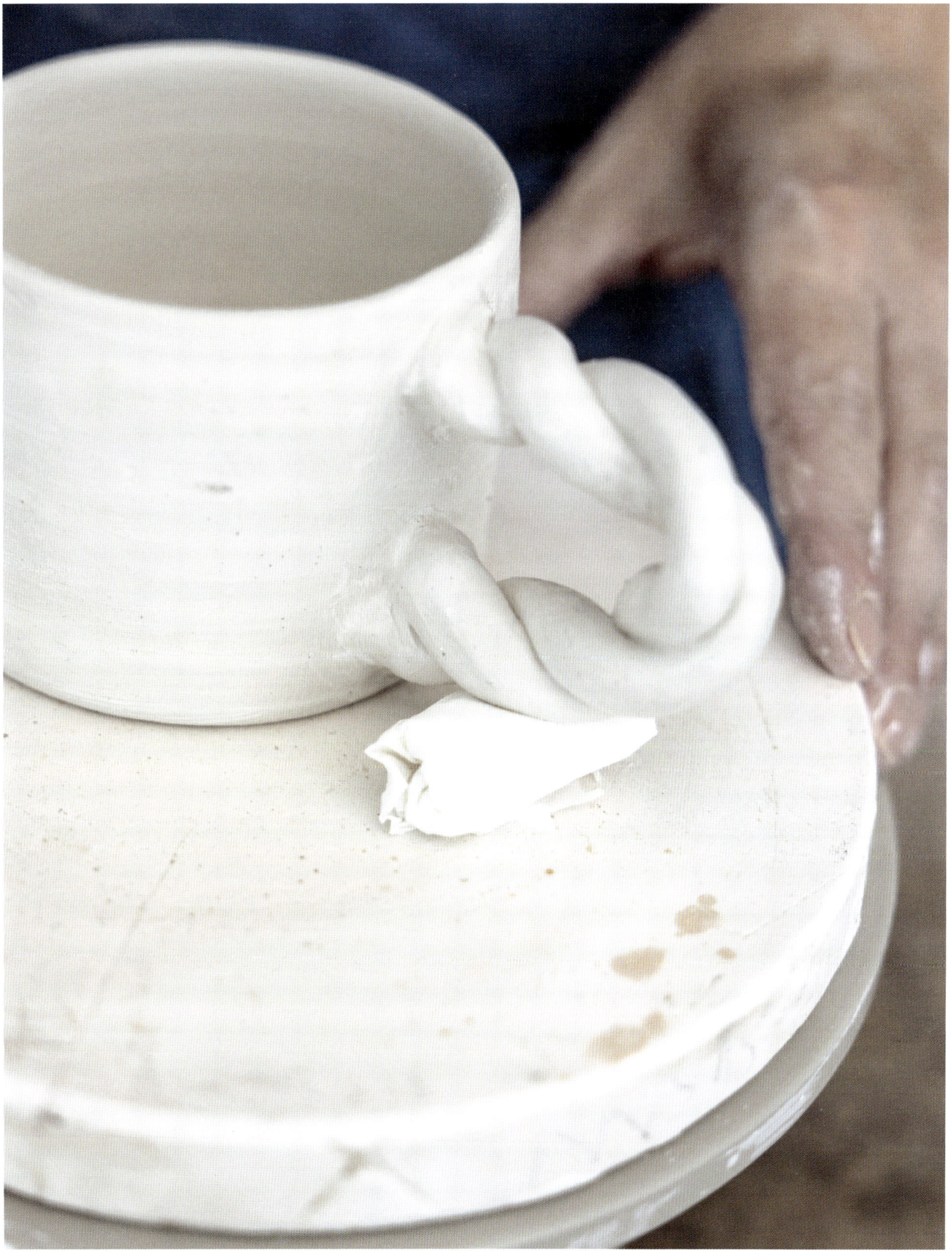

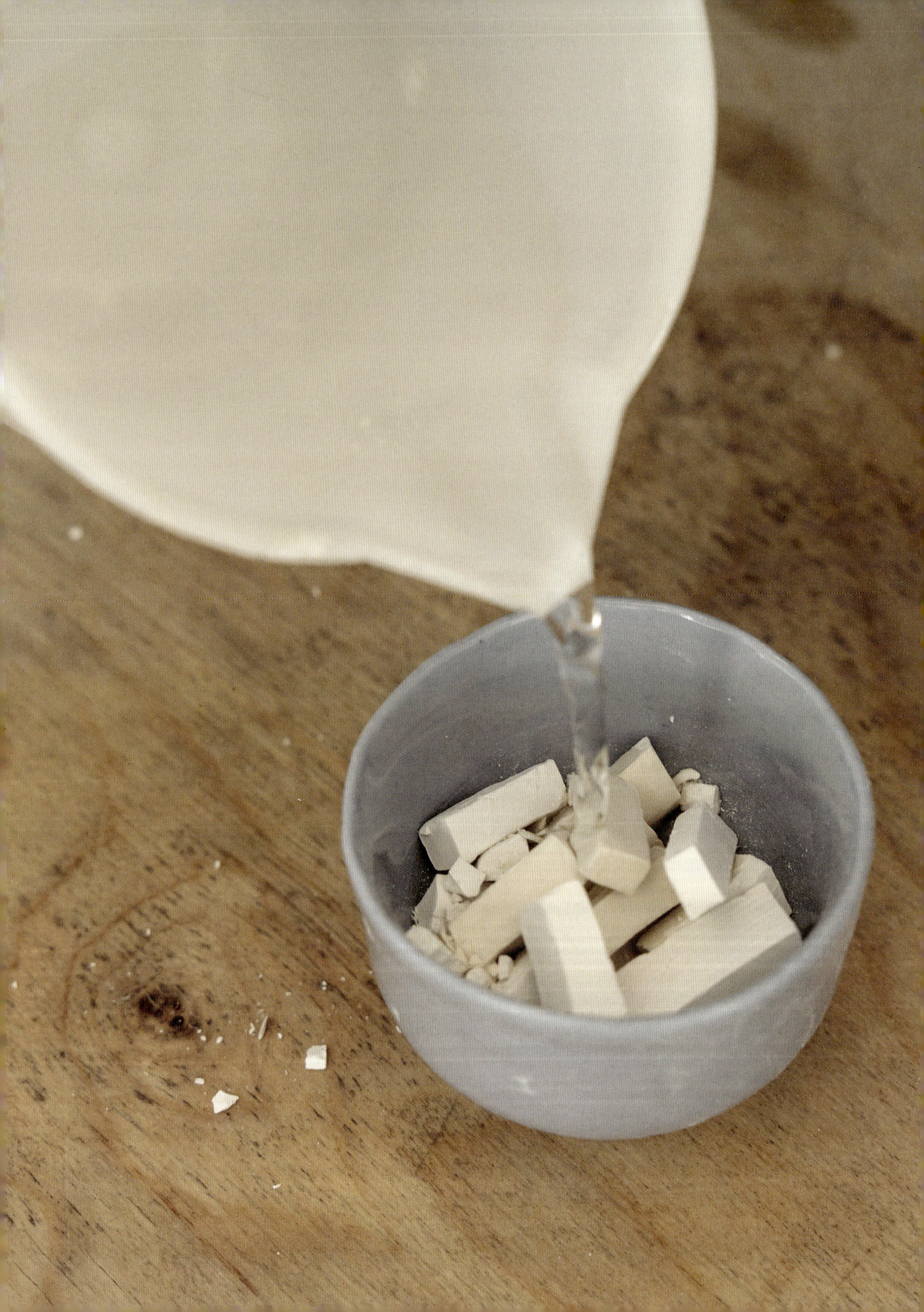

SCHLICKER

Schlicker ist eine dickflüssige Masse aus Ton und Wasser, die zum Zusammenfügen von Tonteilen verwendet wird. Sie wirkt wie eine Art Klebstoff und verbindet zum Beispiel Henkel und Tasse.

Schlicker lässt sich schnell und einfach herstellen. Zuerst bricht man getrockneten Ton in kleine Stücke und gibt diese in eine Schüssel.

Dann übergießt man den Ton mit Wasser und lässt ihn 5–10 Minuten einweichen. Wenn der Ton weich geworden ist, das überschüssige Wasser abgießen und das Ganze zu einer cremigen Masse verrühren. Ihre Konsistenz erinnert ein wenig an Crème fraîche.

Wichtig ist, dass der Schlicker immer aus dem gleichen Ton besteht wie das Gefäß, an dem man arbeiten möchte.

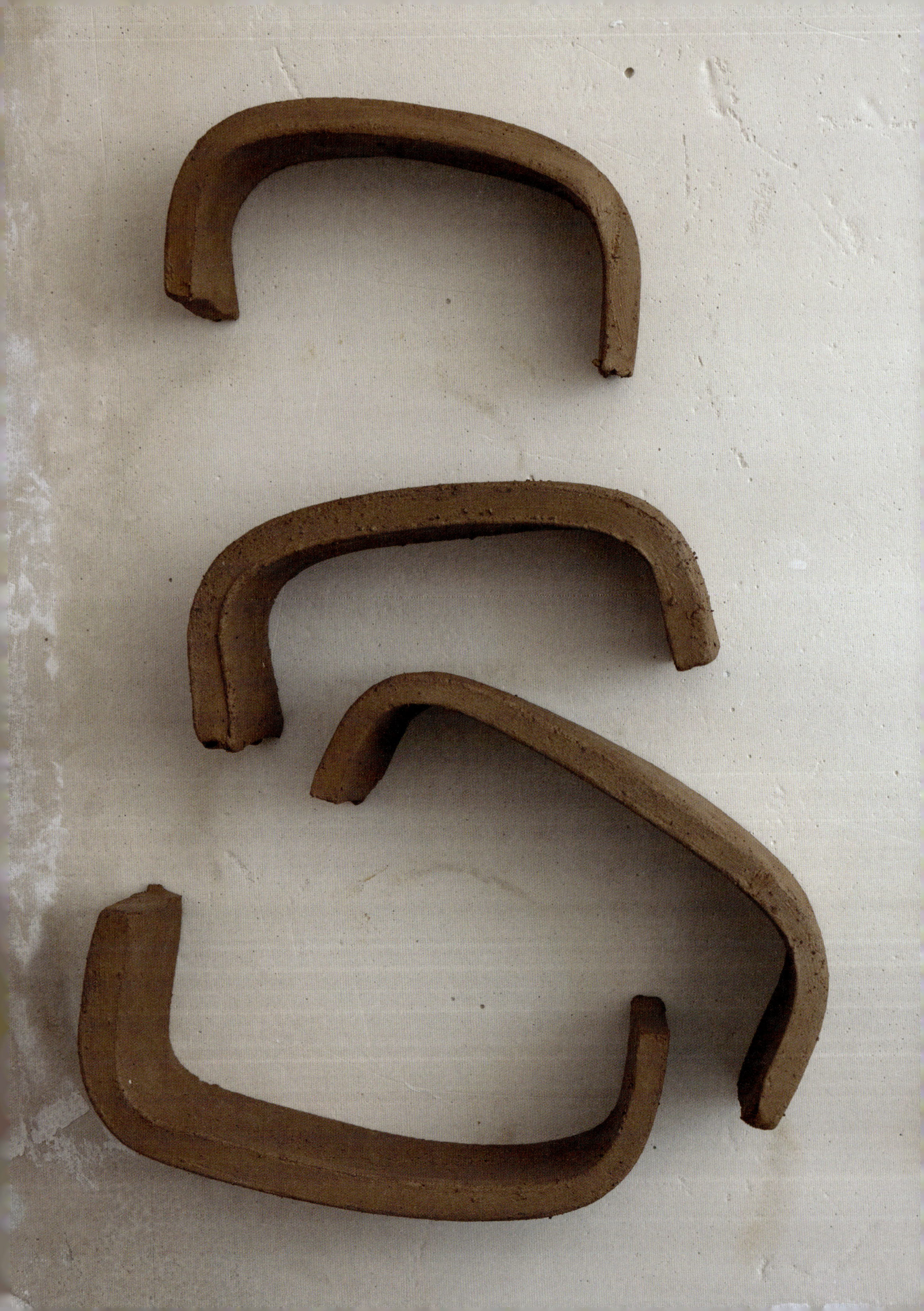

Ton
Steinzeug (das gleiche Material wie für den Krug)

Gewicht
200 g

Werkzeuge und Utensilien
Schwamm
flaches Modellierholz
Bastelmesser
gezackte Metallziehklinge
Lineal
Schneidedraht
Nudelholz
Schlicker (Seite 125)
große Schüssel mit Wasser
Pinsel
Ränderscheibe

EIN HENKEL FÜR DEN KRUG

Bei diesem Krug haben wir uns für einen eher schlichten Henkel entschieden, der gut mit der geraden Form des Krugs harmoniert. Es ist wichtig, den gleichen Ton für Henkel und Krug zu wählen, damit der Ton für den Henkel gut zum Krug passt und auch in gleichem Maße schrumpft.

Steinzeug schwindet beim Brennen um ca. 10 %. Um sicher zu gehen, dass der Henkel genügend Platz für die Finger oder sogar die ganze Hand bietet, sollte man den Henkel probeweise an den Krug halten und in der gewünschten Weise umgreifen.

Vor dem Henkeln muss der Krug noch abgedreht werden (Seite 140).

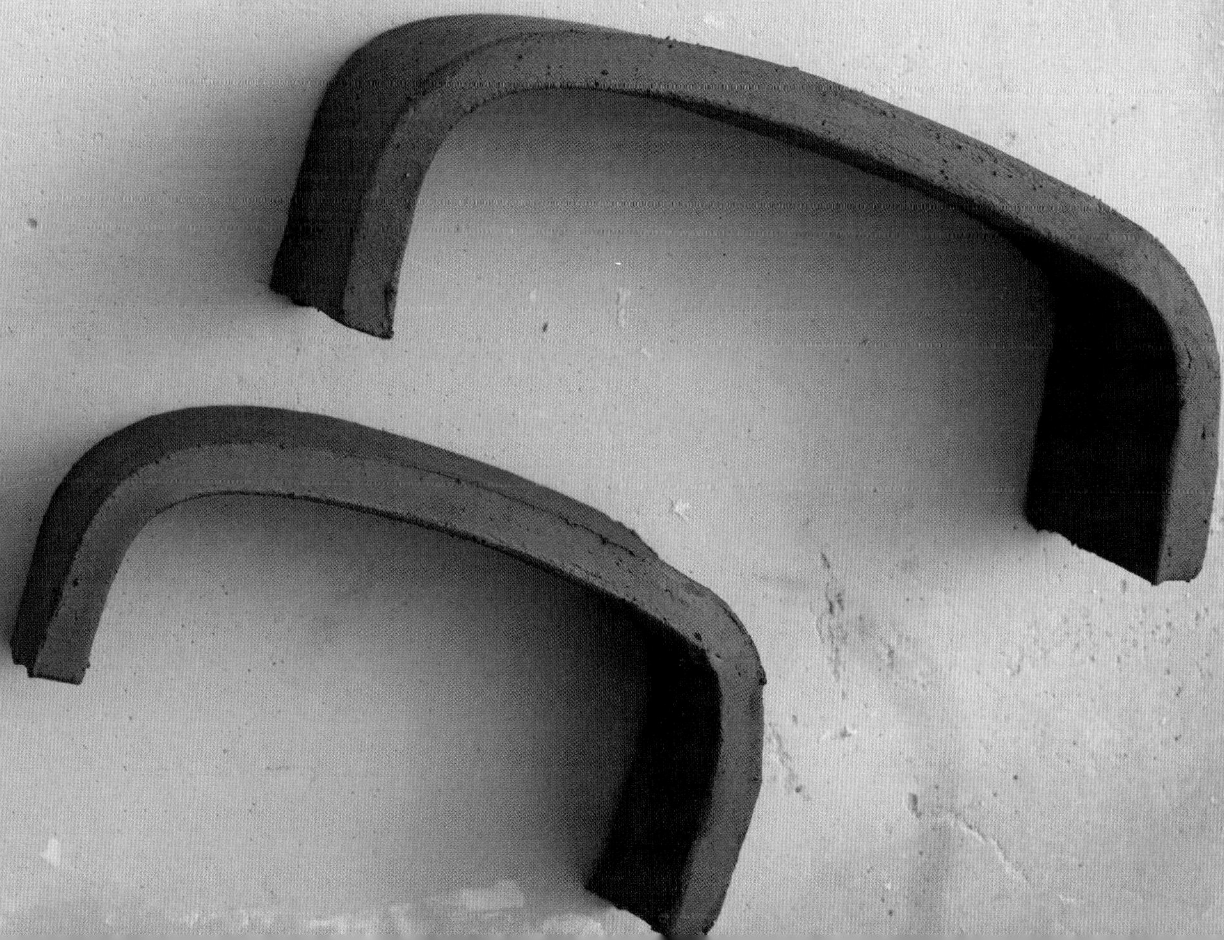

1 Zunächst ein Stück Ton zu einem Wulst von ca. 15 cm Länge formen. Diesen dann mit einem Nudelholz vorsichtig zu einem 1–1,5 cm dicken und mindestens 4 cm breiten Streifen ausrollen.

2 Auf dem Tonstreifen mit Lineal und Bastelmesser einen Henkel anzeichnen und ausschneiden (4 cm breit x 17–20 cm lang x 1,5 cm dick).

3 Den Tonstreifen sanft in die gewünschte Henkelform biegen. Den Henkel vorsichtig umgreifen, um zu prüfen, ob er gut in der Hand liegt und die richtige Form hat. Die Höhe des Krugs messen, um die maximale Höhe des Henkels zu ermitteln. Unser Krug ist 12,5 cm hoch. Da am Krug noch ausreichend Platz sein muss, um den Henkel zu befestigen, sollte seine Höhe nicht mehr als 11,5 cm betragen.

1

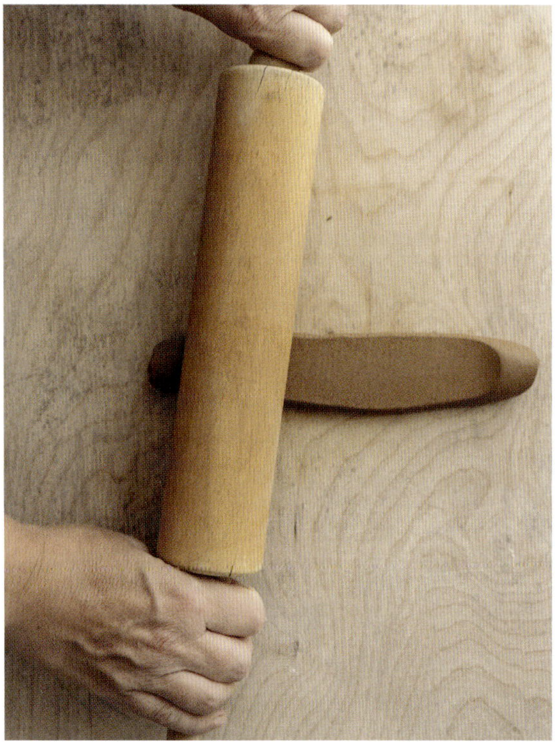

2

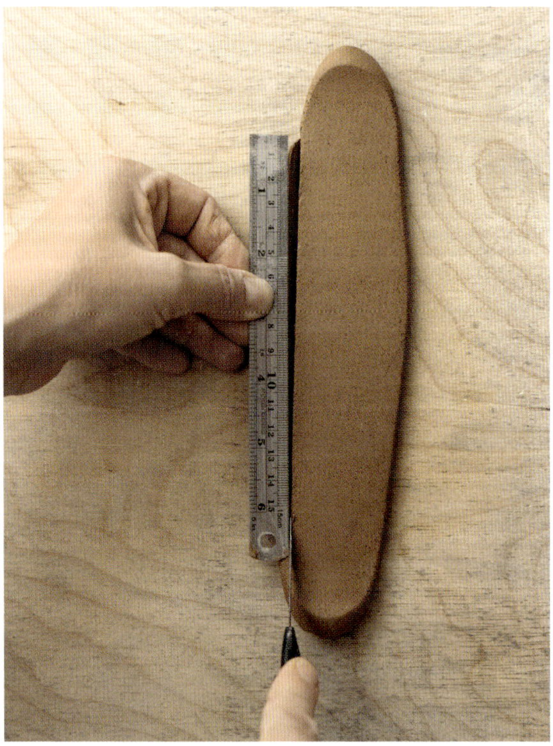

3

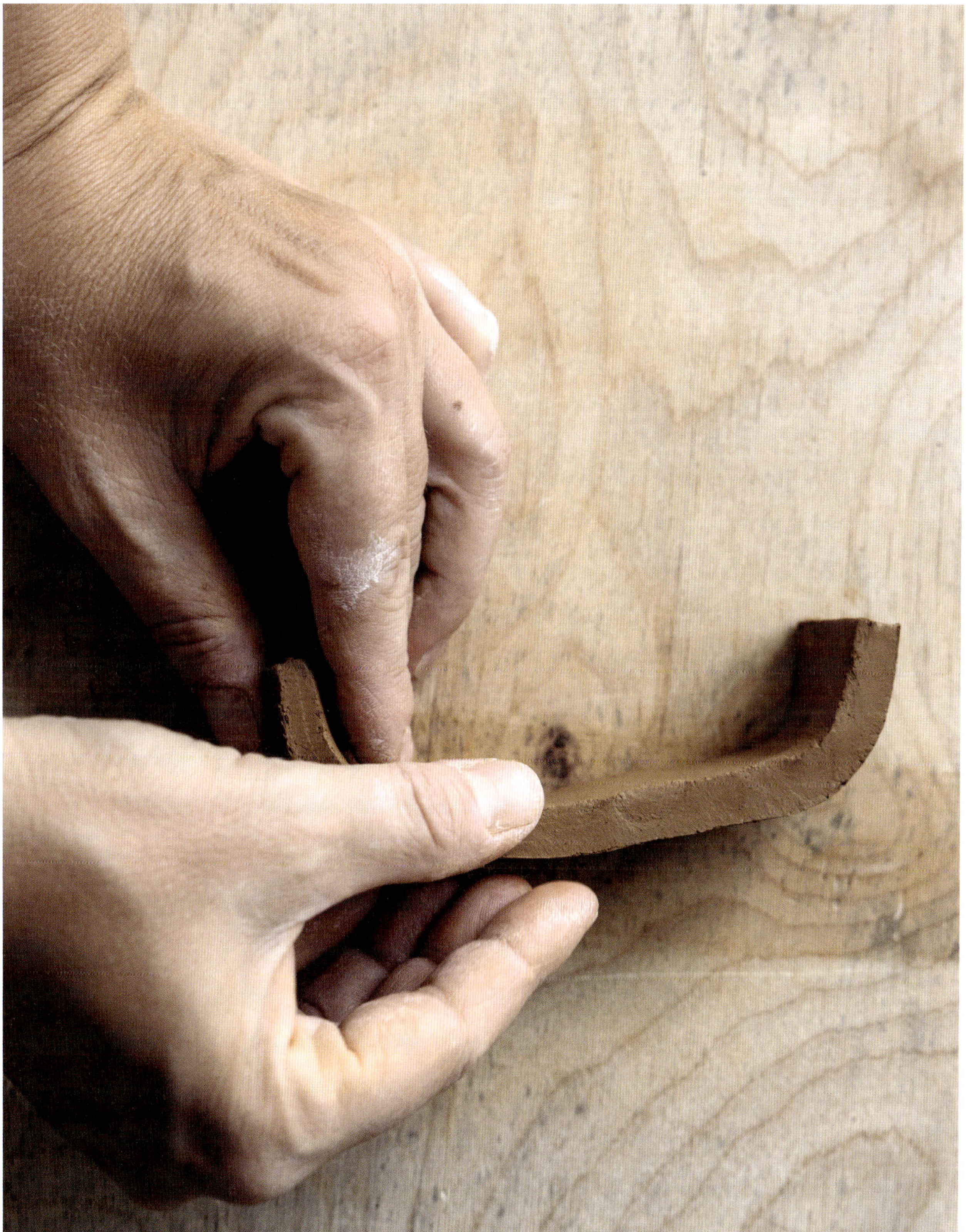

4 Den Henkel vorsichtig weiterformen und mit etwas Wasser betupfen, damit sich keine Risse bilden. Falls doch kleine Risse entstehen, etwas Wasser auftragen und die Oberfläche glätten. Den fertigen Henkel zum Trocknen auf die Seite legen und bei Bedarf mit weichen Tonstückchen stützen, damit er die Form behält. Den Henkel vorsichtig mit Plastikfolie abdecken, damit er langsam trocknet und keine Risse bildet. Je dichter er in Folie eingepackt ist, desto langsamer trocknet er. Den Henkel nach einer Weile umdrehen, damit auch die andere Seite antrocknen kann.

5 In der Zwischenzeit ein Lineal oben quer über den Rand des Krugs legen, um die gegenüberliegende Seite des Ausgießers zu markieren. Der Henkel muss genau gegenüber der Tülle platziert werden. Seitlich am Krug die Stellen markieren, an denen die Enden des Henkels angebracht werden sollen. Mit dem Lineal prüfen, ob die Stellen senkrecht in einer Linie verlaufen, damit der Henkel am Ende nicht schief am Krug sitzt. Rund um diese Bereiche eine Fläche von ca. 4 cm Durchmesser mit der gezahnten Seite der Ziehklinge anrauen.

6 Die angerauten Stellen mithilfe eines Pinsels mit Schlicker betupften. Der Schlicker wirkt wie Klebstoff und sorgt dafür, dass Henkel und Krug gut aneinanderhaften. Den Krug mit Plastikfolie abdecken, falls der Henkel noch nicht stabil genug ist, um befestigt zu werden.

7 Den Henkel befühlen, ob er schon lederhart (Seite 167) ist und weiterverarbeitet werden kann. Falls ja, den Henkel erneut an den Krug halten und prüfen, ob ausreichend Platz für die Finger ist. Nicht vergessen, dass der Ton beim Brennen um ca. 10 % schrumpft und auch der Abstand zwischen Henkel und Krug beim Brennen kleiner wird. Die Enden des Henkels mit dem Bastelmesser auf die gewünschte Länge einkürzen, mit der Ziehklinge anrauen und mit Schlicker betupfen. Den Krug auf die Ränderscheibe setzen, damit er sich ohne Berührung drehen lässt.

4

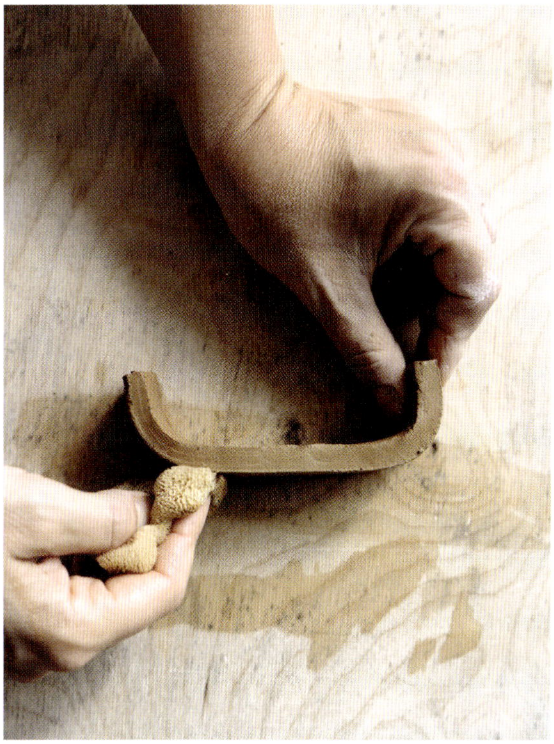

5

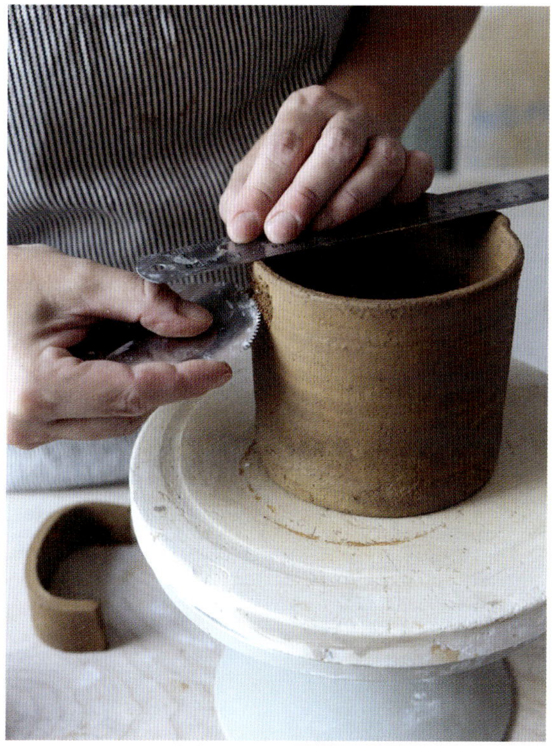

6

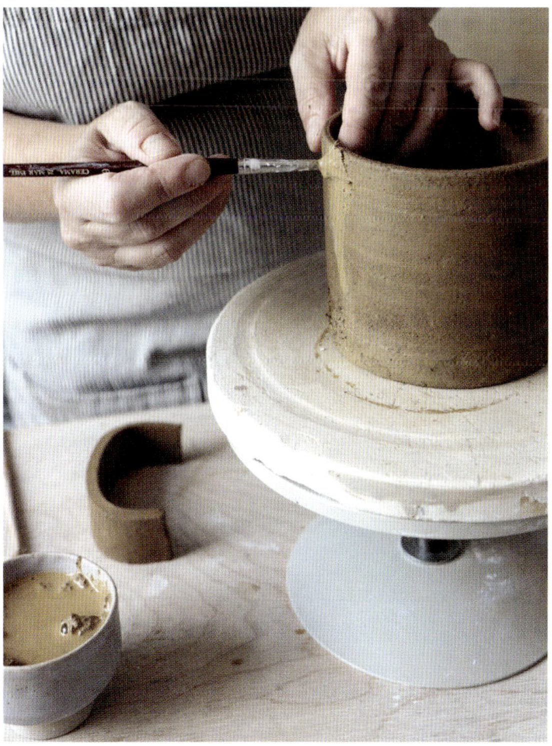

7

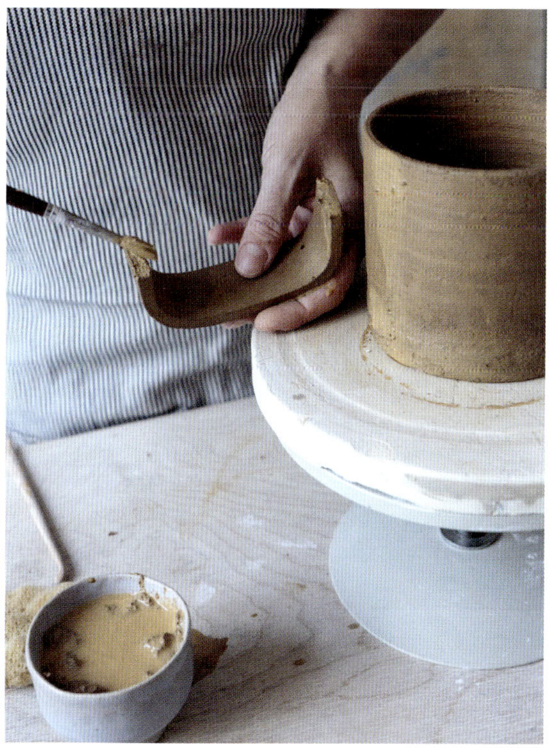

8 Die Henkelenden vorsichtig am Krug andrücken, bis sie am Krug halten.

9 Aus dem gleichen Ton zwei ca. 2 mm dicke Wülste formen und oben und unten rund um die Henkelenden legen. Die Wülste gut andrücken, um die Verbindung zwischen Henkel und Krug weiter zu stärken. Den Ton mit einem Modellierholz oder mit den Fingern gut verstreichen, um einen glatten Übergang zu schaffen. Für einen klaren, kantigeren Übergang den Ton mit dem Lineal oder der Ziehklinge begradigen.

10 Den Henkel mit dem Pinsel feucht halten, damit er nicht reißt. Abschließend den gesamten Krug mit einem feuchten Schwamm abwischen. Falls der Henkel noch sehr weich und instabil ist, kannst du ihn von unten mit einem Tonklumpen oder etwas weichem Papier stützen, damit er nicht absinkt. Wichtig ist nur, dass die Stütze eine gewisse Flexibilität hat, da sich Kanne und Henkel beim Trocknen verändern.

Achte auch darauf, dass der Henkel nicht schneller trocknet als der Rest des Kruges. Gegebenenfalls den Henkel zusätzlich mit Plastikfolie umwickeln, um die Trocknung zu verlangsamen.

Den Krug zum Trocknen beiseitestellen: Seite 163

8

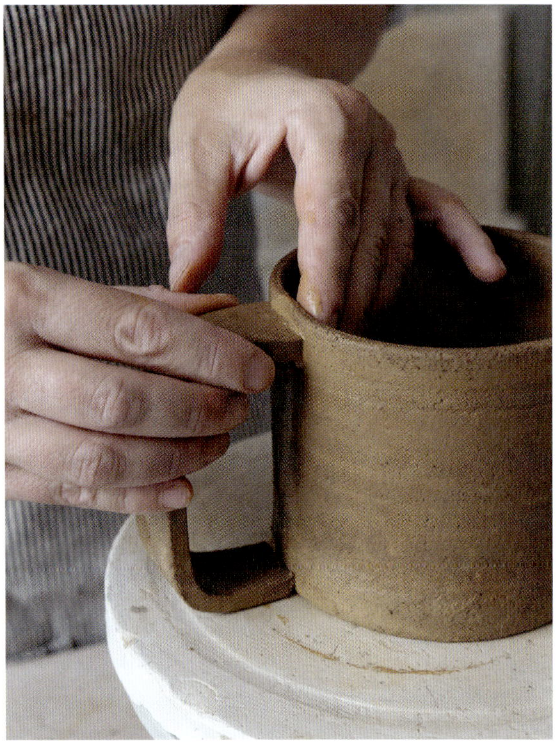

9

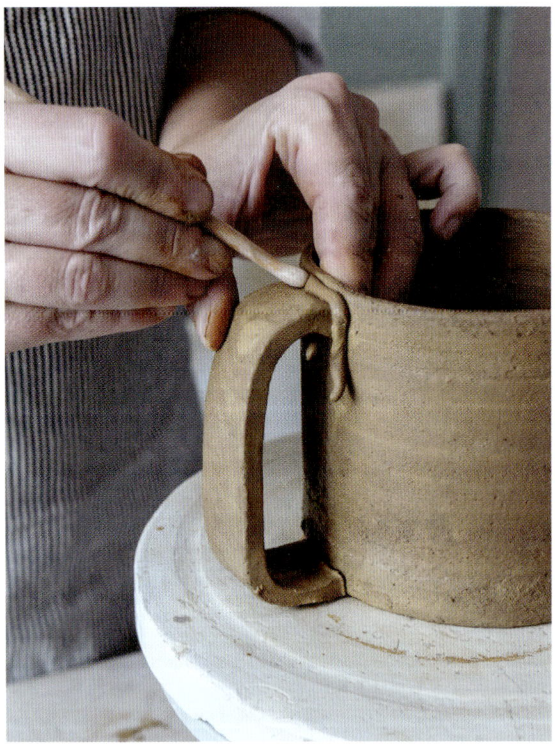

10

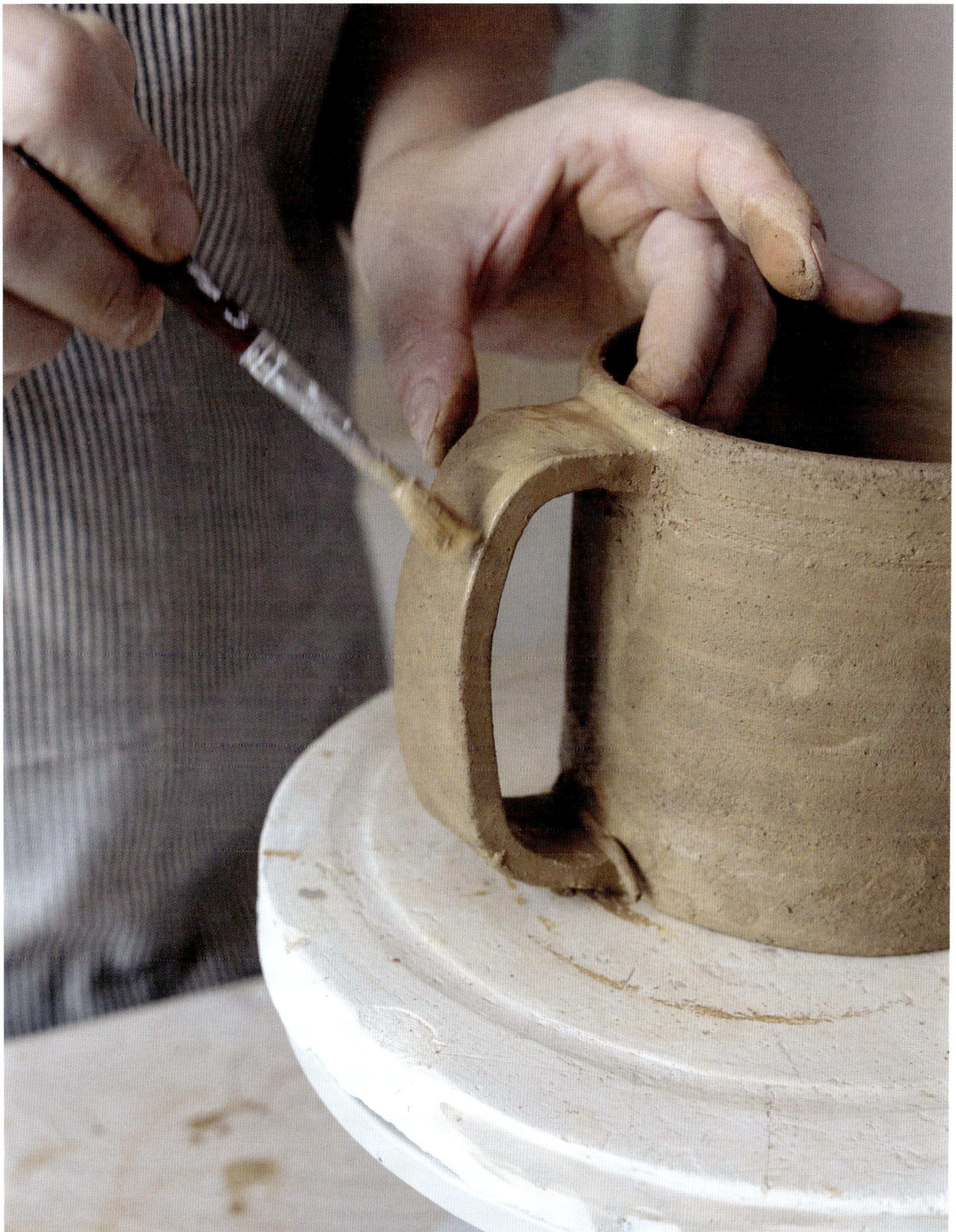

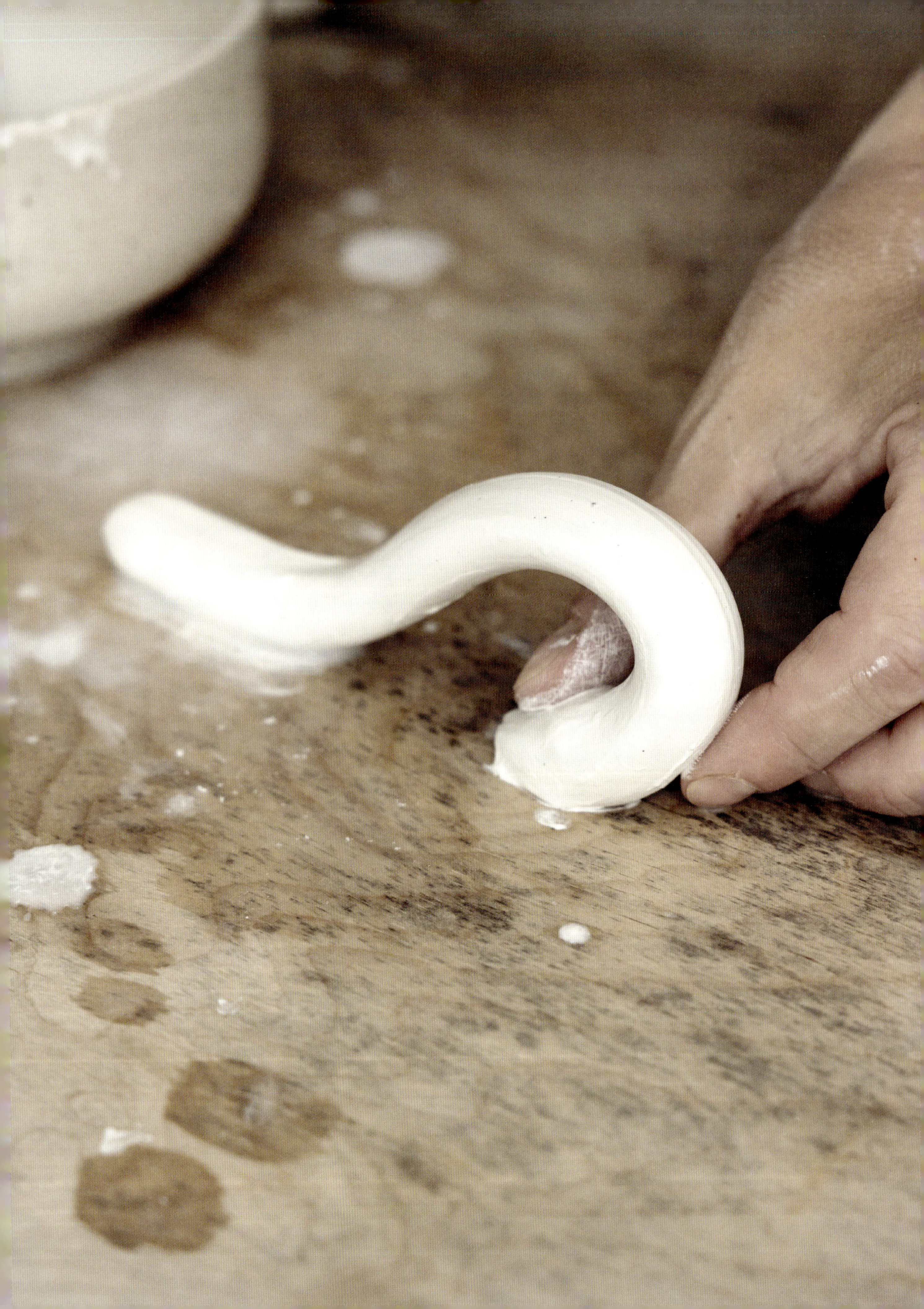

EIN HENKEL FÜR BEIDES

Ton
Porzellan

Gewicht
ca. 200 g

Werkzeuge und Utensilien
Schwamm
Lineal
Bastelmesser
große Schüssel mit Wasser

Es gibt noch eine weitere Methode, um einen Henkel herzustellen, die wir dir nicht vorenthalten möchten. Diese Art von Henkel ist für Tassen und Krüge gleichermaßen geeignet – man muss nur die Größe an das jeweilige Gefäß anpassen.

Wichtig ist auch hier, für den Henkel den gleichen Ton zu verwenden wie für das Gefäß, damit beides gut zusammenpasst und in gleichem Maße schrumpft (15 % bei Porzellan).

Bevor der Henkel angesetzt wird, muss das Gefäß abgedreht werden (Seite 140).

1 Als Erstes einen Tonklumpen zu einem ca. 10 cm dicken Wulst formen. Ein Ende des Strangs mit der linken Hand fassen und den Wulst senkrecht nach unten hängen lassen. Die rechte Hand sehr nass machen. Den unter der linken Hand herabhängenden Ton mit der rechten Hand greifen und – damit der Ton nicht reißt oder zu dünn wird – vorsichtig in einer sanften Bewegung und mit nur wenig Druck nach unten ziehen. Wichtig ist, beim Ziehen auf einen gleichmäßigen Druck zu achten. Die rechte Hand immer wieder in die Schüssel mit dem Wasser tauchen und den Vorgang mehrmals wiederholen, bis der Wulst immer dünner und länger wird.

2 Das Ziehen beenden, sobald der Wulst die gewünschte Dicke erreicht hat. Ein Henkel sollte 15–20 cm lang und 2–3 cm dick sein. Den Henkel vom restlichen Wulst abkneifen. Es macht gar nichts, wenn er am oberen Ende dicker ist als am unteren, denn die Enden werden später ohnehin abgeschnitten.

3 Jetzt den Wulst vorsichtig in die gewünschte Form biegen, ohne dass er seine weichen Rundungen verliert.

4 Den Henkel langsam trocknen lassen, bis er lederhart geworden ist (Seite 163). Da er eine große Oberfläche hat, trocknet er relativ rasch. Um dies zu verhindern, ein Stück Plastikfolie über den Henkel legen. Weiter geht es mit Schritt 4 auf Seite 120 (Kordel-Henkel).

1

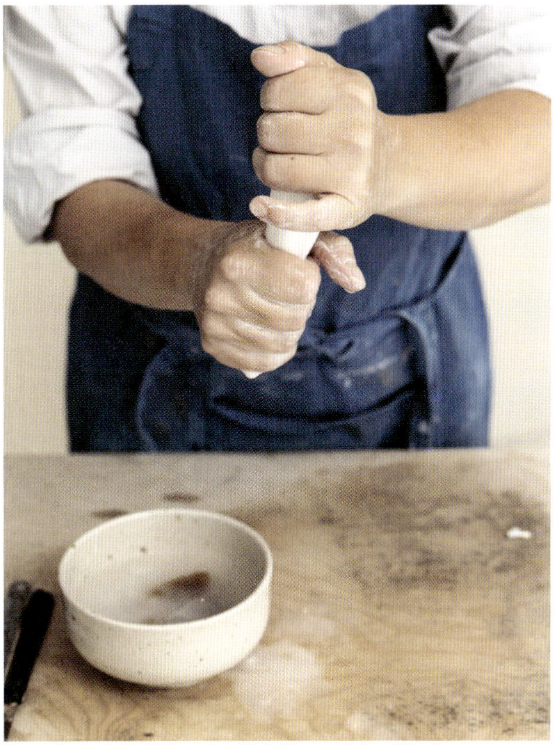

2

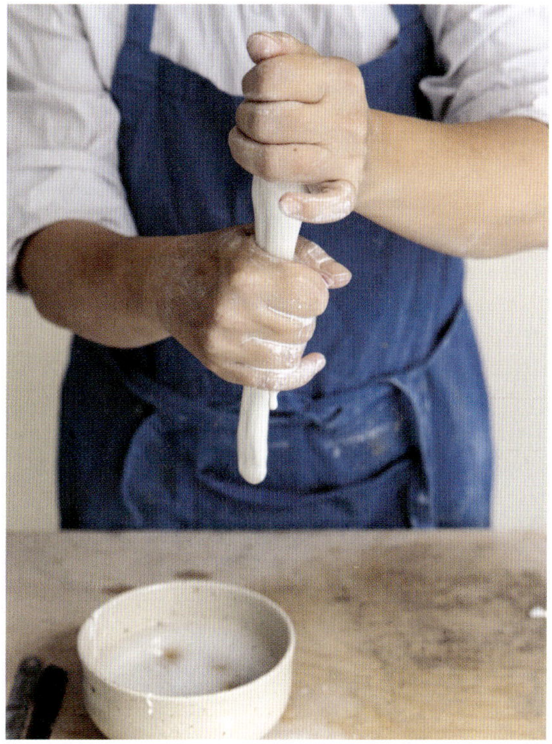

3

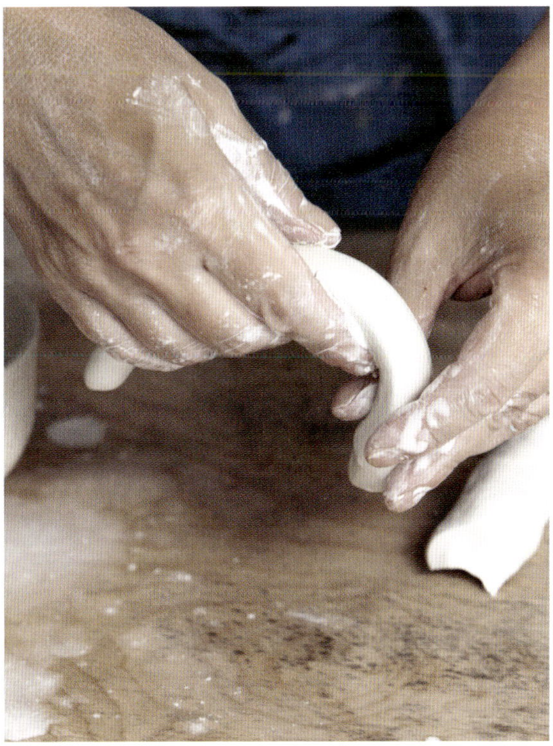

4

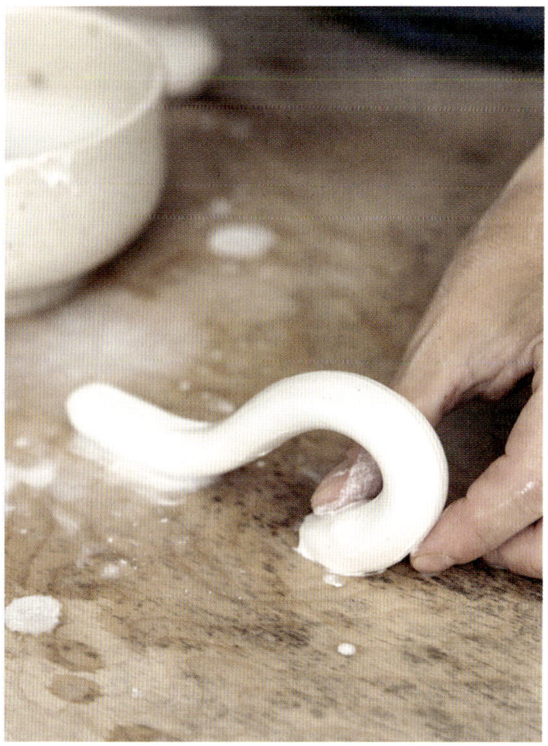

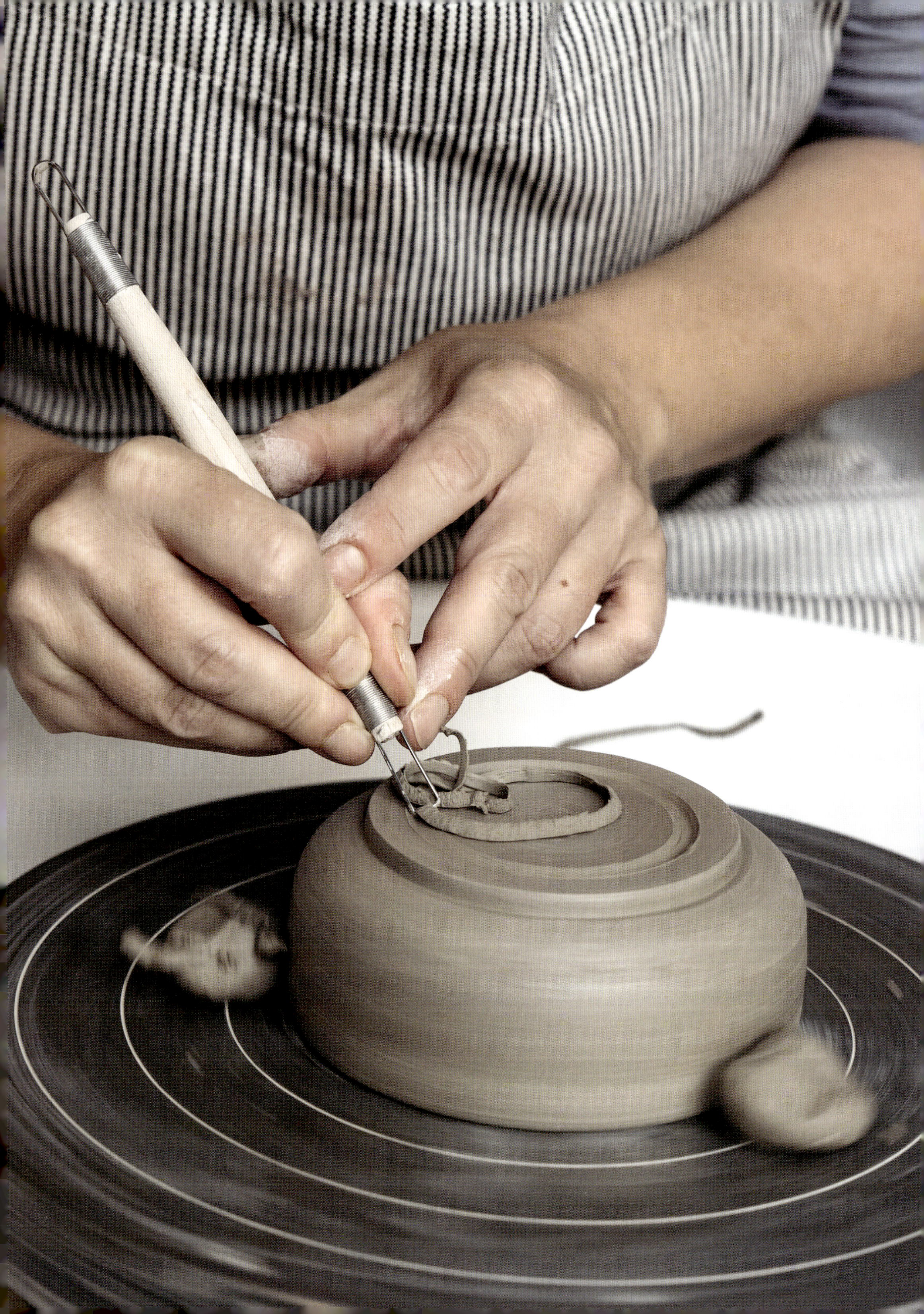

Abdrehen

Werkzeuge und Utensilien
Modellierschlinge
Schwamm
Drehschiene
kleine weiche Tonstückchen
große Schüssel mit Wasser

Wenn das fertig gedrehte Werkstück lederhart geworden ist (Seite 163), kann es abgedreht werden. Beim Abdrehen schabt man mit einer Modellierschlinge Ton von der Unterseite des Gefäßes ab und formt so den Boden.

Achte vor dem Abdrehen immer darauf, dass der Ton wirklich lederhart ist – also nicht schon zu trocken und damit zu hart. Das erfordert zu Beginn etwas Übung.

Du kannst den Boden eines Gefäßes auf unterschiedliche Weise bearbeiten, je nachdem, wie er am Ende aussehen soll. Der Boden kann flach, mit gerader oder abgerundeter Kante sein. Es ist auch möglich, den Boden in einen kleinen runden Fuß umzuwandeln. Je nach Dicke des vorhandenen Gefäßbodens kann dieser Fuß hoch oder niedrig sein.

Die gängigste Methode, den überschüssigen Ton am Boden des Gefäßes zu entfernen, besteht darin, einen kleinen ringförmigen Fuß in die Unterseite zu schaben, indem man den Ton in der Mitte des Bodens entfernt und außen etwas Material stehen lässt.

Im Folgenden zeigen wir den Prozess des Abdrehens in einzelnen Schritten. Zur Veranschaulichung der verschiedenen Möglichkeiten, wie man den Boden eines Werkstücks gestalten kann, zeigen wir diese beispielhaft an den Gefäßen, die in diesem Buch gefertigt werden.

VOR DEM ABDREHEN

Wenn der Ton am Boden des Gefäßes sehr dick und ungleichmäßig ist, ist es manchmal einfacher, zunächst einen Teil des Tons mit der Modellierschlinge abzukratzen, bevor man das Gefäß auf der Töpferscheibe abdreht. Achte darauf, dass der Boden dabei so rund wie möglich wird.

SCHALE, TASSE UND KRUG ABDREHEN

1 Das lederharte Gefäß zunächst kopfüber auf der Töpferscheibe zentrieren. Dabei kannst du dich an den Rillen auf dem Drehteller orientieren. Setze das Gefäß so mittig wie möglich in den passenden Ring auf der Scheibe.

2 Die Töpferscheibe auf kleine Stufe stellen. Die linke Hand auf den Boden des Gefäßes und die rechte Hand an die rechte Seite legen, ohne das Werkstück zu verschieben. Während sich das Gefäß auf der Scheibe dreht, mit den Händen nachspüren, ob es bereits zentriert ist. Wenn es noch nicht ganz rund läuft, stupst du es an der Stelle, an der es unrund läuft, leicht an, um es etwas weiter in die Mitte zu bewegen. Dies erfordert etwas Übung. Sobald das Gefäß rund läuft, hältst du die Töpferscheibe an und fixierst das Gefäß mit drei weichen Tonstückchen auf der Scheibe.

3 Die Töpferscheibe auf mittlere Geschwindigkeit stellen und mithilfe der Modellierschlinge Ton vom Boden des Gefäßes abschaben. Zunächst nur wenig Ton entfernen und den Boden glatt kratzen. Danach markierst du, welchen Durchmesser der Boden haben soll. Für ein Gefäß mit einem flachen, abgerundeten Boden trägst du auch an der Seitenwand etwas Ton ab, um einen fließenden Übergang zwischen Boden und Gefäßwand zu formen.

1

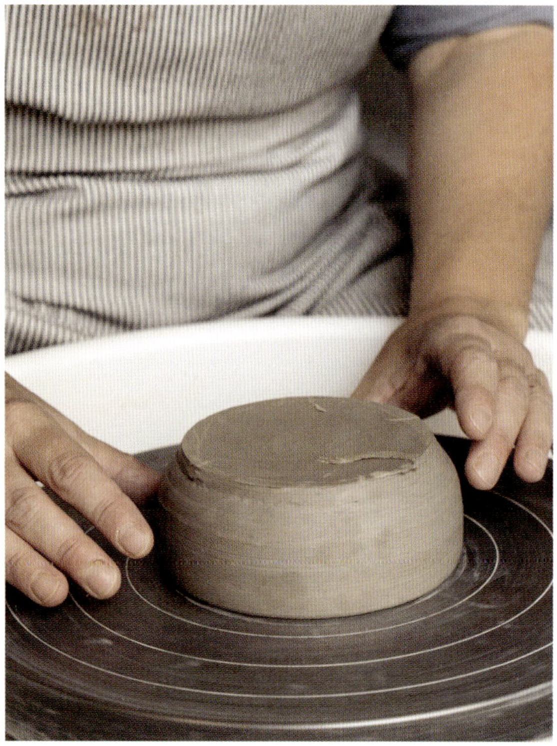

2

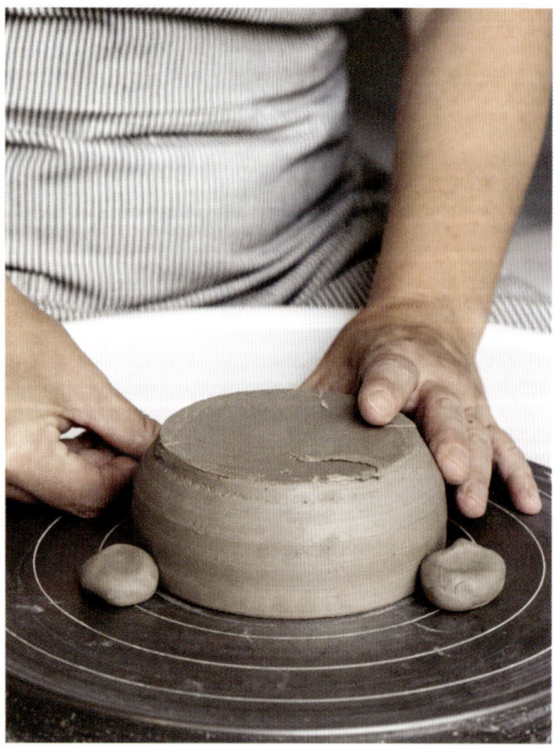

3

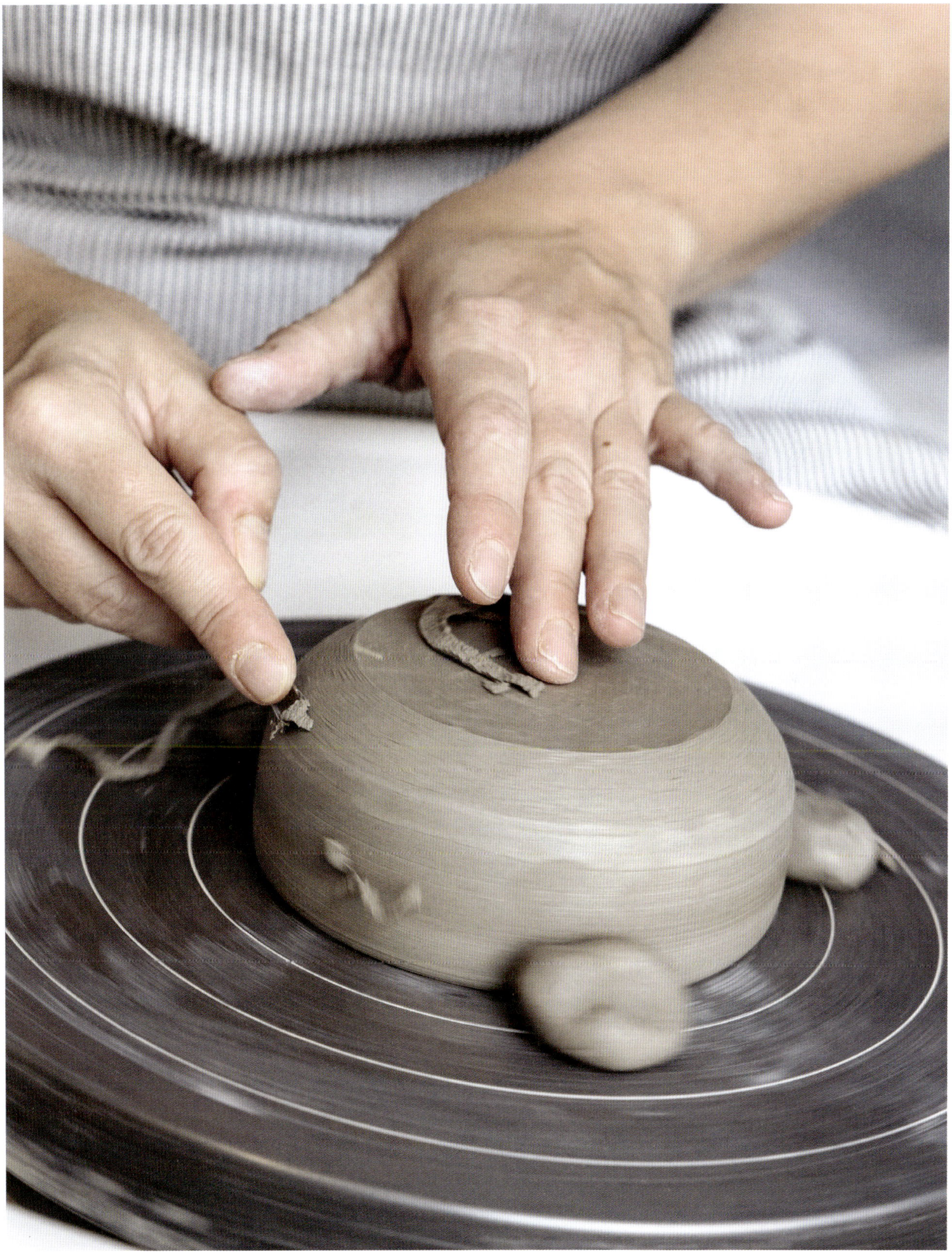

4 Das Gefäß mit dem flachen Boden ist nun fertig und muss nur noch mit einem feuchten Schwamm abgewischt werden.

5 Soll das Gefäß einen kleinen Fuß erhalten, dann markierst du mit der Modellierschlinge zunächst am Boden, wie breit dieser Fuß werden soll. Die Schlinge lässt sich leichter kontrollieren, wenn beide Hände miteinander in Kontakt sind. Du kannst dazu die rechte Hand mit der linken stützen. Den Ton seitlich bis zum markierten Kreis abdrehen. Außen am Fuß noch etwas Ton abdrehen, damit er klarer hervortritt. Je mehr du an der Gefäßwand abdrehst, desto höher wird der Fuß.

6 Das Gefäß mit dem kleinen Fuß ist nun fertig und muss nur noch mit einem feuchten Schwamm abgewischt werden.

7 Soll das Werkstück einen ringförmigen Fuß erhalten, markierst du zuerst die Breite des Ringfußes am Boden mithilfe der Schlinge. Dann drehst du innerhalb dieses Kreises 2–3 mm Ton ab, es sei denn, der Boden ist so dick, dass du auch mehr abschaben kannst. Wenn die Schlinge dabei viele Rillen am Boden hinterlässt, kannst du den Boden anschließend mit der Drehschiene wieder glätten. Das Gefäß schließlich mit einem feuchten Schwamm abwischen, von der Töpferscheibe lösen und auch den oberen Rand reinigen, an dem die Tonstücke befestigt waren.

Den Boden mit einer Signatur versehen: Seite 159
Das Gefäß zum Trocknen beiseitestellen: Seite 163

4

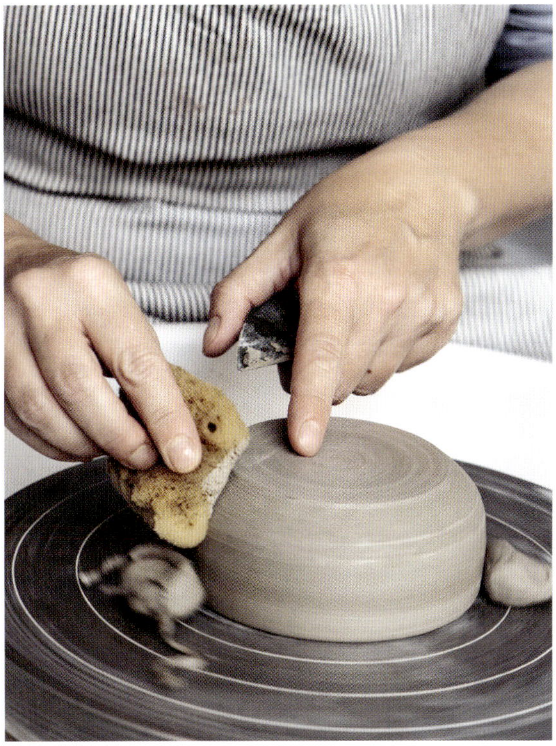

5

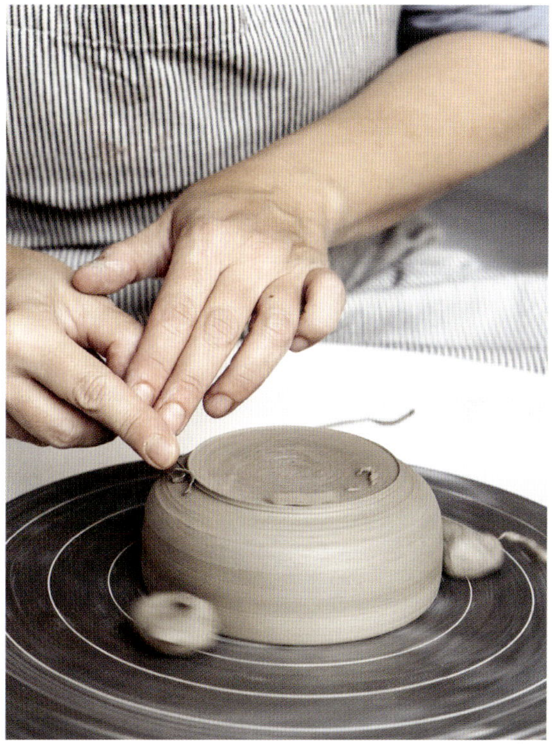

6

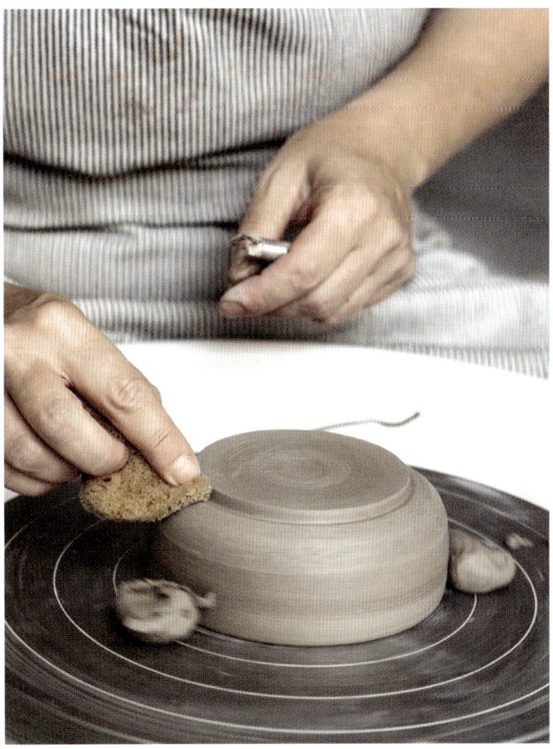

7

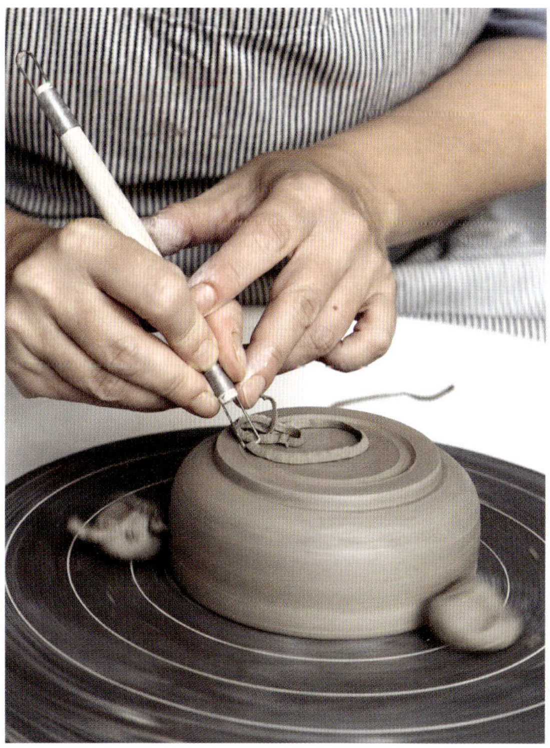

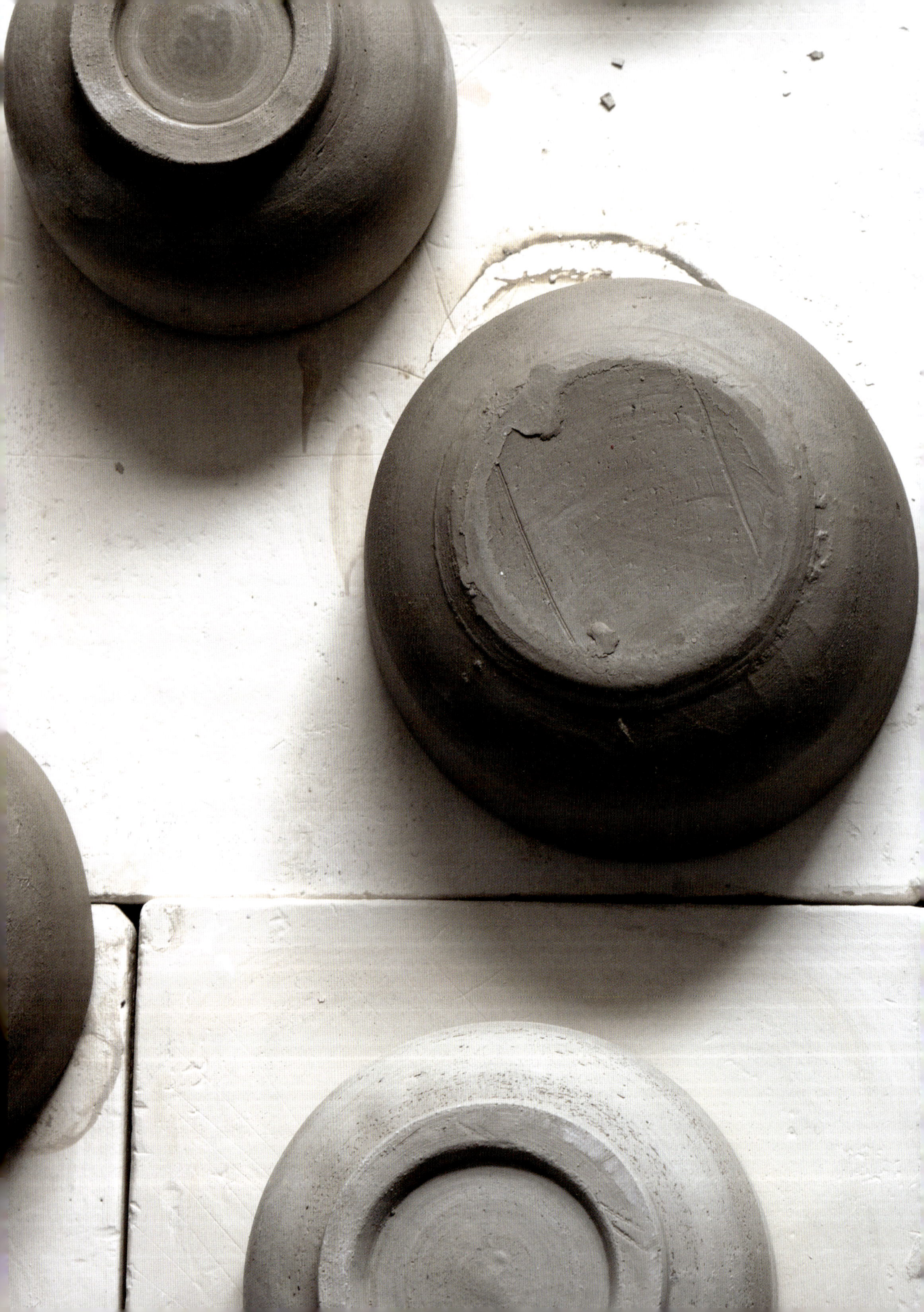

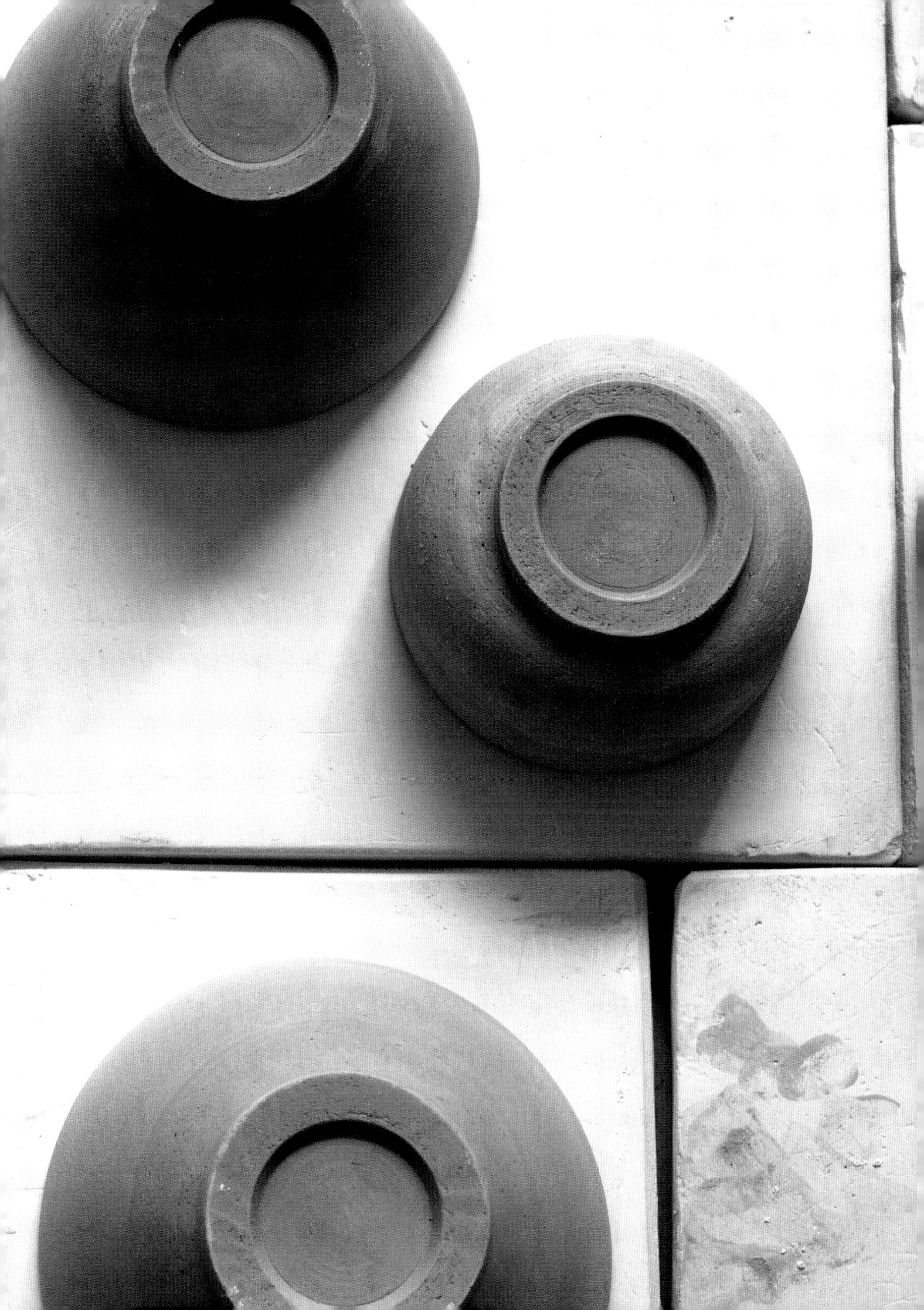

EINEN TELLER ABDREHEN

Werkzeuge und Utensilien
Modellierschlinge
Schwamm
Drehschiene
kleine weiche Tonstückchen

Teller, die man auf einer Gipsscheibe gedreht hat, lassen sich oft schwer wieder von der Scheibe lösen. Am besten ist es, den Teller an der Kante rundum leicht anzuheben, bis er sich im Ganzen löst. Jetzt kannst du ihn von der Gipsscheibe abnehmen – aber Vorsicht, er kann in der Mitte noch sehr weich sein!

Deshalb ist es ratsam, vor dem Abdrehen zu prüfen, ob der Teller rundum lederhart und damit fest genug ist (Seite 163 Doch selbst dann kann es passieren, dass er in der Mitte absinkt oder bricht. Um dies zu verhindern, solltest du den Teil des Tellers, der nicht auf der Töpferscheibe aufliegt, von unten abstützen. Am besten geht das mit einem kleinen Tonwulst, der so hoch ist wie der Hohlraum zwischen Tellermitte und Drehscheibe. Dieser wird ringförmig auf die Töpferscheibe gelegt.

1 Zunächst die Stütze aus Ton auf die Drehscheibe legen, um den Teller zu stabilisieren. Dann den Teller kopfüber auf die Töpferscheibe legen. Zum Zentrieren kannst du dich an den Rillen auf dem Drehteller orientieren. Platziere den Teller so mittig wie möglich in den passenden Ring auf der Scheibe und zentriere ihn bei mittlerer Geschwindigkeit durch kleine Stöße, bis er rund läuft. Jetzt kannst du den Teller rundum mit drei Tonstückchen fixieren und den Boden mit der Modellierschlinge glätten.

1

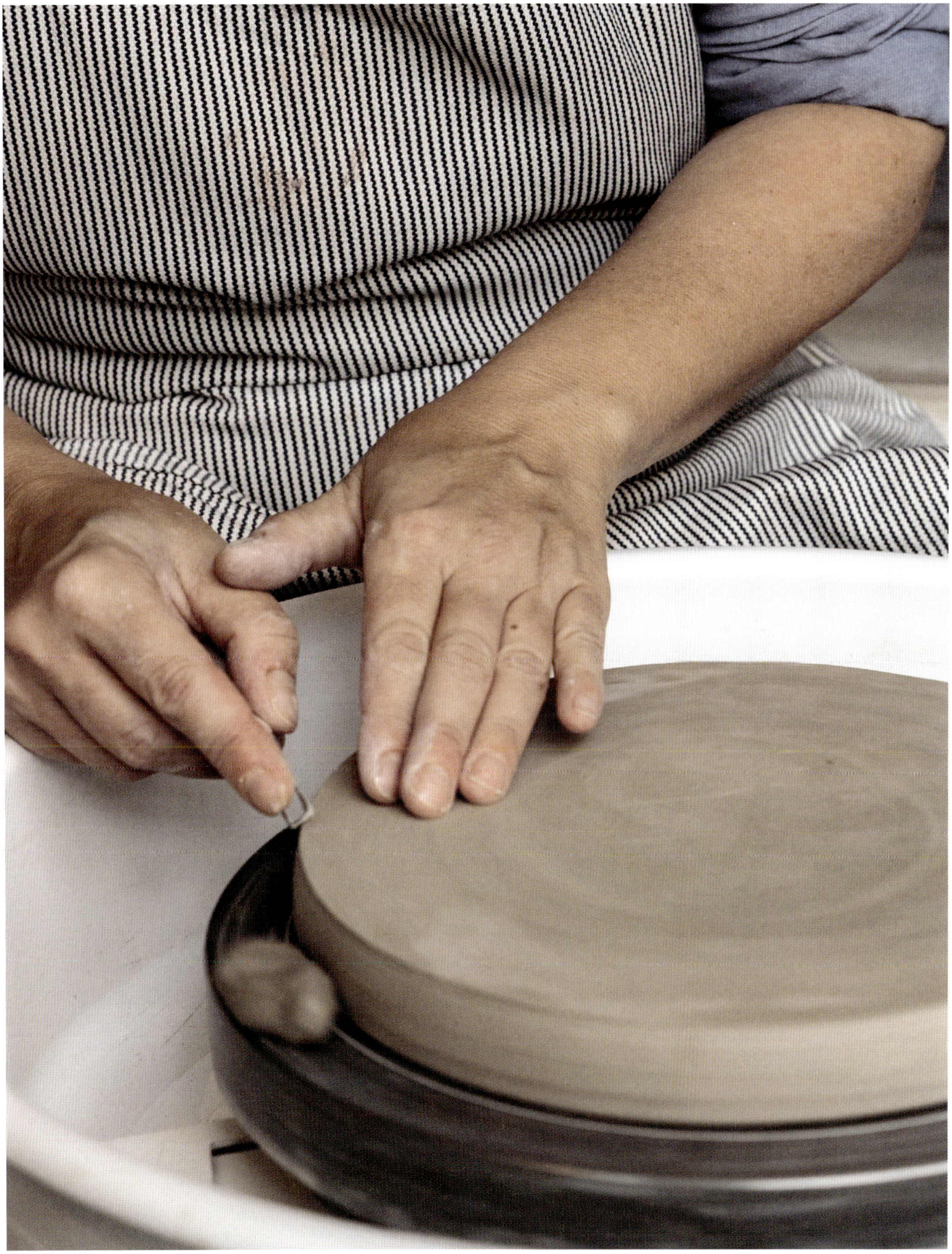

2 Zuerst mit der Schlinge markieren, wie breit der Boden werden soll. Falls außen genug Platz ist, die Seitenwand des Tellers hoch genug ist und die Tonstückchen nicht im Weg sind, kannst du beim Abdrehen der Kante noch etwas tiefer gehen. Als Übergang zwischen Boden und Tellerwand kannst du entweder mit der Schlinge eine abgerundete oder mit der Drehschiene eine gerade Kante formen. Wenn du einen flachen Boden formen möchtest, dann wischst du jetzt den Teller mit einem feuchten Schwamm ab und stellst ihn zum Trocknen beiseite.

3 Alternativ kannst du einen kleinen Fuß formen, indem du bis zum markierten Kreis etwas mehr Ton entfernst. Die Höhe des Fußes hängt davon ab, wie dick der Teller ist. Zum Schluss mit einem feuchten Schwamm abwischen.

4 Falls dein Teller einen sehr dicken Boden hat, kannst du ihn auch mit einem ringförmigen Fuß versehen. Dazu markierst du zunächst mit der Schlinge die Breite des Rings auf dem Boden, um den Ton dann bis zur Mitte 2–3 mm tief abzuschaben.

5 Bei einem großen Teller mit mehr als 20 cm Durchmesser empfehlen wir, in der Mitte zusätzlich einen kleinen Fuß stehen zu lassen, um den Boden zu stabilisieren und zu verhindern, dass der Teller beim Glasurbrand in der Mitte einsinkt.

2

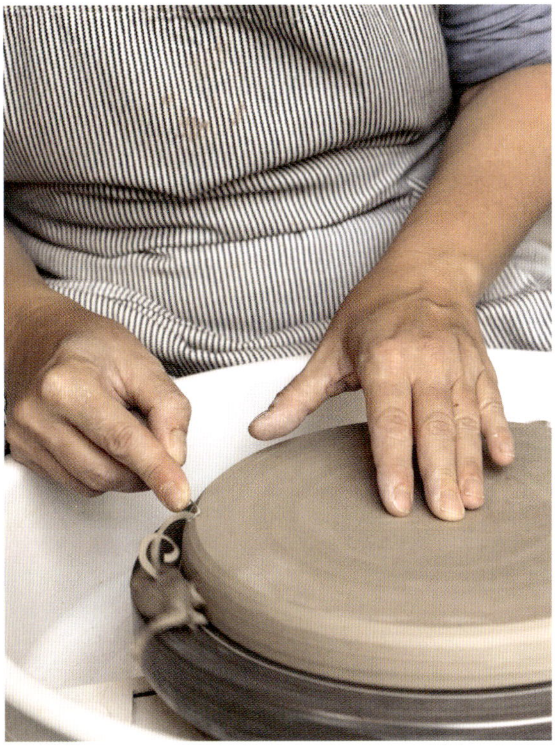

3

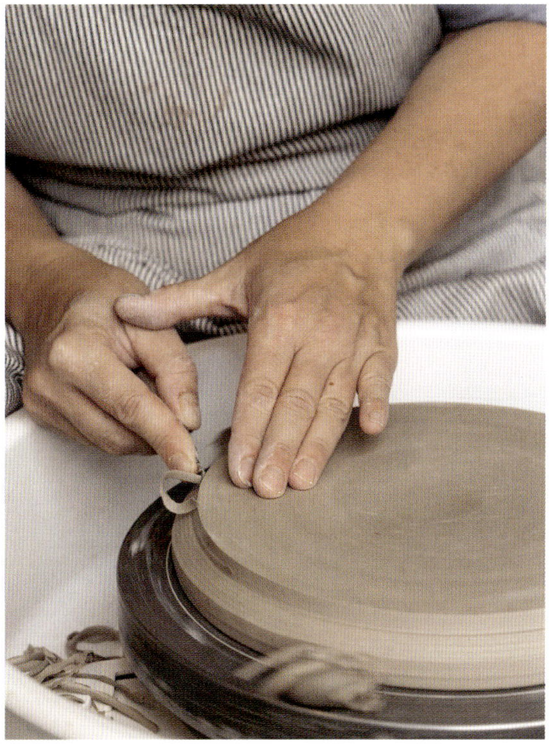

4

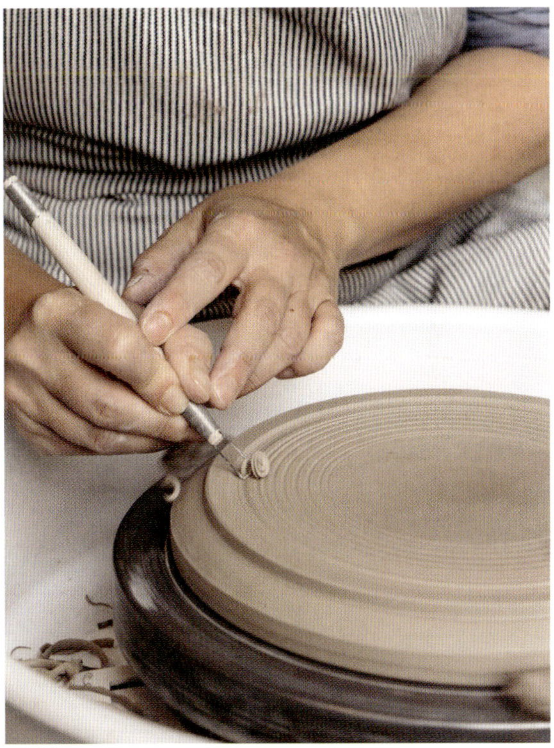

5

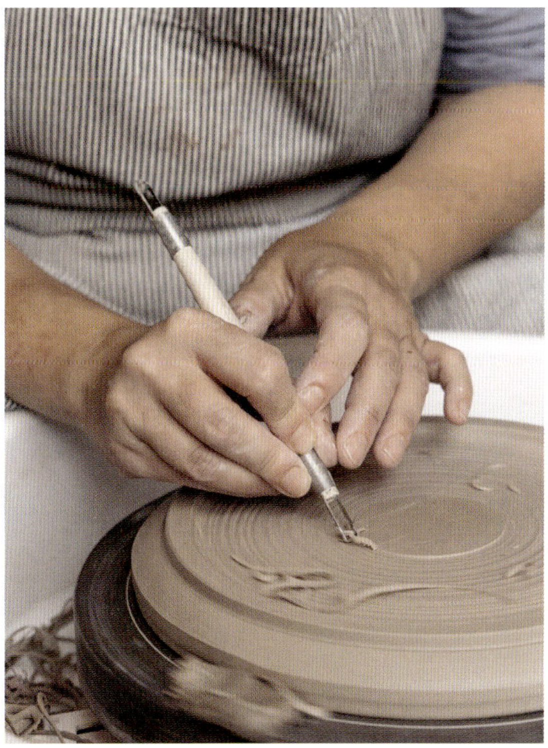

6 Wenn die Schlinge beim Abdrehen viele Rillen am Boden hinterlassen hat, kannst du ihn mit der Drehschiene glätten. Den Teller zum Schluss mit einem feuchten Schwamm von Tonresten befreien, von der Töpferscheibe lösen und auch die Oberseite und den Rand mit dem Schwamm reinigen.

Das Werkstück signieren: Seite 159
Den Teller zum Trocknen beiseitestellen: Seite 163

6

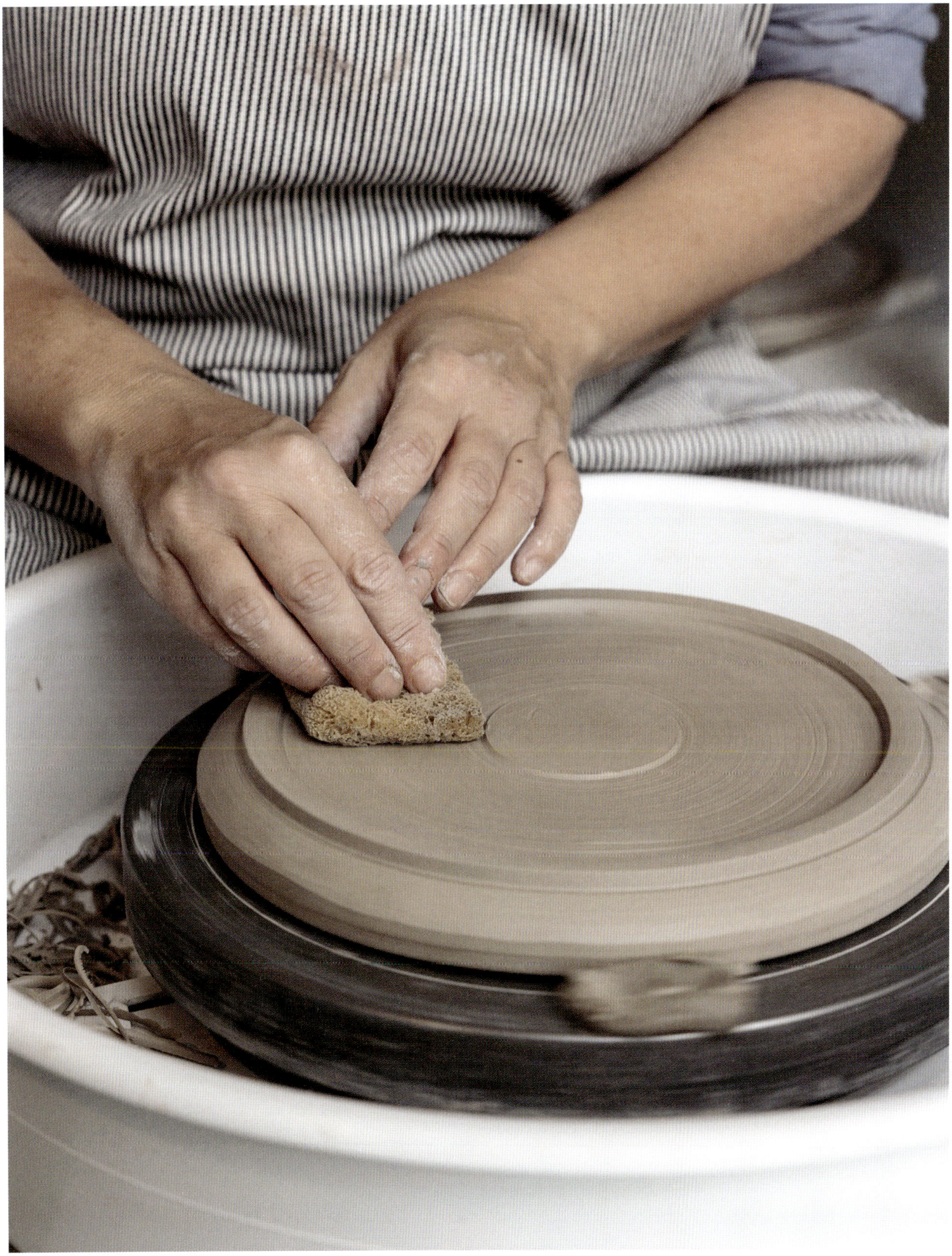

EINE VASE ABDREHEN

Werkzeuge und Utensilien
Modellierschlinge
Schwamm
Drehschiene
Ton für die Drehstütze

Sobald deine Vase lederhart geworden ist, kannst du den Boden abdrehen. Da sich Vasen oft nicht standsicher auf den Kopf stellen lassen, solltest du zunächst einen Zylinder als Stütze auf der Töpferscheibe drehen.

1 Auf der Töpferscheibe einen breiten Zylinder drehen und leicht antrocknen lassen. Du kannst auch ein zylinderförmiges fertiges Gefäß mit drei weichen Tonstückchen auf der Töpferscheibe fixieren.

2 Die Vase kopfüber und so mittig wie möglich in den Zylinder stellen. So erleichterst du dir das Zentrieren. Gegebenenfalls den unteren Teil der Vase mit Stoff oder Folie abdecken, damit sie sich nicht an dem Zylinder festsaugt.

1

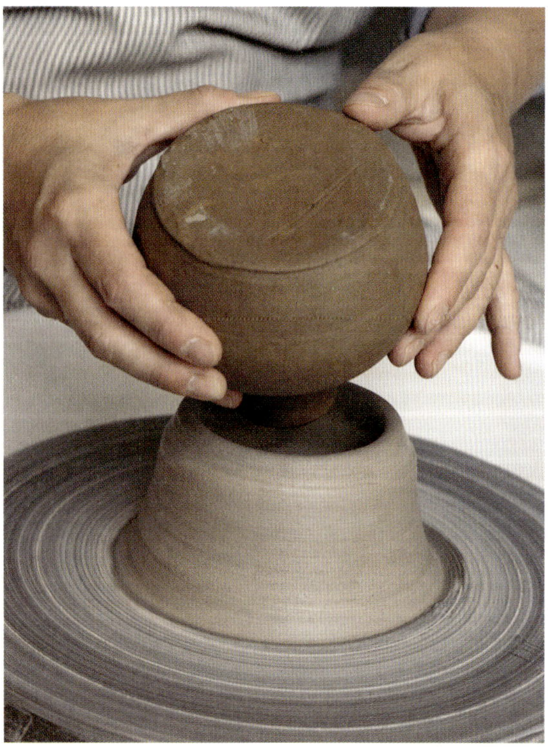

2

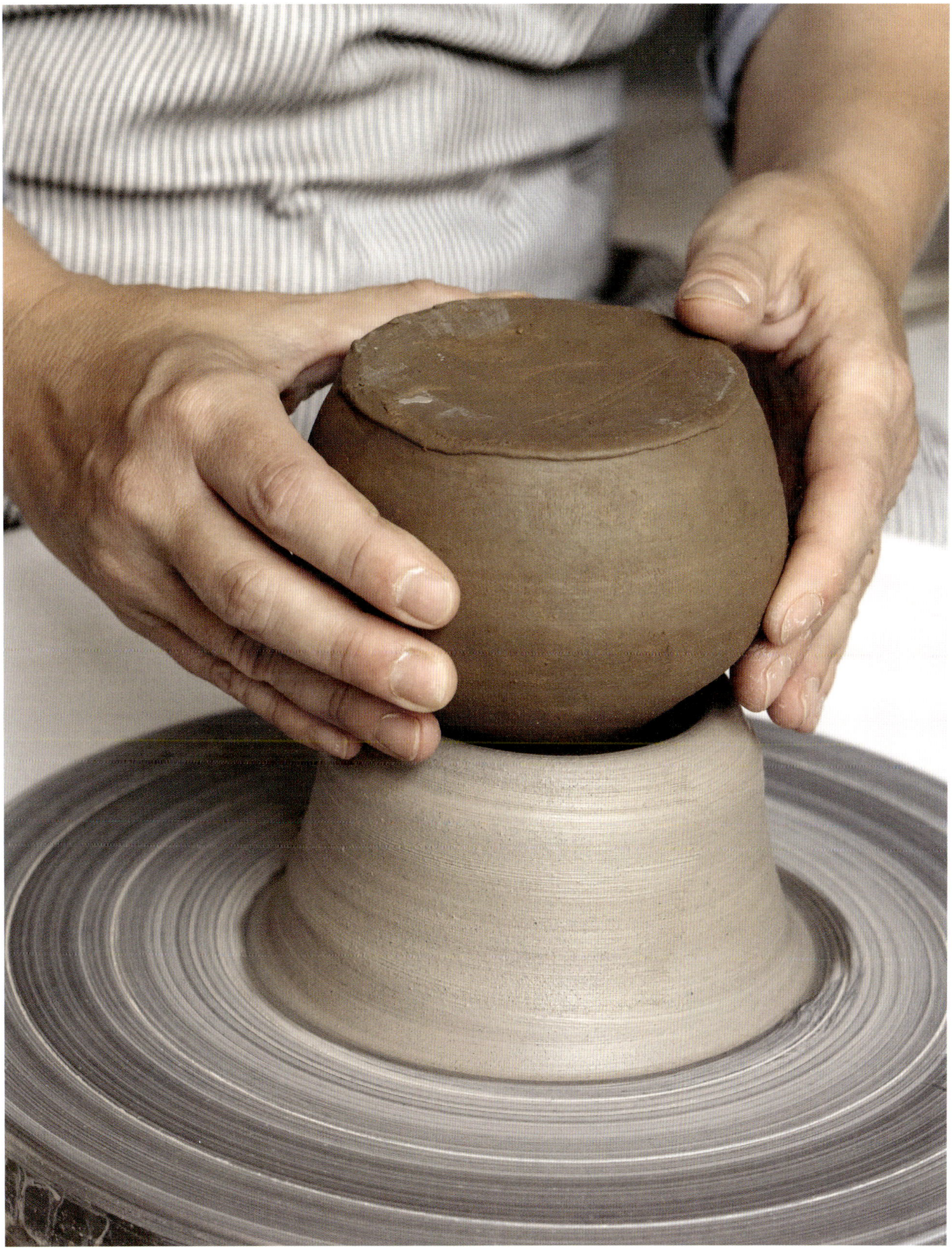

3 Die Töpferscheibe auf niedrige Geschwindigkeit stellen. Die linke Hand auf den Boden der Vase und die rechte Hand an die rechte Seite legen, ohne dabei die Vase zu verschieben. Während sich das Gefäß auf der Scheibe dreht, mit den Händen nachspüren, ob es bereits zentriert ist. Bei Bedarf etwas anstupsen, damit es rund läuft.

Jetzt die Töpferscheibe auf mittlere Geschwindigkeit stellen und mithilfe der Modellierschlinge nach und nach etwas Ton vom Boden der Vase abschaben, bis er ganz glatt ist. Nun mit der Schlinge markieren, bis wohin der Boden reichen soll.

Für eine Vase mit flachem Boden und abgerundeten Kanten auch an der Seitenwand ein wenig abdrehen, um einen fließenden Übergang zwischen Boden und Gefäßwand zu gestalten.

Falls deine Vase einen dicken Boden hat, kannst du sie mit einem ringförmigen Fuß ausstatten. Dazu mit der Schlinge die Breite des Rings auf dem Boden markieren und den Ton in der Mitte 2–3 mm tief abschaben.

Die Vase rundum mit einem feuchten Schwamm abwischen, um alle Tonreste zu entfernen.

Das Werkstück signieren: Seite 159
Die Vase zum Trocknen beiseitestellen: Seite 163

3

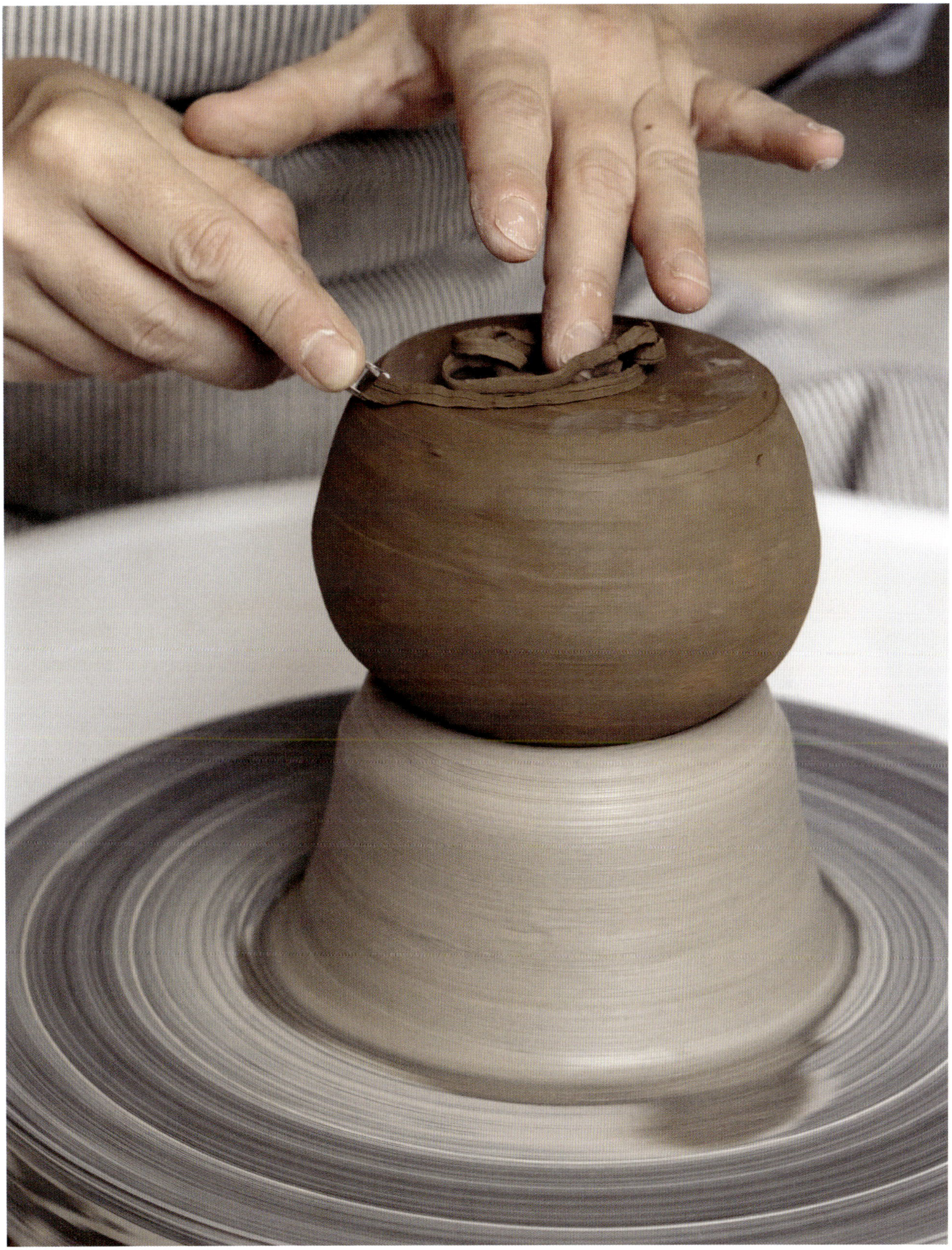

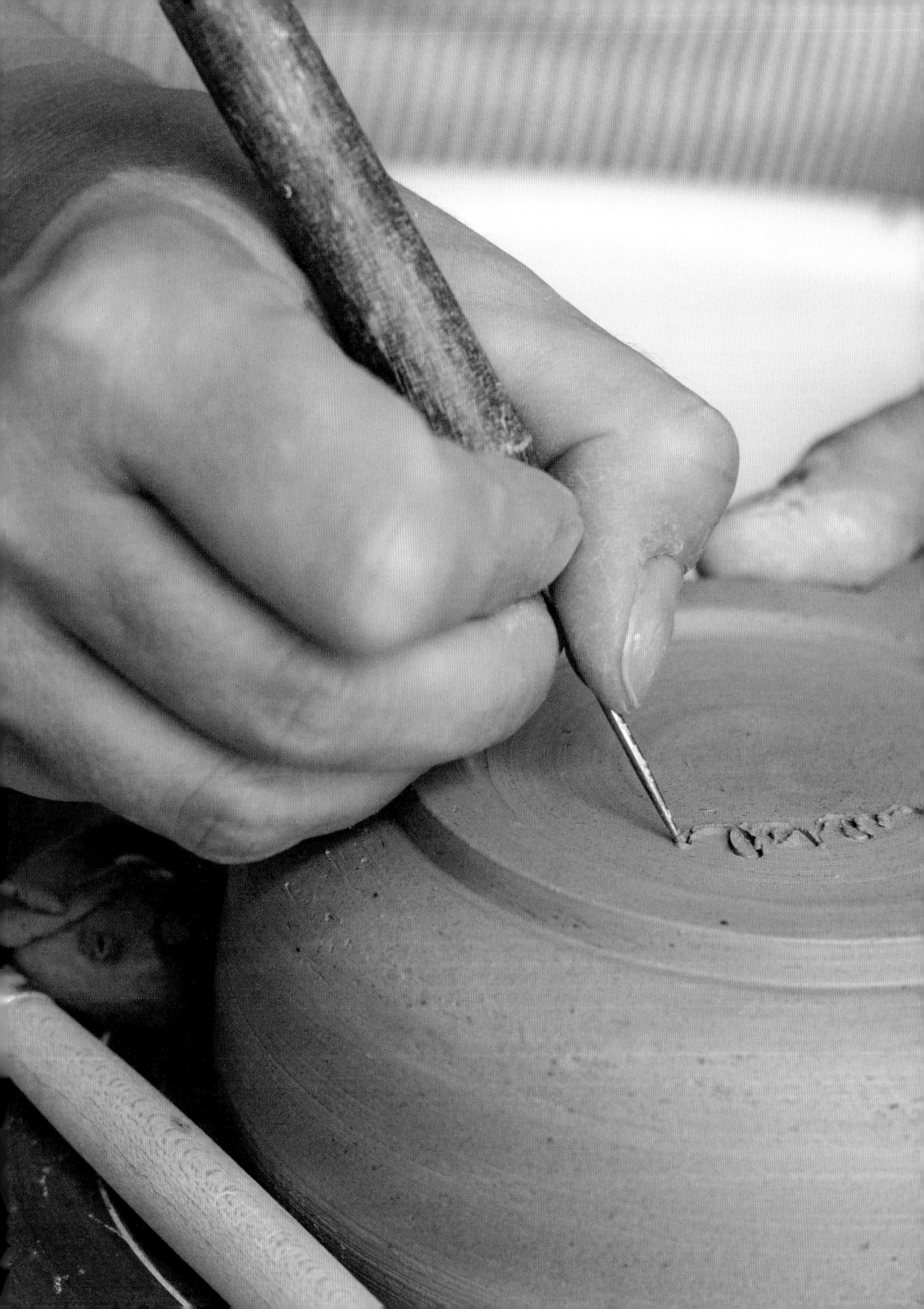

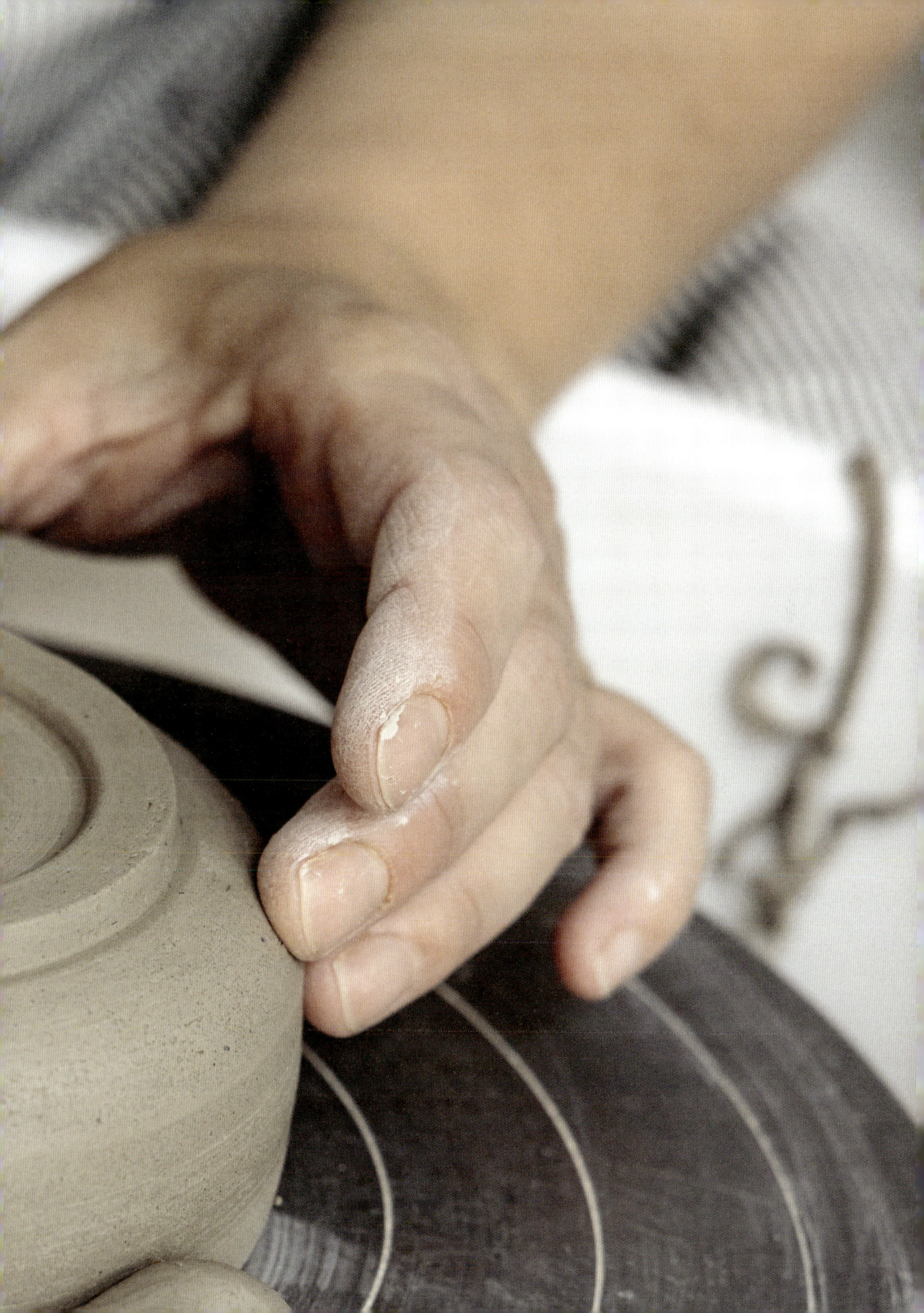

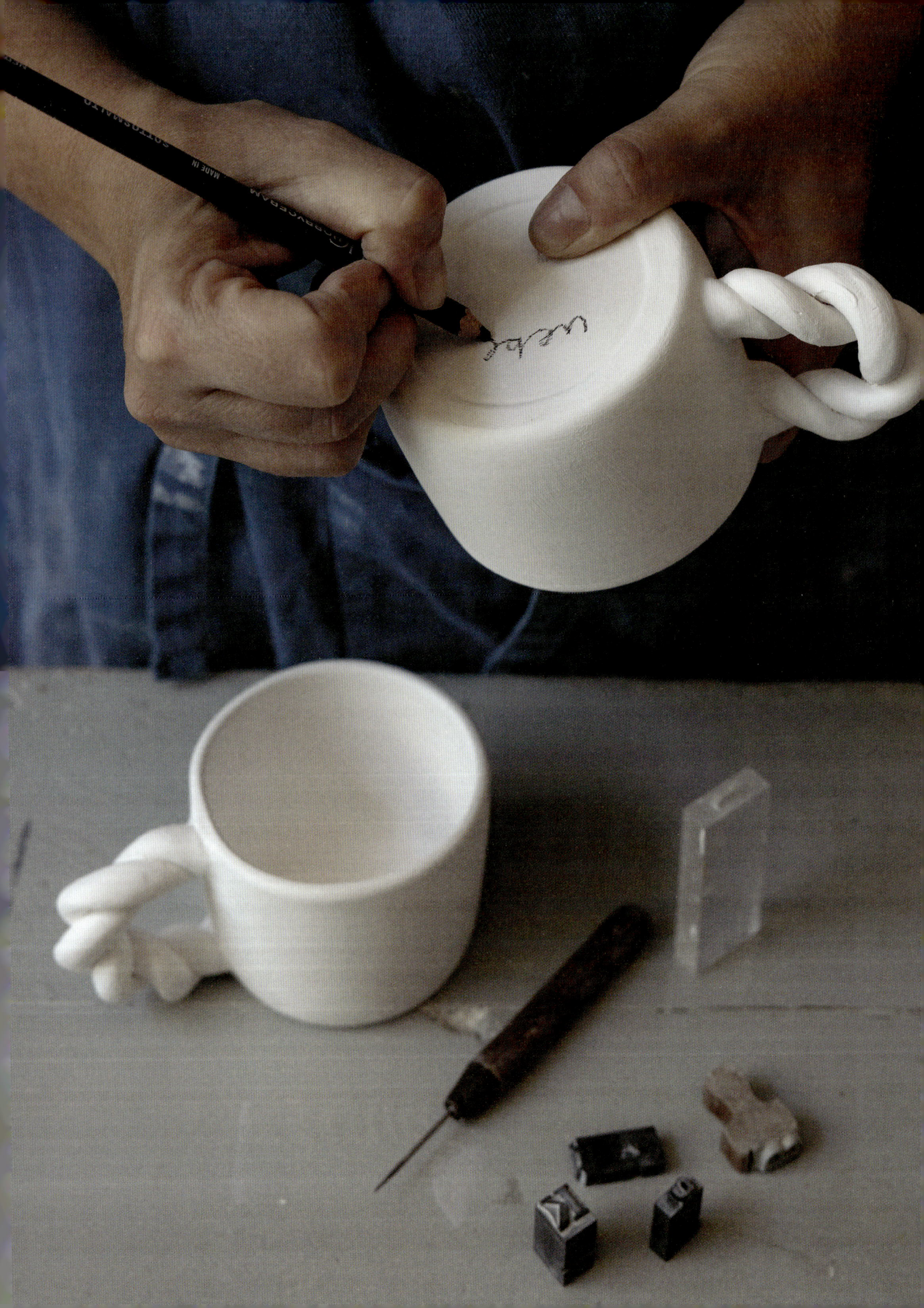

Das Werkstück signieren

Werkzeuge und Utensilien
Unterglasurstift
Pinsel
Oxidfarbe/Engobe
Stempel

Ein schönes Detail auf einem fertig gedrehten Gefäß ist die eigene Signatur, mit der man sich als Schöpfer des Werkes ausweist. Die Signatur kann in den Ton geritzt, auf den Boden gestempelt oder mit einem Pinsel auf den Boden oder die Seite des eigenen Werkes aufgetragen werden.

Lederharter Ton lässt sich gut mit einem Bleistift einritzen. Du kannst auch einen Stempel verwenden und diesen leicht in den Ton eindrücken. Allerdings musst du beim Stempeln vorsichtig vorgehen, damit du das Gefäß nicht beschädigst. Damit sich der Stempel nicht durchdrückt, solltest du den Ton von innen stützen. Als Stempel kannst du alles Mögliche verwenden, von alten Versatzbuchstaben aus Metall über einen Knopf mit einem hübschen Muster bis hin zu einem echten Töpferstempel.

Besonders professionell wirken Stempel mit dem eigenen Logo. Stempel gibt es aus verschiedenen Materialien wie Kunststoff, Holz oder Metall. Das beste Ergebnis erzielst du mit Stempelplatten, die höher als 2 mm sind, da sich das Motiv dann am besten in den Ton einprägt.

Keramik kannst du auch nach dem ersten Brand signieren. Dann wird das Zeichen oder die Signatur mit Engoben, Oxidfarben oder einem speziellen Unterglasurstift aufgetragen. Der Unterglasurstift sieht aus wie ein normaler Bleistift, nur dass seine Farbe im Ofen nicht verbrennt. Die Unterglasur wird nach dem Glasieren auf den bereits von der Glasur gereinigten Boden aufgetragen (Seite 176).

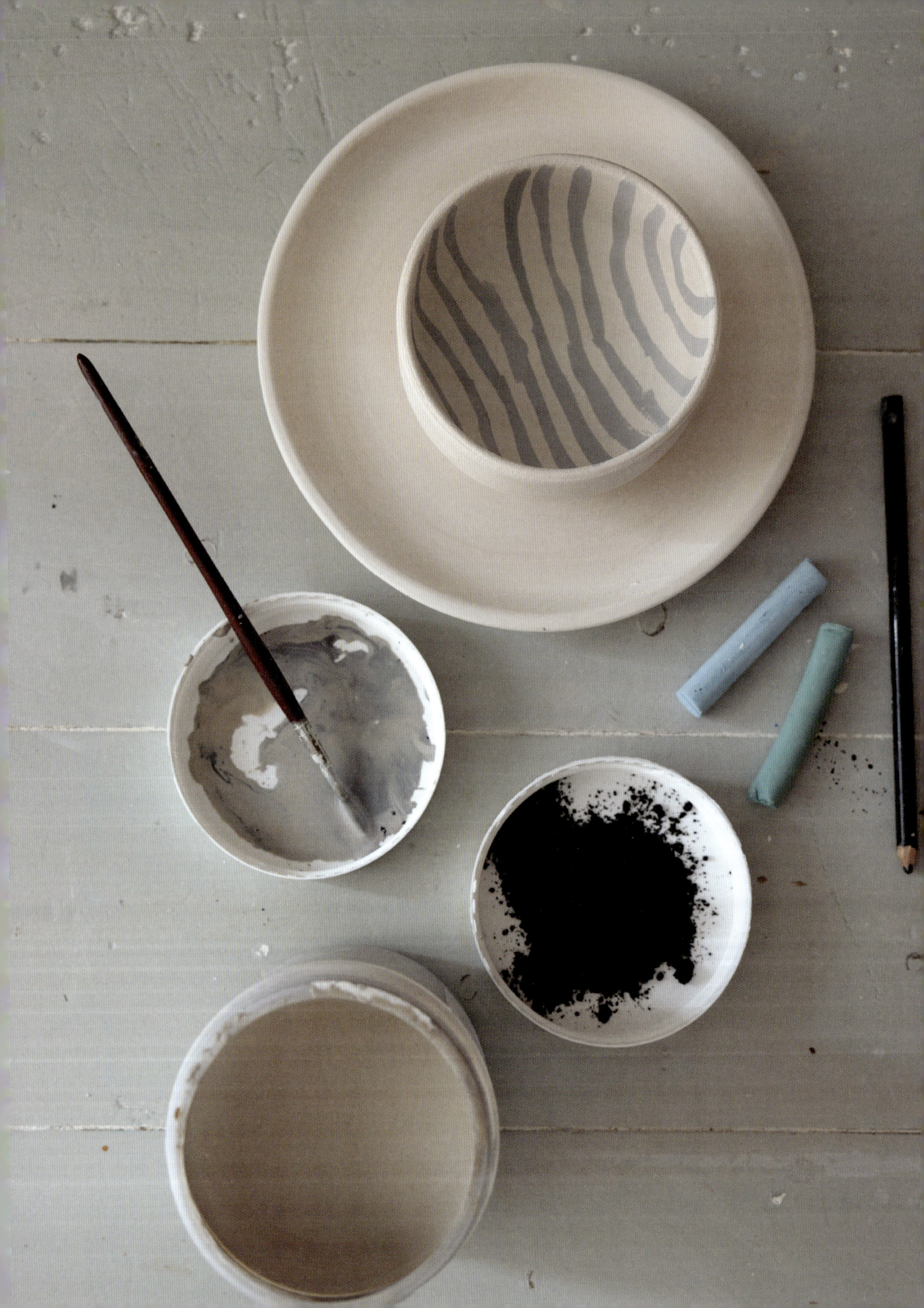

Farbe hinzufügen

Werkzeuge und Utensilien
Engobe
Oxidfarbe/Glasur
Unter- und Oberglasur

In lederhartem Zustand kannst du Ton auf unterschiedliche Weise dekorieren, zum Beispiel mit Engobe. Darunter versteht man fein gemahlenen Ton, der mit Wasser und Farbpigmenten zu einer dickflüssigen Masse angerührt wird.

Du kannst deine gedrehten Gefäße großflächig mit Engobe bestreichen oder einzelne Akzente setzen. Wichtig ist nur, die Engobe in mehreren dünnen Schichten aufzutragen, damit die Farbe gut deckt und der Ton nicht zu sehr aufweicht.

Nach dem Bemalen stellst du das Werkstück zum Trocknen beiseite (Seite 163).

Ton lässt sich aber auch nach dem ersten Brand, dem Schrühbrand, verzieren, etwa mit Oxidfarben oder mit Unter- und Oberglasuren. Der Vorteil hierbei ist, dass du die Farbe leicht wieder abwaschen kannst, wenn du mit dem Malergebnis nicht zufrieden bist. Nachdem das Stück getrocknet ist, kannst du es erneut verschönern.

Wenn die Keramik fertig bemalt oder dekoriert ist, wird sie glasiert. Wenn du dein Werkstück ganz oder teilweise unglasiert lässt, dann erhältst du eine matte, raue Oberfläche.

Doch auch ohne aufgetragene Glasur muss der Ton oder Scherben, wie man ihn in der Fachsprache nach dem ersten Brand nennt, ein zweites Mal gebrannt werden (Seite 183).

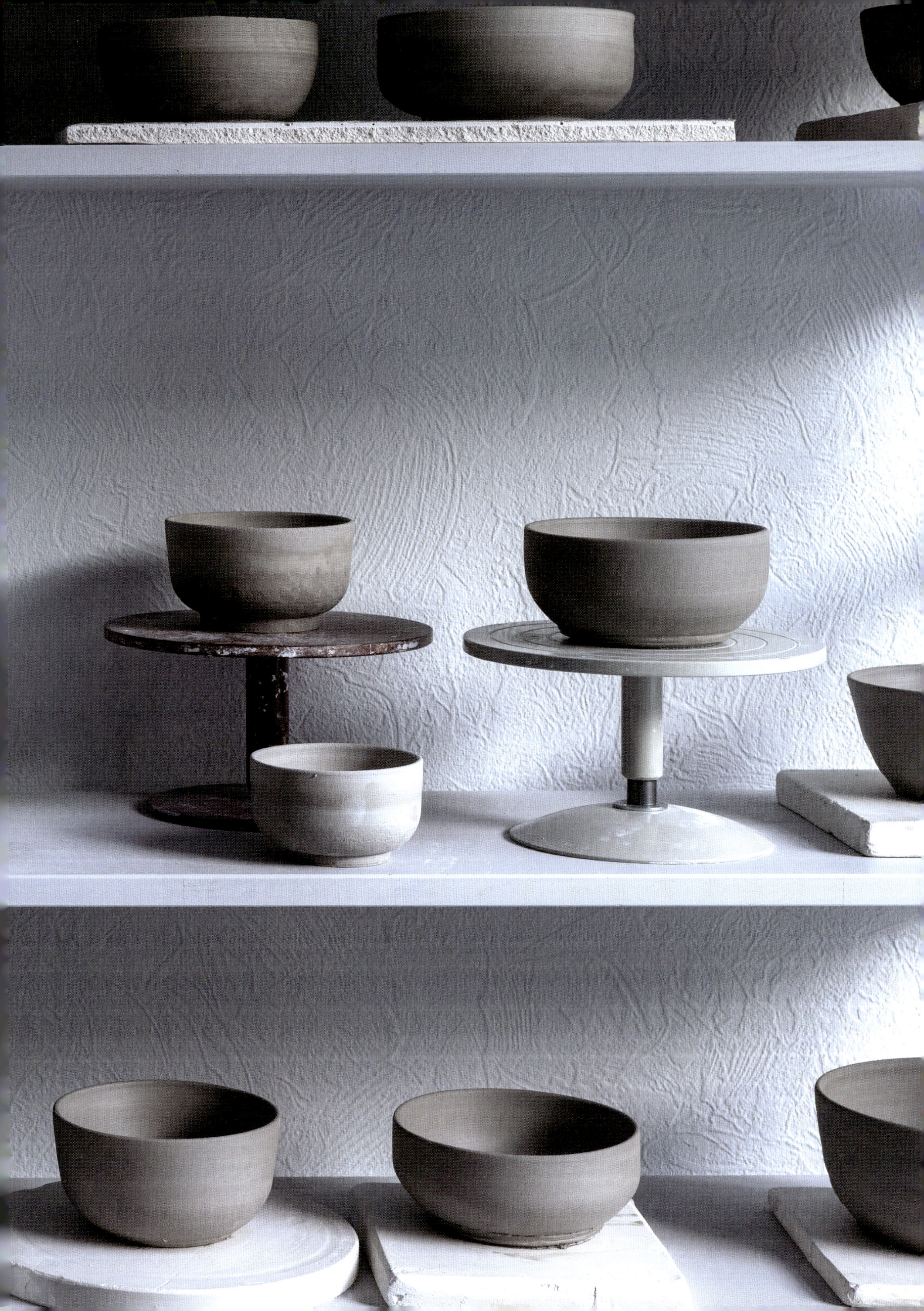

Ton kontrolliert trocknen lassen

Werkzeuge und Utensilien
Plastikbeutel
Gipsplatten
Holzplatten

Sobald du frischen Ton aus der Verpackung nimmst, beginnt er langsam von der Oberfläche her zu trocknen. Das gilt für jede Tonsorte. Je mehr Luft das Material bekommt, desto schneller trocknet es. Deshalb ist es wichtig, Tonreste und Ton, der gerade nicht in Gebrauch ist, immer wieder gut zu verpacken.

Auch während du den Ton bearbeitest, solltest du darauf achten, dass er nicht zu rasch trocknet. Denn dann kann er reißen.

Es ist wichtig, dass dein Werkstück an allen Stellen gleichmäßig trocknet. Da dünne Stellen wie Ränder und Henkel schneller trocknen, solltest du sie während des Trocknungsprozesses gut in Plastikfolie einwickeln. So verlangsamst du das Trocknen an diesen Stellen. Je fester du die Folie um das Werkstück wickelst, desto weniger Feuchtigkeit kann verdunsten. Soll dein Objekt längere Zeit feucht bleiben, kannst du es auch mit einem feuchten Tuch abdecken.

Am Boden trocknet Ton am langsamsten, da dieser meist dicker ist als der Rest. Wenn das Werkstück am Boden noch sehr weich und das Objekt im Ganzen noch zu feucht zum Abdrehen ist, der Rand aber schon trocken geworden ist, solltest du den Rand mit einem Schwamm befeuchten. Dann deckst du den Rand mit einem kleinen Stück Plastikfolie ab und wartest, bis der Boden trockener geworden ist, sodass das Objekt überall gleichmäßig fest wird.

Um dem Boden mehr Luft zu geben, kannst du dein Werkstück auch auf den Kopf stellen. Auch dann solltest du den Rand mit etwas Folie abdecken, damit er nicht zu schnell austrocknet. Zum Abdrehen sollte dein Objekt gleichmäßig lederhart getrocknet sein (Seite 163). Achte vor dem Abdrehen immer darauf, dass der Ton nicht zu trocken und damit zu hart ist.

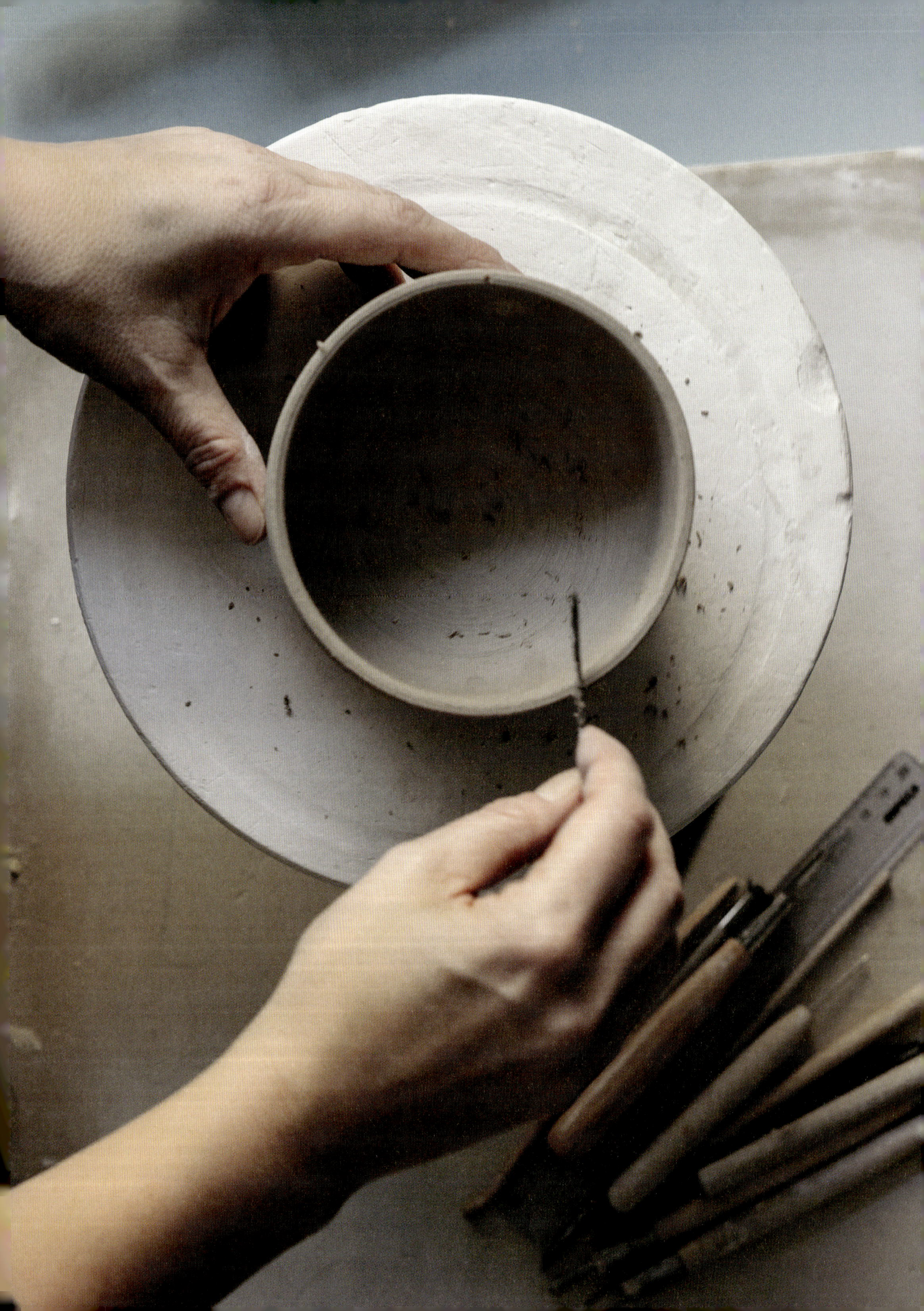

LEDERHART

Während des Trocknens härtet Ton langsam aus. Man bezeichnet Ton als lederhart, wenn er fest und nicht mehr formbar ist, gleichzeitig aber noch weich genug, um ihn weiter zu bearbeiten. In diesem Zustand fühlt sich das Material an wie festes Leder. Jetzt lassen sich zum Beispiel Henkel gut montieren.

PLASTIKFOLIE

Um Ton vor einem zu raschen Austrocknen zu schützen, packt man ihn am besten in irgendeine Art von Plastikfolie. Gut geeignet sind normale Müllbeutel (keine Müllsäcke oder Plastiktragetaschen), da das Material weich ist und den frisch gedrehten, weichen Ton nicht beschädigt.

Auch die dünnen Plastikbeutel, die man aus der Obst- und Gemüseabteilung des Supermarkts kennt, lassen sich zum Abdecken verwenden. Allerdings sind sie sehr dünn und je nach Zweck zu luftdurchlässig. Möchtest du einen Gegenstand über einen längeren Zeitraum feucht halten, ist es besser, ihn in einen Müllbeutel einzupacken.

1 Nach dem Drehen sind Objekte aus Ton sehr weich und formbar. Deshalb solltest du vor dem Verpacken 20–30 Minuten warten, bis der Ton leicht angetrocknet ist. Den Ton so in Plastikfolie einwickeln, dass die Folie ihn fest umschließt. Gegebenenfalls die Enden großer Plastiktüten unter die Gipsplatte schieben, auf dem das Objekt zum Trocknen steht. Je weniger Luft eindringen kann, desto länger bleibt der Ton feucht.

2 Sobald der Ton lederhart geworden ist, kannst du den Boden abdrehen und den oberen Rand sowie die Gefäßwände glätten. In diesem Stadium kannst du auch einen Henkel am Werkstück anbringen, Muster in den Ton einritzen oder das Objekt mit Engoben bemalen (Seite 161).

3 Wenn dein Gefäß fertig bearbeitet ist, muss es weiter trocknen. Dazu stellst du es auf eine Unterlage, die die Feuchtigkeit aus dem Ton aufnehmen kann, zum Beispiel ein Holzbrett oder eine Gipsplatte. Der Ton sollte weiterhin mit Plastikfolie abgedeckt werden, jedoch etwas lockerer. An Henkeln oder einem anderen dünnen Detail sollte die Folie jedoch etwas dichter anliegen, damit sie nicht rascher trocknen als der Rest und einreißt.

4 Vor dem Brennen muss der Ton vollständig durchgetrocknet sein, andernfalls kann er im Ofen brechen oder sogar explodieren. Es ist nicht leicht festzustellen, wann der Ton vollständig getrocknet ist, aber solange er sich kalt anfühlt, ist er wahrscheinlich noch zu feucht, um gebrannt zu werden. Außerdem verändert Ton beim Trocknen seine Farbe. Wenn er überall die gleiche Farbe hat, müsste er gleichmäßig trocken sein. Hebe lederharte und getrocknete Objekte niemals am Henkel oder an anderen dünnen Stellen an, da diese ungebrannt noch sehr zerbrechlich sind.

Das Werkstück zum ersten Mal brennen: Seite 169

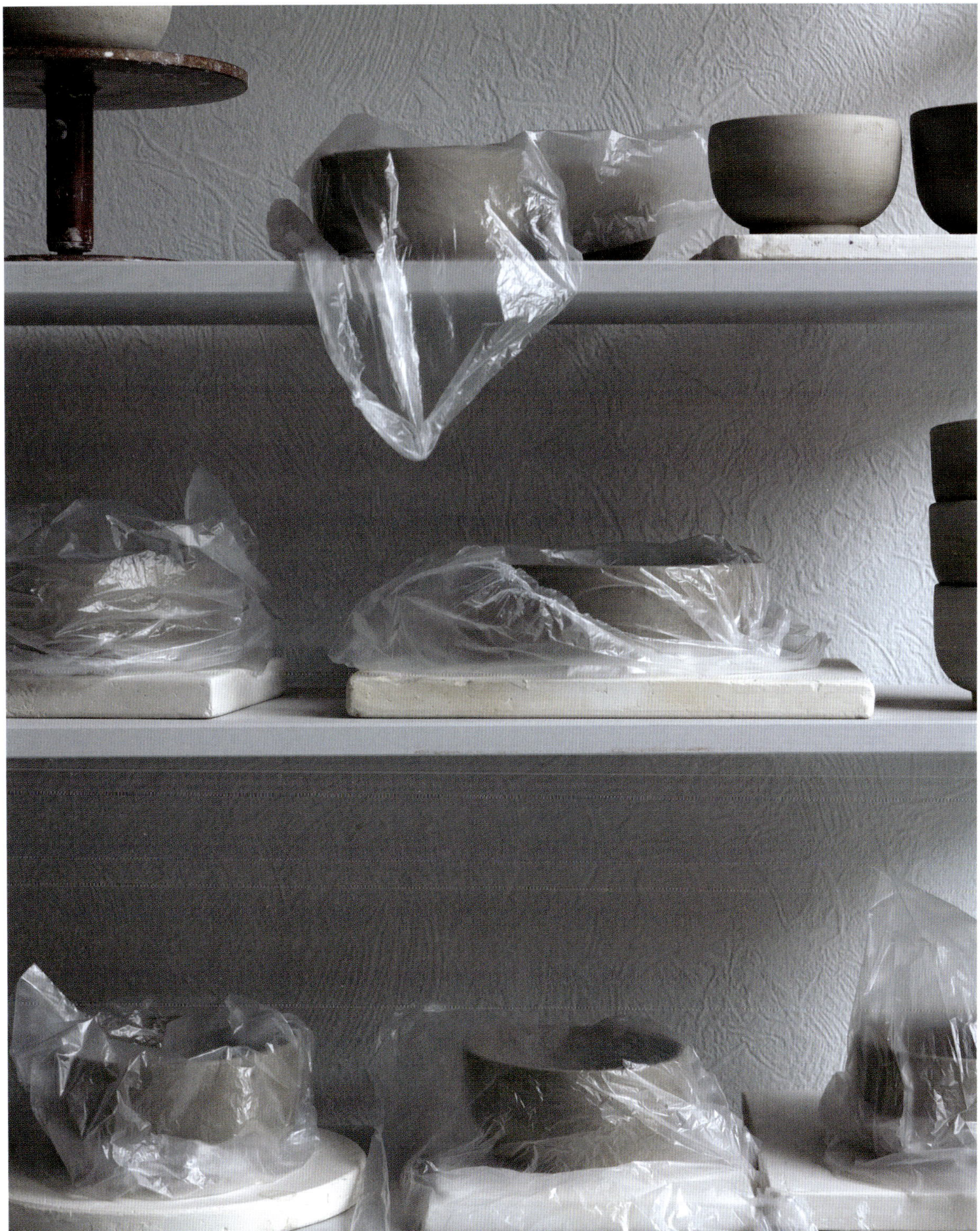

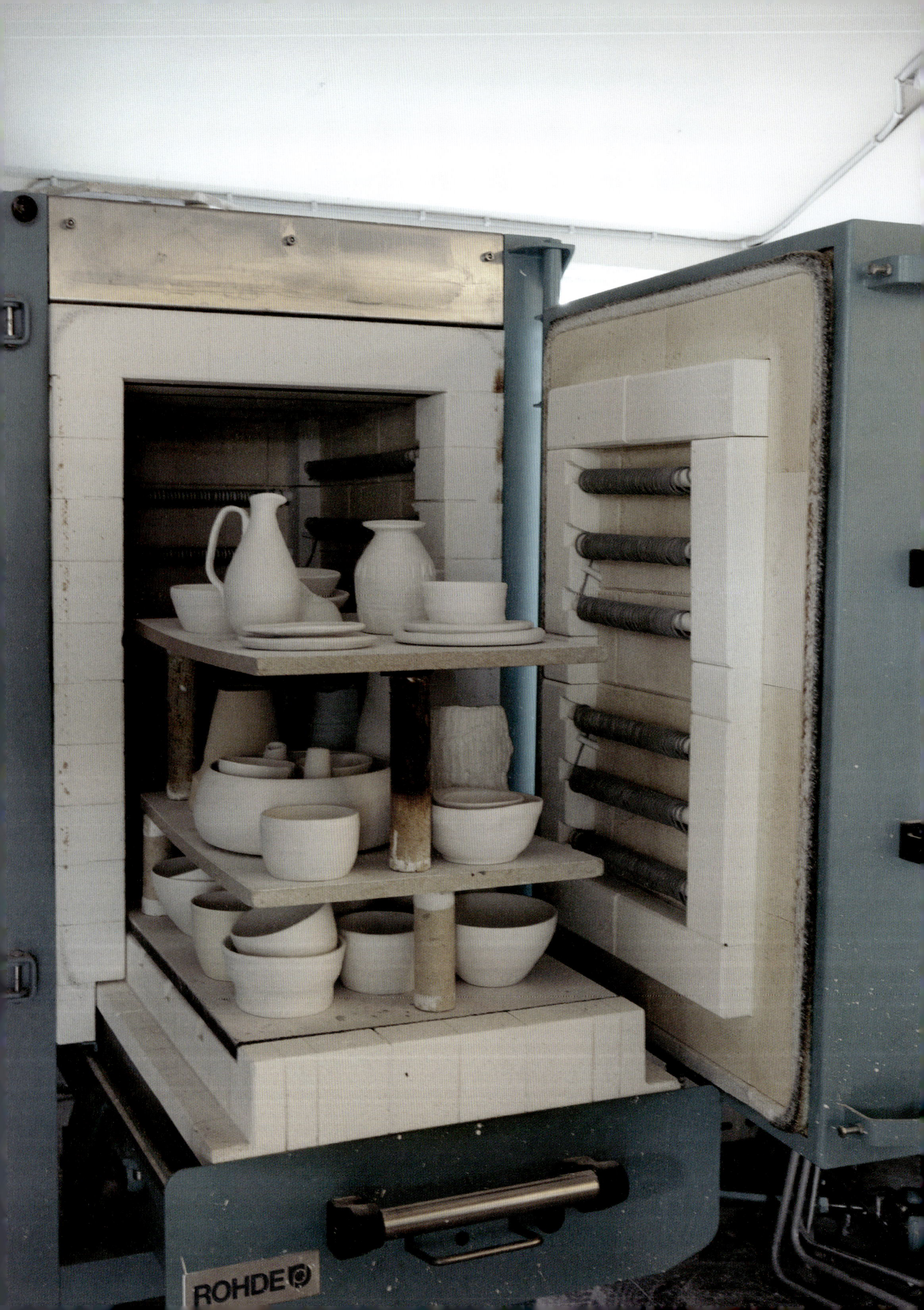
ROHDE

Der erste Brand: Schrühbrand

Werkzeuge und Utensilien
Keramikbrennofen
Brennstützen

Den ersten Brand nennt man Schrühbrand. Dazu werden die Tonobjekte in einem elektrischen Keramikbrennofen auf ca. 950 °C erhitzt. Bei diesem Brennvorgang verwandelt sich der Ton in Keramik und wird hart. Nach dem ersten Brand ist die Keramik weder wasserdicht noch fest genug für den Gebrauch, aber sie ist bereit, glasiert zu werden. Vor dem Schrühbrand muss der Ton vollständig durchgetrocknet sein (Seite 163).

1 Beim Schrühbrand können alle Objekte dicht nebeneinander in den Ofen gestellt und auch ineinander gestapelt werden, um den Platz optimal auszunutzen und möglichst umweltschonend zu brennen. Mithilfe von Brennstützen kann man im Ofen mehrere Etagen bauen. Für einen stabilen Halt ist es wichtig, dass sich die Brennstützen auf allen Ebenen an der gleichen Stelle befinden.

2 Für den ersten Brand ein langsames Schrühprogramm einstellen, das normalerweise im Ofen vorprogrammiert ist. Der Ton muss Schritt für Schritt erhitzt werden, damit er nicht reißt. Weil auch beim Abkühlen Spannungen in der Keramik entstehen können, solltest du die Ofentür erst öffnen, wenn die Temperatur im Inneren niedriger als 100 °C ist.

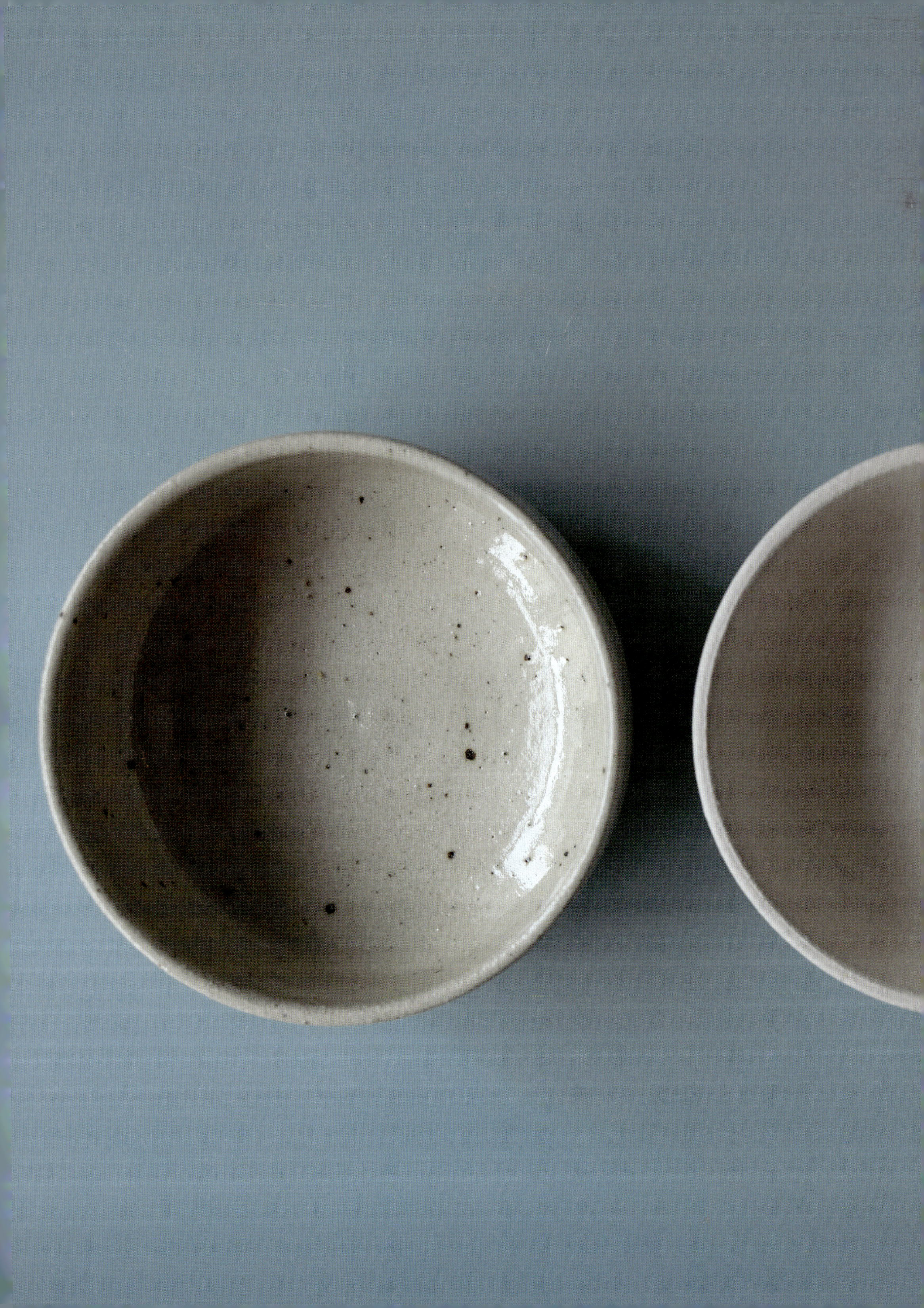

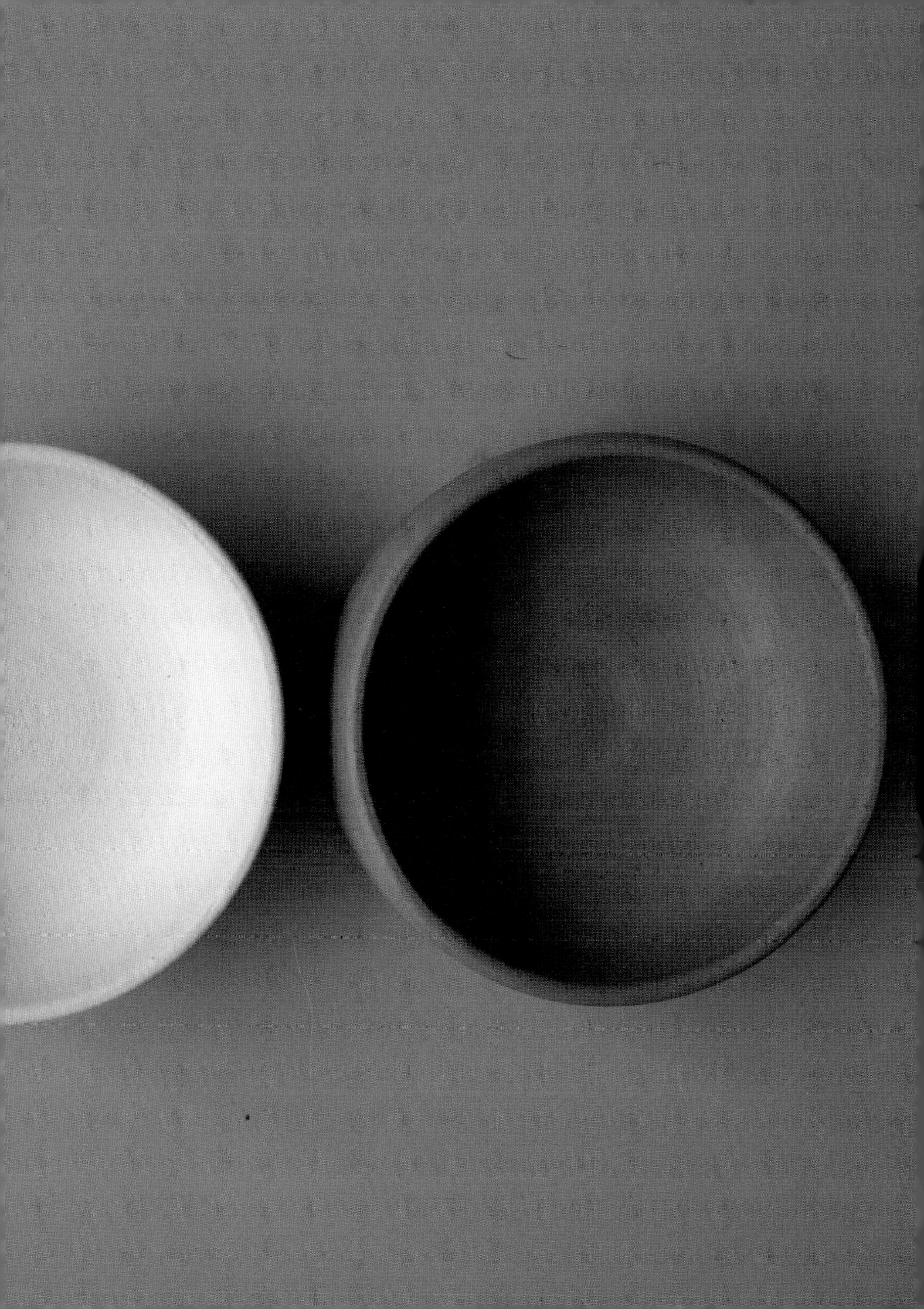

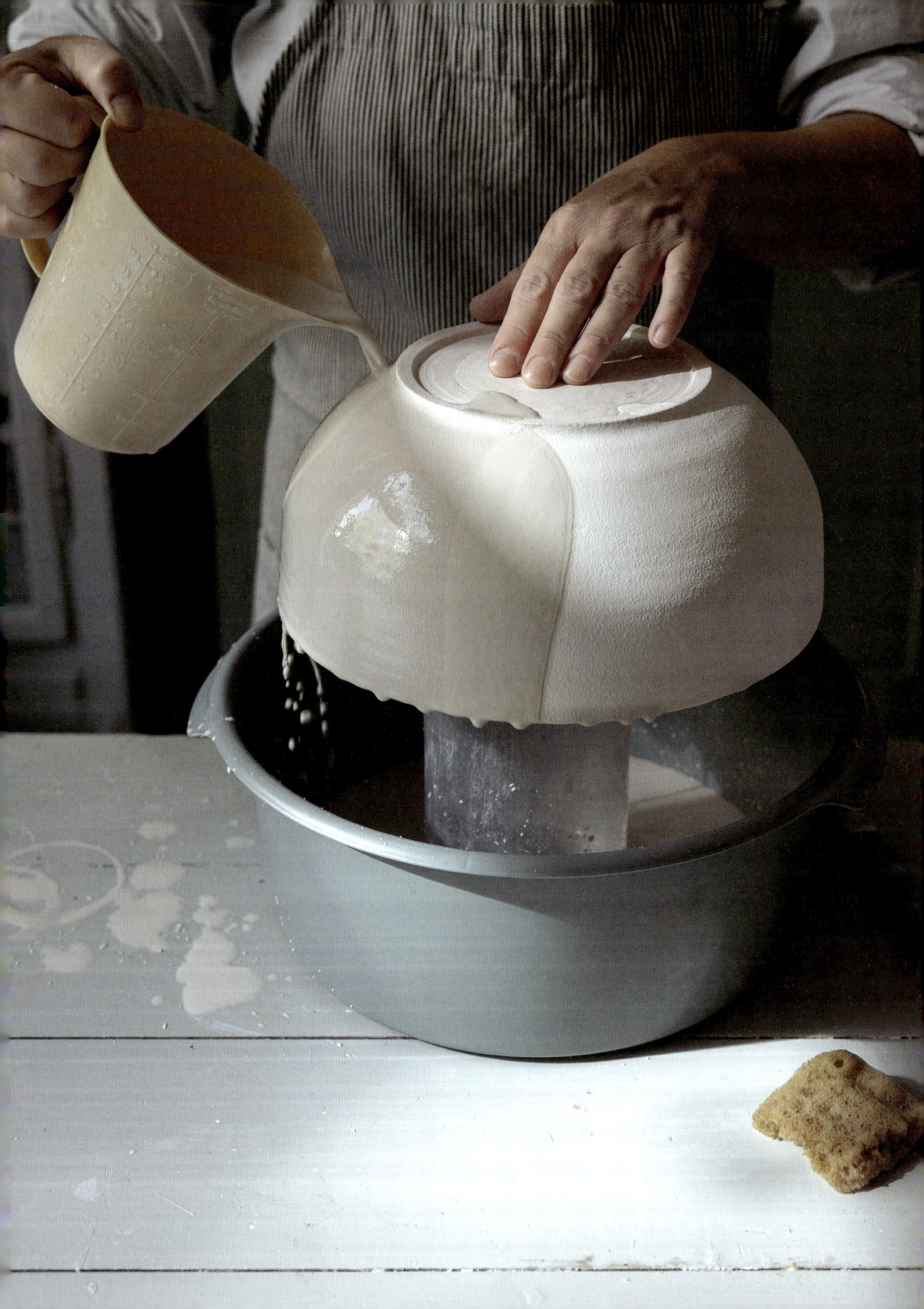

Eine Glasur wählen und auftragen

Werkzeuge und Utensilien
Schwamm
Glasur
großer Rührlöffel
kleine Wanne
Messbecher
große Schüssel mit Wasser
Staubmaske

Das Thema Glasur ist etwas unübersichtlich, da sie auf viele verschiedene Arten hergestellt werden kann und bei unterschiedlichen Temperaturen gebrannt werden muss. Für Anfänger ist es am einfachsten, fertige Glasuren im Fachhandel zu kaufen. Achte darauf, dass Glasur und Ton zusammenpassen. Die meisten Steinzeug- und Porzellanglasuren haben einen Brennbereich bis zu 1280 °C, und die meisten Öfen brennen auch nicht höher. Im Fachhandel kannst du dich beraten lassen.

Eine Glasur ist eine flüssige Beschichtung, die nach dem ersten Brand auf die Keramik aufgebracht wird. Sie schmilzt im Ofen, versiegelt die Keramik und verleiht dem Objekt eine wasserdichte, glatte, glasartige Oberfläche.

Glasur besteht aus verschiedenen Mineralien, hauptsächlich aus Kreide, Quarz und Feldspat. Sie ist in Pulverform und als flüssige Glasur erhältlich. Da das Einatmen von Glasurpulver gesundheitsschädlich ist, solltest du beim Glasieren eine Staubmaske mit P3-Filter tragen. Reinige auch deine Werkstatt regelmäßig gründlich, um schädliche Glasurpartikel zu entfernen. Alle Oberflächen sollten feucht gereinigt werden. Ein Besen würde den gefährlichen Staub nur aufwirbeln.

Es gibt matte, glänzende, farblose und farbige Glasuren. Glänzende Glasuren sind unkompliziert in der Anwendung. Sie bilden keine Nasen und schmelzen in der Regel gleichmäßig. Wenn die Glasur an manchen Stellen etwas dicker aufgetragen wurde, fällt das später nicht weiter auf. Matte Glasuren hinterlassen an solchen Stellen dagegen oft einen milchigen Schleier.

Wir empfehlen Einsteigern eine farblos transparent glänzende Glasur, die auch ausschließlich für die Objekte in diesem Buch verwendet wurde.

Achte bei der Auswahl der Glasur auf ihren Schmelzpunkt und darauf, dass die Glasur für den Ton geeignet ist, auf den sie aufgetragen werden soll. Normalerweise ist auf der Verpackung der Glasur angegeben, wofür sie geeignet ist. Ist dies nicht der Fall, kannst du beim Hersteller nachfragen.

FARBIGE GLASUR

Glasuren sind in vielen verschiedenen Farben und Strukturen erhältlich. Am einfachsten zu handhaben sind fertige Glasuren (in Pulverform oder als Streichglasur), von denen es im Fachhandel oft Glasurproben auf verschiedenen Tonsorten zur Ansicht gibt.

Farblose Glasuren kannst du mit Farbpigmenten oder Oxidfarben in Pulverform auch selbst einfärben. Diese Farbpigmente werden Glasuren in unterschiedlichen Dosen beigemengt. Der Farbton von Pigmentfarbe sieht nach dem Brennen meist genauso aus wie das Pulver. Je nachdem, wie viel du hinzufügst, wird die Farbe heller oder dunkler.

Oxidfarben sind ebenfalls pulverförmig und werden auf die gleiche Weise dosiert. Sie reagieren jedoch beim Brennen unterschiedlich und können besondere Effekte, Trübungen und Muster hervorrufen. Das kann im Positiven wie im Negativen überraschend sein. Wir empfehlen deshalb, die Glasur zunächst an einem kleinen Muster zu testen, bevor du ein Objekt glasierst, in das du schon viel Zeit und Mühe gesteckt hast.

Glasuren kannst du auf unterschiedliche Weise auf die Keramik auftragen: durch Tauchen, Gießen oder mit dem Pinsel. Sie lassen sich auch aufsprühen, doch dafür benötigt man eine Spritzanlage samt Spritzkabine.

TAUCHEN

Taucht man geschrühte Keramik in die Glasur, entsteht ein sehr gleichmäßiges Ergebnis. Allerdings sollte das Werkstück nicht länger als 2–4 Sekunden in die Glasur gehalten werden, da sich auf der trockenen Keramikoberfläche schnell eine zu dicke Glasurschicht absetzt. Wir empfehlen, zuerst die eine Hälfte des Gefäßes in die Glasur zu tauchen, die Glasur trocknen zu lassen, was in der Regel 20–30 Sekunden dauert, und dann die andere Hälfte einzutauchen. Es macht gar nichts, wenn die Glasurschichten an der „Nahtstelle" etwas überlappen.

GIESSEN

Die Glasur kann auch durch Gießen auf die Keramik aufgetragen werden. Willst du eine Tasse glasieren, dann füllst du ihr Inneres zunächst randvoll mit Glasur und gießt sie sofort wieder aus. Drehe die Tasse beim Ausgießen in der Hand, dann verteilt sich die Glasur gleichmäßig. Im nächsten Schritt begießt du die Außenseite.

Wenn deine Tasse einen Fuß hat, kannst du sie auch an diesem Fuß fassen und kopfüber in die Glasur tauchen. Halte die Tasse dabei etwas schräg. Denn wenn du die Tasse ganz senkrecht eintauchst, gelangt die Glasur nicht in die Tasse, weil die Luft in der Tasse die Glasur verdrängt.

Eine Vase, die zu groß zum Tauchen ist, kannst du kopfüber auf ein hohes Gefäß in eine Wanne setzen, um die Glasur an allen Stellen über die Vase zu gießen. Wichtig ist, dass die Glasur ungehindert in die Wanne abfließen kann. Auch Vasen sollten zuerst von innen glasiert werden, da man eine bereits glasierte Oberfläche so wenig wie möglich berühren sollte: Sie ist empfindlich, und die Farbe kann abblättern.

PINSEL

Wenn du nach dem Glasieren Risse oder Löcher in der Glasur feststellst, kannst du dies mit einem Pinsel korrigieren, indem du die Glasur vorsichtig auftupfst. Streichglasuren können auch vollständig mit dem Pinsel aufgetragen werden. Hier solltest du darauf achten, dass die Glasur weder zu dick noch zu dünn aufgetragen wird, damit du eine gleichmäßige Oberfläche erhältst. Ideal ist eine Glasurstärke von 0,5–1 mm, was ca. 2–3 Pinselstrichen entspricht.

Nach dem Schrühbrand ist der Ton hart, porös und meist von einer dünnen Staubschicht überzogen. Diese muss zunächst mit einem feuchten Schwamm abgewischt werden. Im Anschluss kann die Keramik nach Belieben mit Farben dekoriert werden (Seite 161).

Alternativ ist jetzt der Zeitpunkt, die Keramik zu glasieren. Wichtig ist, die Glasur erst einmal gründlich aufzurühren, bis sämtliche Klumpen aufgelöst sind. Sie sollte die Konsistenz von flüssiger Sahne haben. Weil die Schwebeteilchen in der Glasur bereits nach wenigen Minuten wieder zu Boden sinken, ist es wichtig, die Glasur zwischendurch immer wieder umzurühren.

1 Um die Schale innen zu glasieren, füllst du sie bis zum Rand mit Glasur.

2 Die Glasur rasch wieder ausgießen, damit die Glasurschicht nicht zu dick wird. Beim Ausgießen die Schale in der Hand drehen, damit der Rand gleich mitglasiert wird.

Sehr dünne Gefäße sind nach dem Glasieren auf der Innenseite zunächst mit Wasser gesättigt. Bevor du die Außenseite glasierst, solltest du das Objekt daher trocknen lassen.

3 Die Außenseite glasierst du, indem du die Schale am Boden greifst und kopfüber in die Glasur tauchst.

4 Zuletzt die Glasur gründlich vom Boden und vom Fuß der Schale abwischen.

Es ist sehr wichtig, den Boden nach dem Glasieren gut abzuwischen. Am besten reinigst du ihn mehrfach mit einem feuchten Schwamm. Vor allem, wenn es im Boden kleine Rillen gibt. So verhinderst du, dass die geschmolzene Glasur an der Ofenplatte haften bleibt und aushärtet. Das würde nicht nur die Ofenplatte, sondern auch den Boden des Gefäßes beschädigen.

1

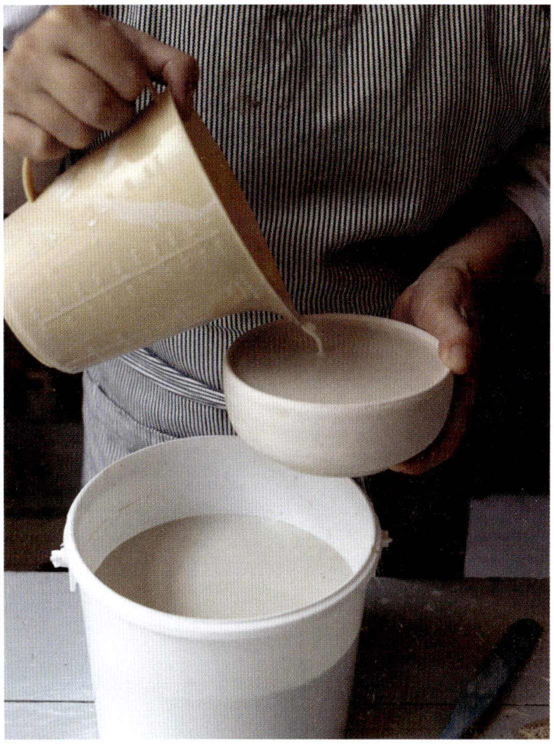

2

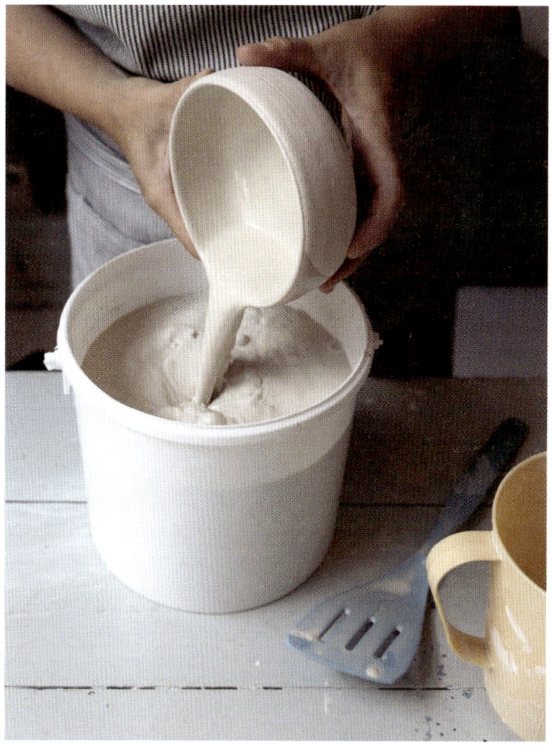

3

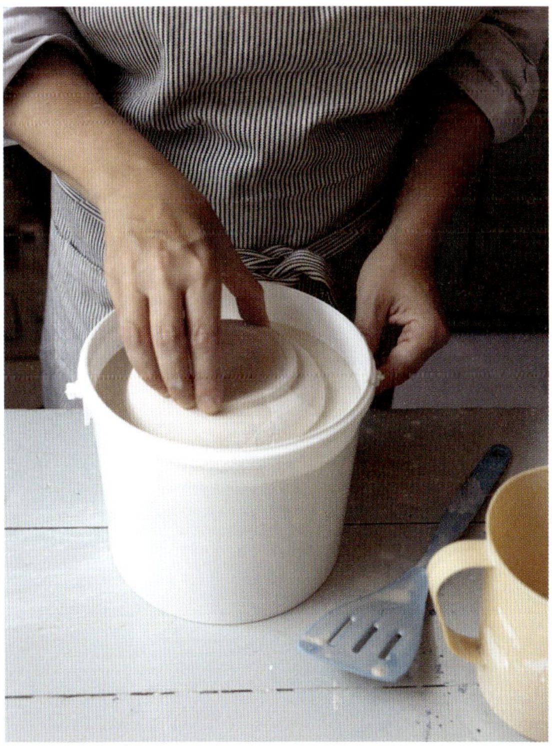

4

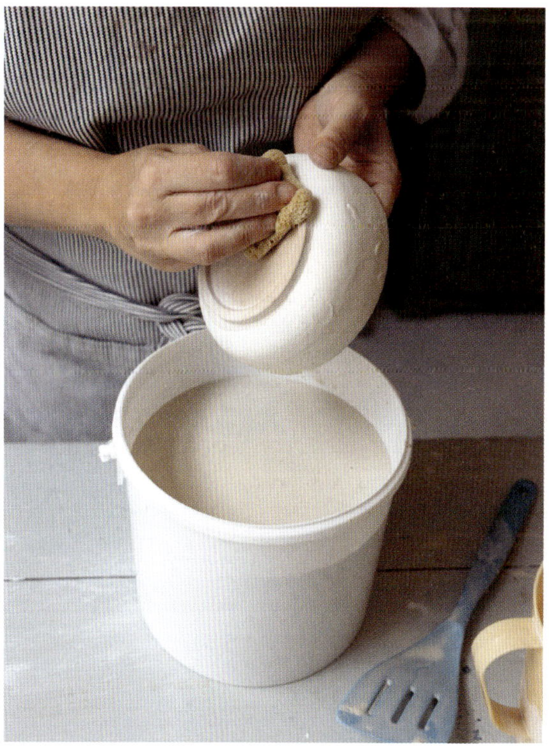

1

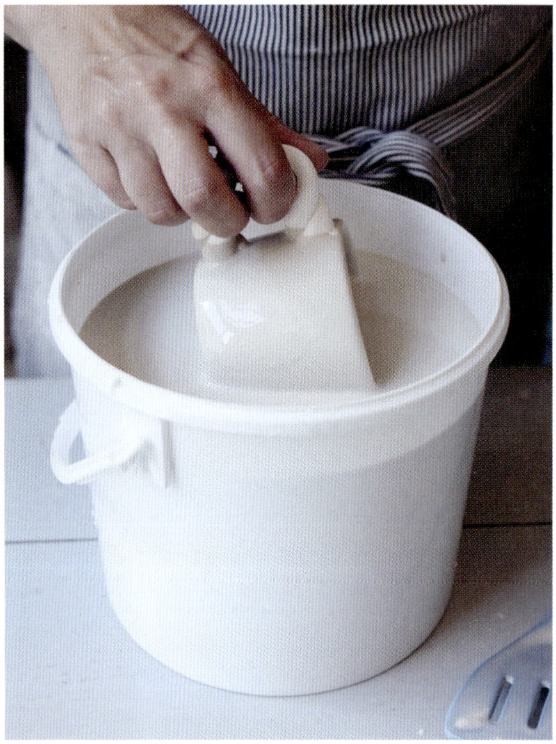

1 Glasierst du eine Tasse, dann ist es am besten, zunächst eine Seite für 2–5 Sekunden in die Glasur zu tauchen und sie kurz trocknen zu lassen.

2 Danach die andere Seite eintauchen und die beiden Glasurschichten leicht überlappen lassen. So stellst du sicher, dass an jeder Stelle glasiert ist.

3 Mit der Drehschiene die Glasur abschaben: Dazu die Tasse über eine mit Wasser gefüllte Schüssel halten, um Glasurstaub so gut wie möglich zu vermeiden.

4 Die Glasur auch von der Kante am Boden abschaben. Besonders, wenn die Glasur sehr dick aufgetragen ist, kann es sein, dass sie beim Brennen zu laufen beginnt und von der Keramik herabtropft. Manche Glasuren neigen eher dazu als andere. Achte auf den Schmelzpunkt der Glasur.

5 Den Boden und die Kante mehrmals mit einem feuchten Schwamm abwischen.

Das Werkstück signieren: Seite 159
Die Keramik zum zweiten Mal brennen: Seite 183

2

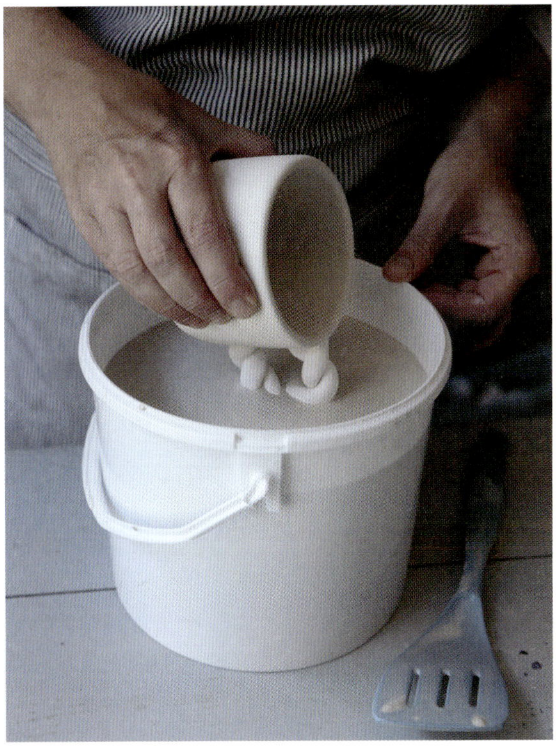

3

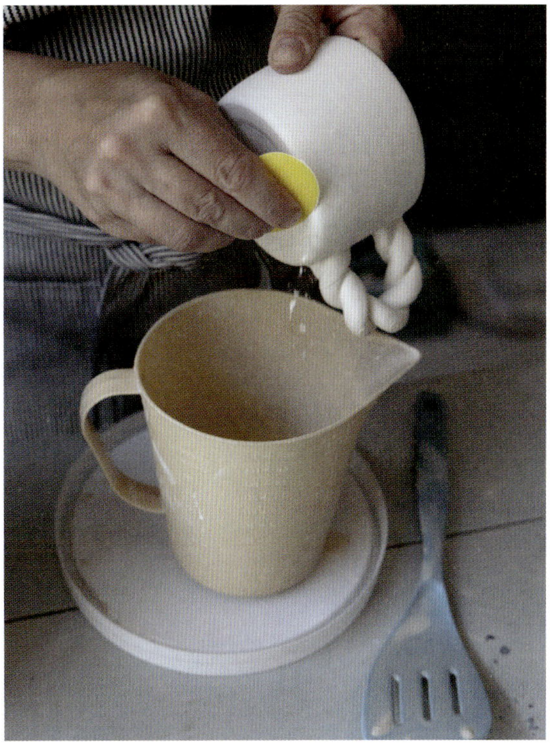

4

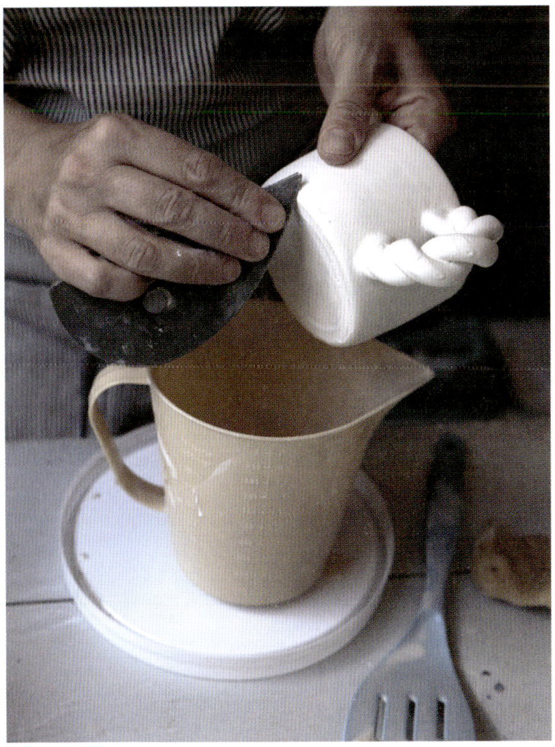

5

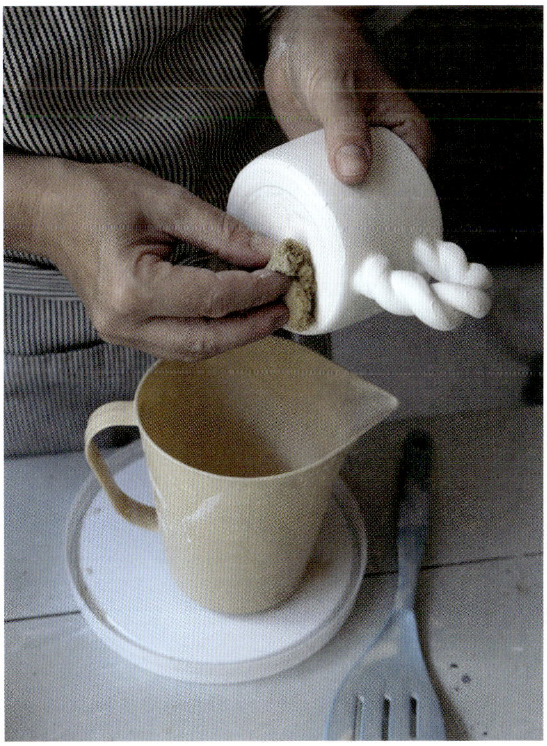

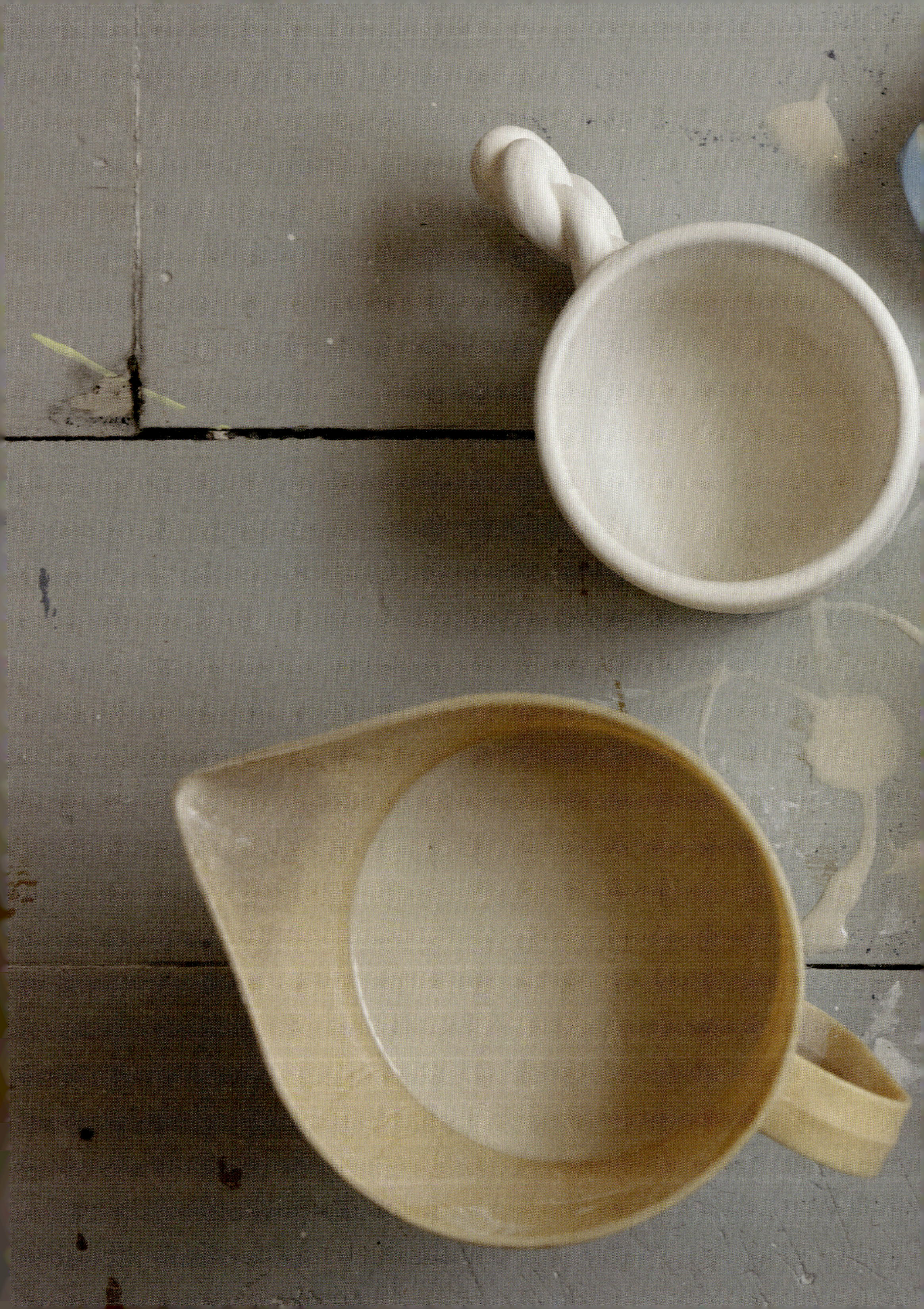

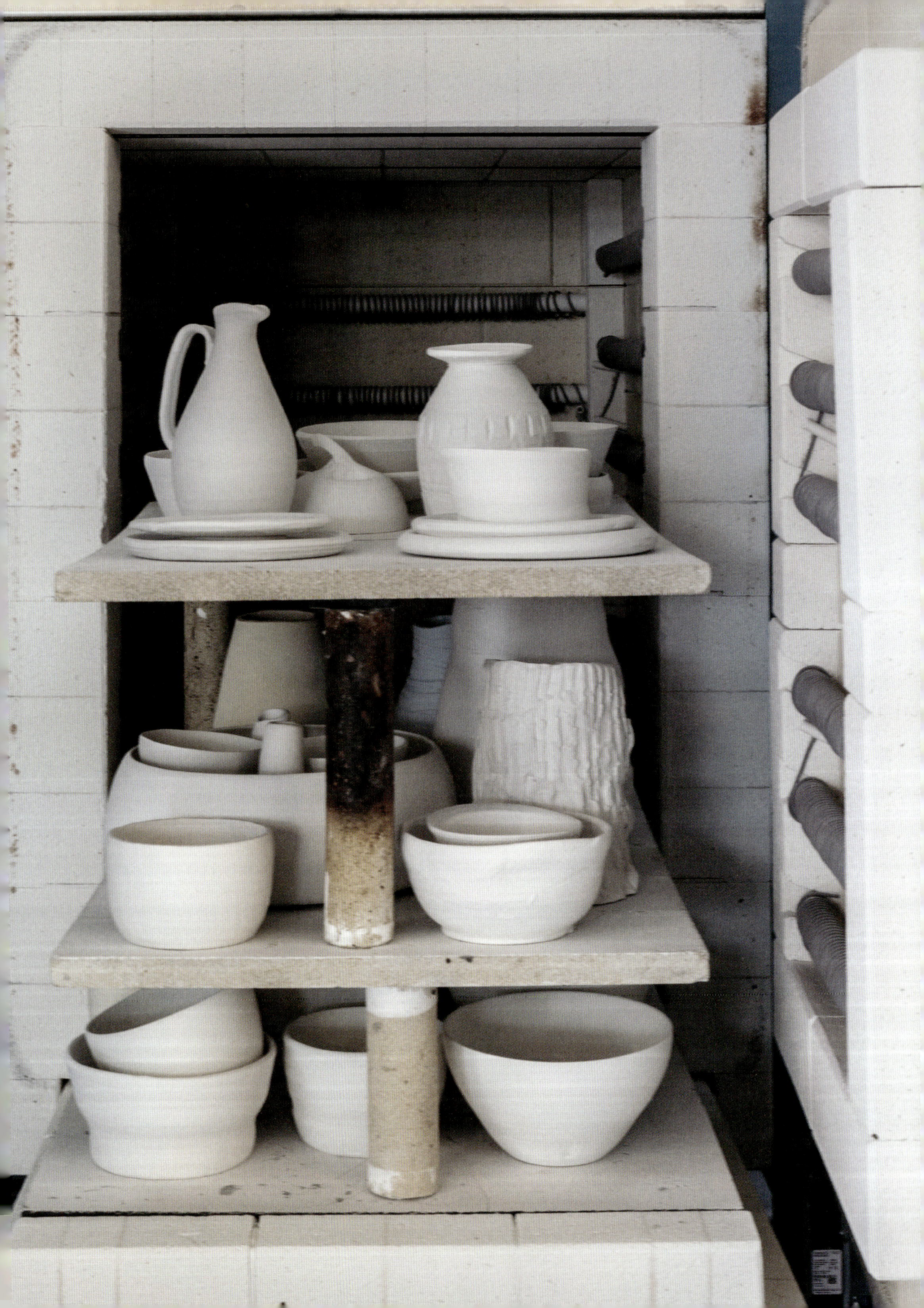

Der zweite Brand: Glasurbrand

Werkzeuge und Utensilien
Keramikbrennofen
Plattenschutz
Brennstützen
große Metallziehklinge
Nass-Schleifpapier

Der zweite Brand wird auch Glasur- oder Glattbrand genannt. Steinzeug und Porzellan werden von 1200–1300 °C gebrannt, Irdenware bei höchstens 1100 °C.

Wenn die Temperatur im Brennofen den Schmelzpunkt der Glasur erreicht, verflüssigt sich die Glasur und verbrennt. Es ist daher wichtig, den Schmelzpunkt der verwendeten Glasur zu kennen, um bei der richtigen Temperatur zu brennen. Mehr über Glasuren und das Glasieren findest du auf Seite 173.

Achte beim Einräumen des Ofens darauf, dass die einzelnen Werkstücke einander nicht berühren. Andernfalls schmelzen sie an diesen Stellen zusammen.

Glasurreste oder andere Verunreinigungen auf den Ofenplatten können die Werkstücke am Boden beschädigen. Deshalb solltest du diese Reste vor dem Brennen mit einer dicken Metallziehklinge entfernen. Du kannst die Ofenplatten nach Belieben mit Plattenschutz behandeln. Wenn du unsicher bist, ob die Glasur im Ofen laufen wird, kannst du das Werkstück auf einer geschrühten Tonplatte brennen, damit die Glasur nicht auf die Ofenplatte läuft.

Ist ein Brennofen schon längere Zeit in Betrieb, kommt es zum Verschleiß der Heizspiralen, sodass der Ofen nicht mehr die gewünschte Temperatur erreicht. Um die Temperatur im Ofen zu prüfen, kannst du pyrometrische Kegel einsetzen. Die Kegel haben unterschiedliche Schmelzpunkte und fallen bei einer bestimmten Temperatur um (Fallpunkt). Ein Kegel für 1225 °C neigt sich bei 1260 °C ganz nach unten, während ein Kegel für 1257 °C bei 1260 °C nur leicht kippt.

1 Die Werkstücke im Ofen auf verschiedene Etagen verteilen. Um den Platz optimal auszunutzen, sollten auf jeder Etage etwa gleich hohe Stücke stehen. Die einzelnen Etagen mithilfe von Brennstützen aufbauen. Platziere sie für eine bestmögliche Stabilität auf allen Etagen an der gleichen Stelle untereinander.

2 Für den zweiten Brand je nach Material das passende Glasurprogramm einstellen. In der Regel ist es im Brennofen bereits vorprogrammiert. Nach dem Brand solltest du den Ofen erst öffnen, wenn er auf eine Temperatur von 100 °C abgekühlt ist. Das sollte langsam erfolgen: Kühlt der der Ofen zu schnell ab oder wird die Ofentür zu früh geöffnet, kann die Glasur aufgrund von Spannungen in der Keramik reißen.

3 Nach dem Glasurbrand weisen die Keramiken am Boden manchmal Unebenheiten oder kleine Tonkörner auf. Diese kannst du mit einer großen, dicken Metallziehklinge entfernen. Der Gefäßboden und die Kante am Boden können auch mit Nass-Schleifpapier glatt geschmirgelt werden.

Je nachdem, ob der Ton feucht, trocken, geschrüht oder im Glasurbrand gebrannt ist, weist er eine andere Farbe auf. Zudem schrumpft er je nach Tonsorte um 10–15 %.

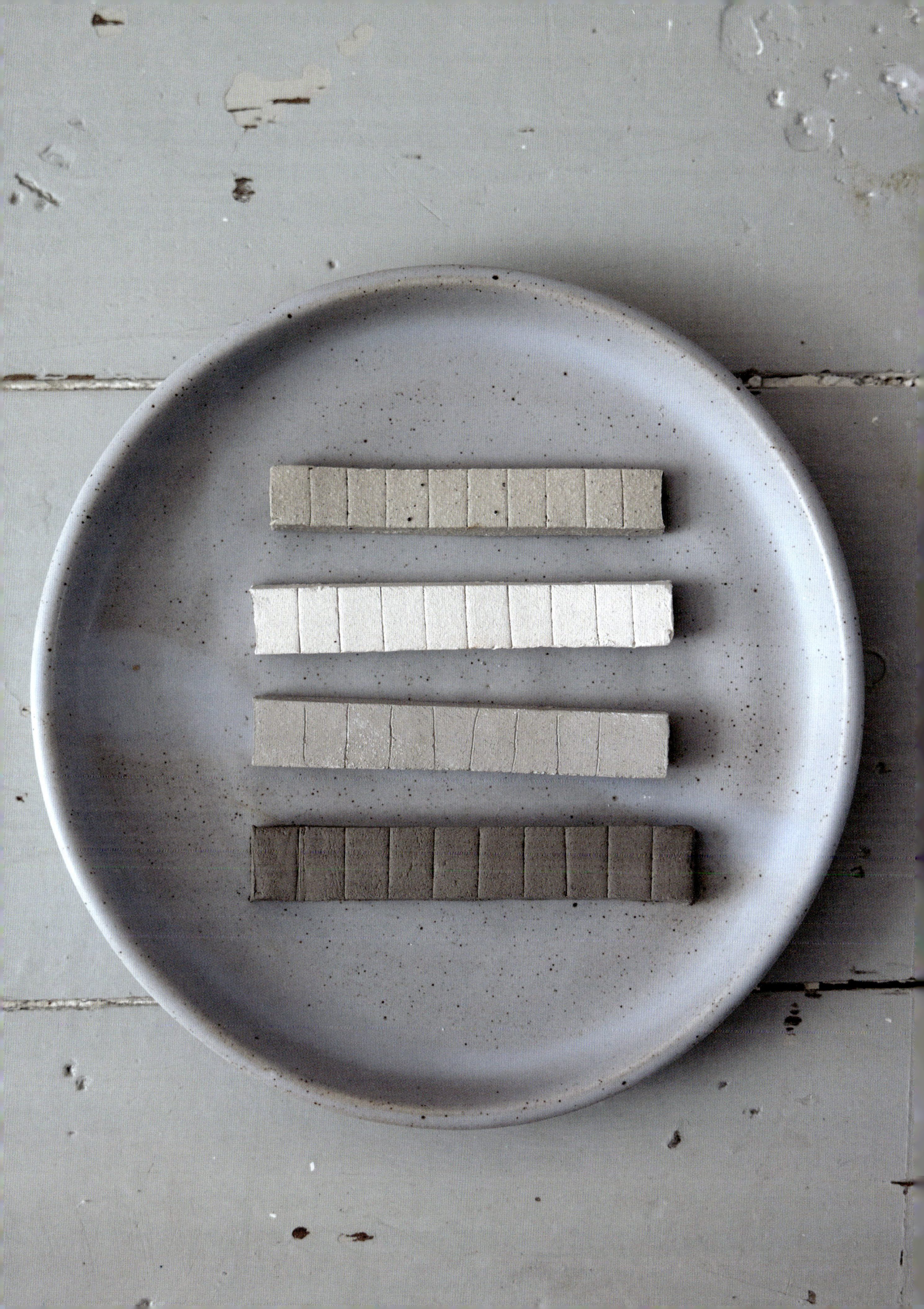

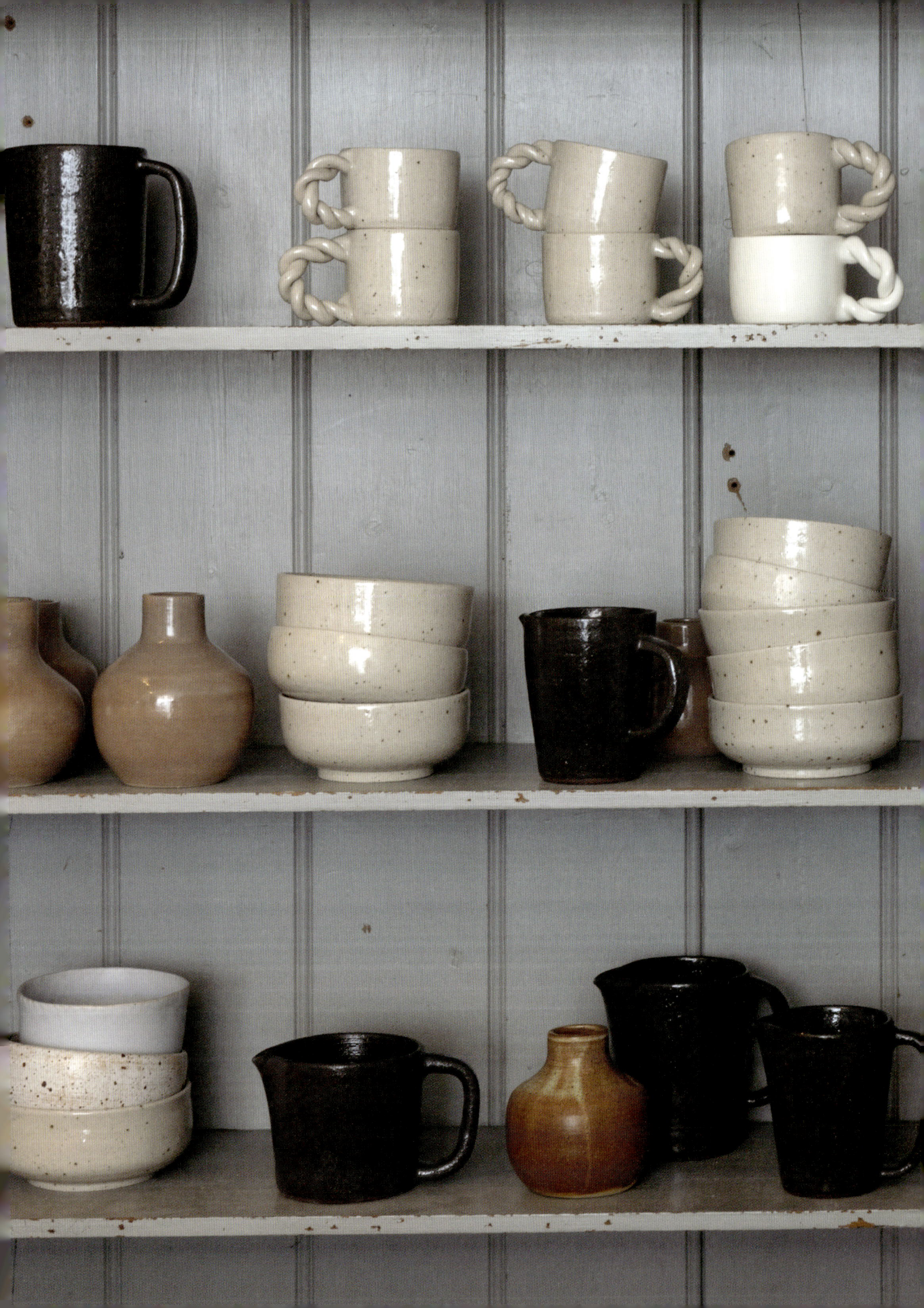

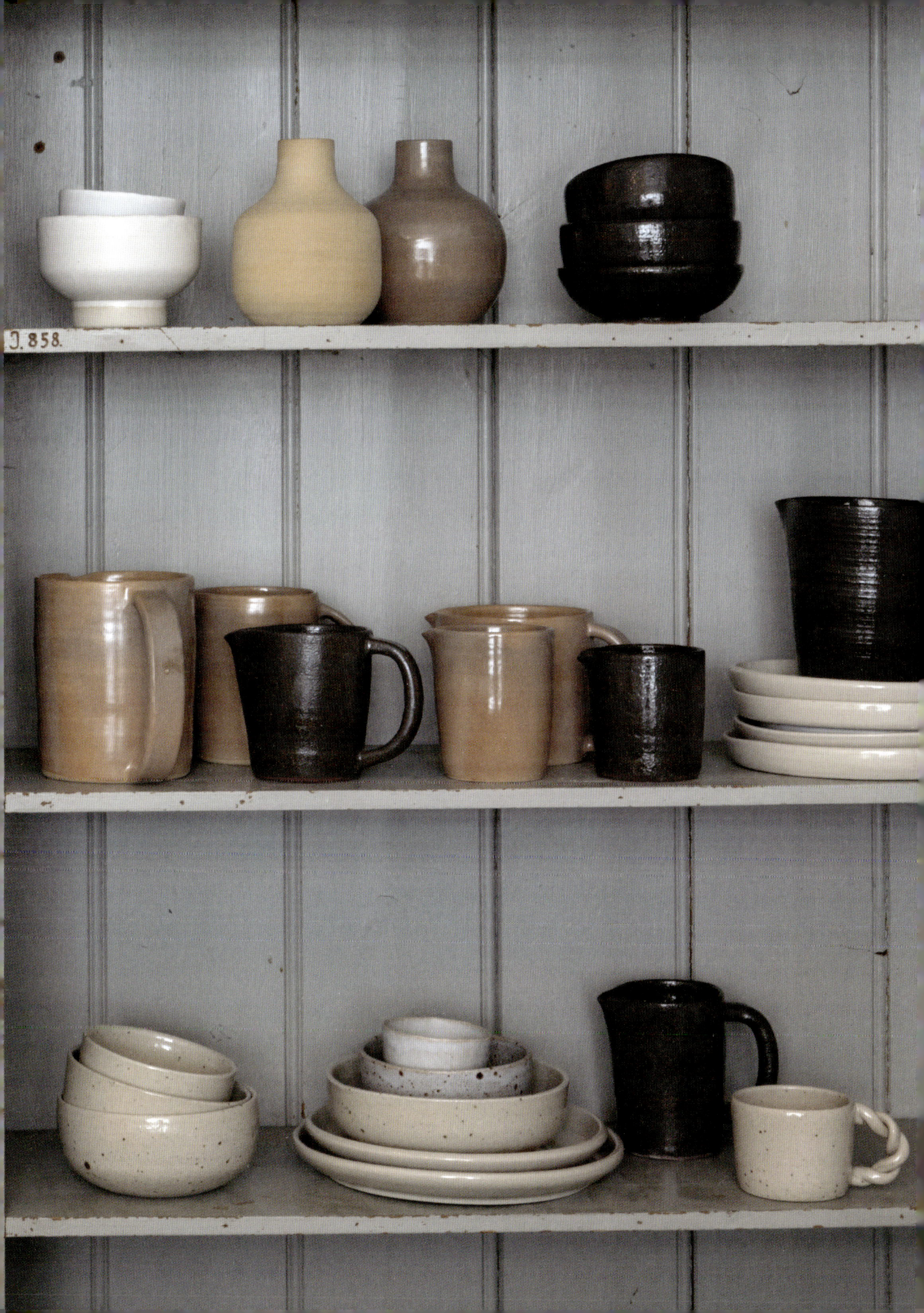
J.858.

ÜBER DIE AUTORINNEN

Susan Liebe hat ein Studium an der Dänischen Designschule in Kopenhagen absolviert und ist seitdem im Bereich Keramikdesign tätig. Sie fertigt Tassen für die ganze Familie, Schalen für den Alltag sowie Hand- und Fußabdrücke von Babys und Kleinkindern in Ton. Susan betreibt den Liebe Shop und vertreibt ihre Produkte international. **Mehr unter Liebeshop.dk.**

Sus Borgbjerg ist Absolventin der Dänischen Designschule und Partnerin bei JE;SU Graphic Design. Sie arbeitet als Grafikdesignerin/Art Director und hat bereits mehrere Bücher gestaltet. Sus ist Mitautorin und Layouterin des in Dänemark erschienenen Strickbuches „Vrang". **Mehr über ihre Arbeit unter Jesu.dk.**

Die Autorinnen danken: Julie, Jette, Maria, Cecilia, Jesper und Nina; den Models Sara, Esther, Mads, Ella und Metha; ihren lieben Familien und Freunden; der Firma Cerama für die Materialien.

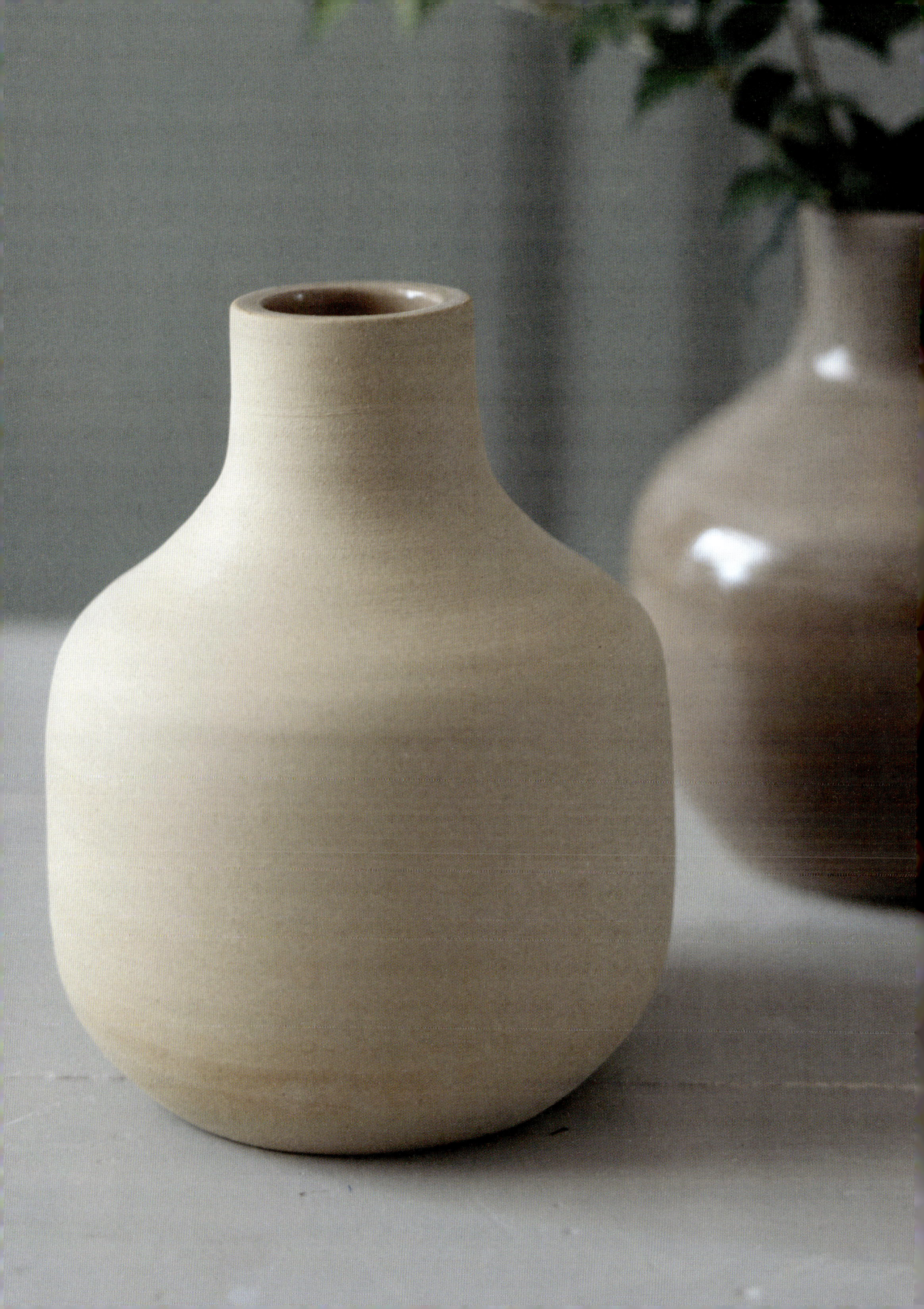

BUCHEMPFEHLUNGEN FÜR DICH

Noch mehr kreative Bücher zum gleichen Thema gesucht?

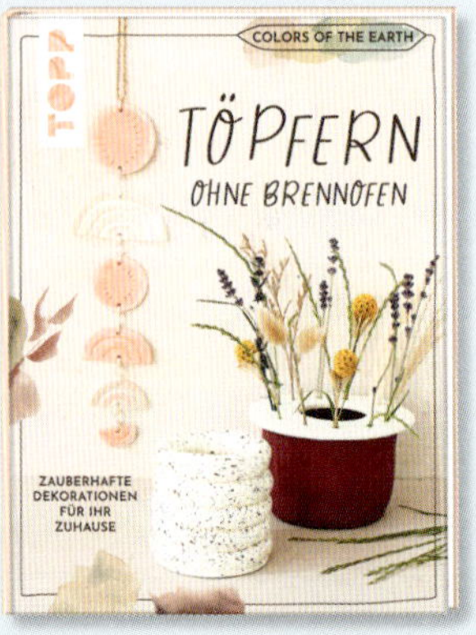

ISBN 978-3-7358-5044-7

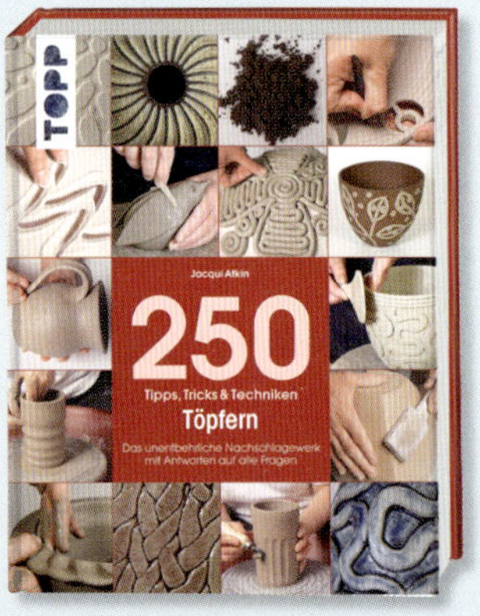

ISBN 978-3-7724-7625-9

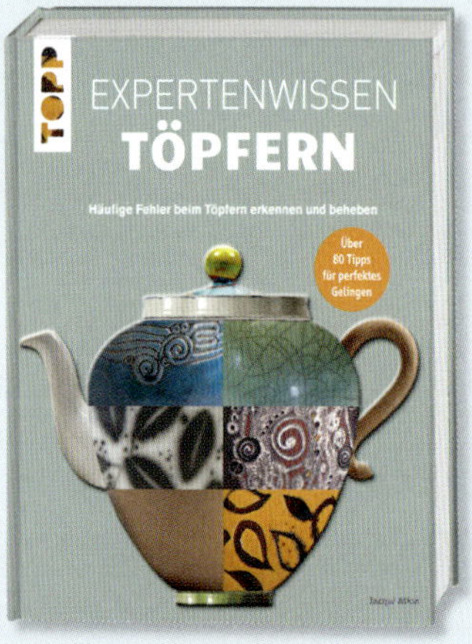

ISBN 978-3-7724-7577-1

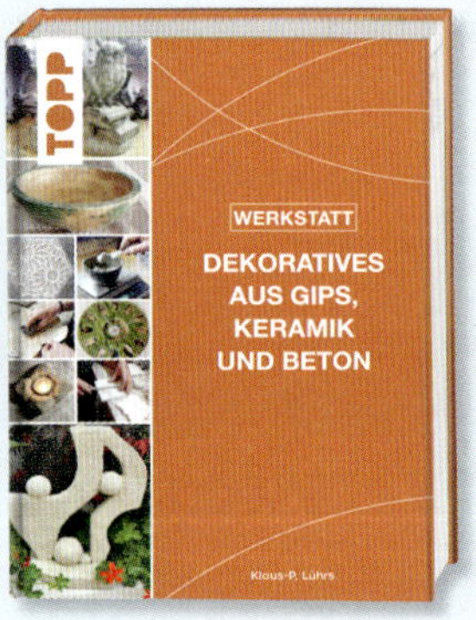

ISBN 978-3-7724-4608-5

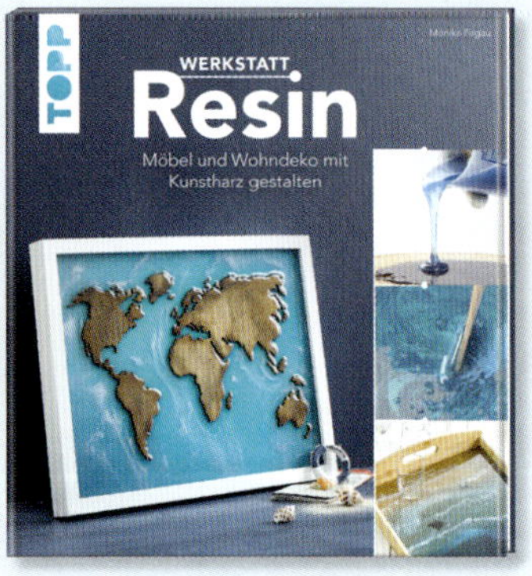

ISBN 978-3-7724-7180-3

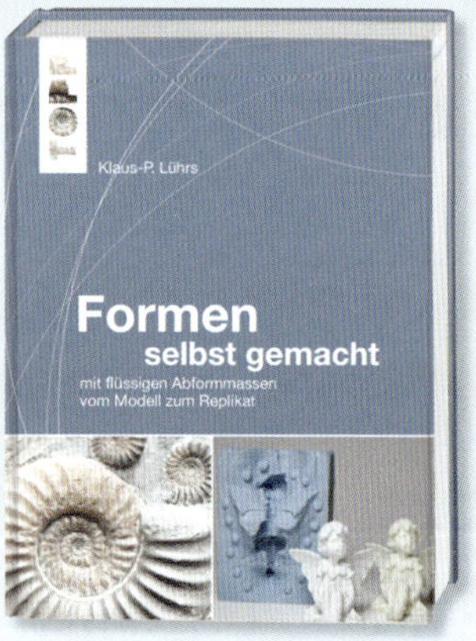

ISBN 978-3-7724-7603-7

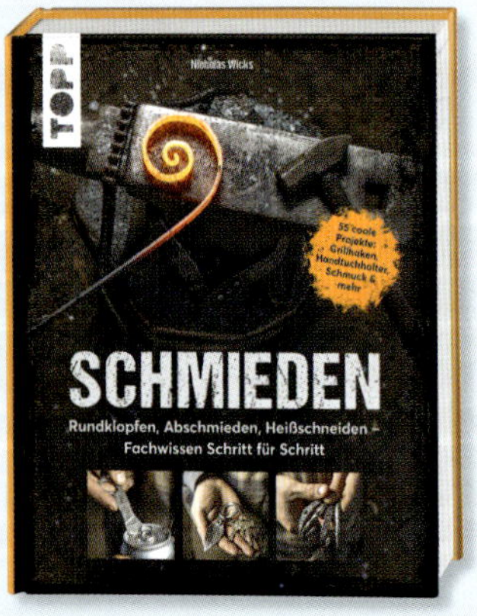

ISBN 978-3-7358-5080-5

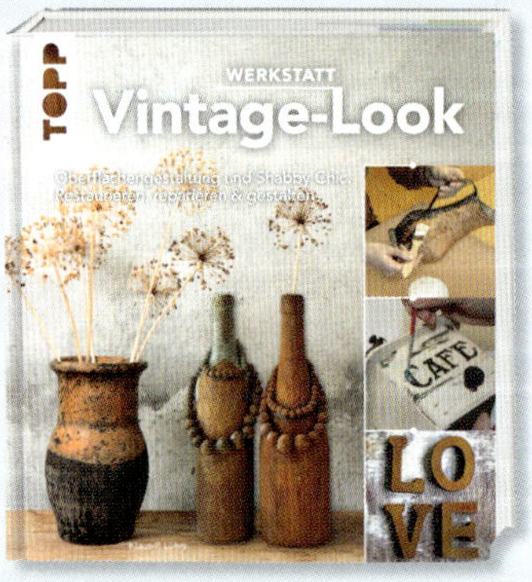

ISBN 978-3-7724-7167-4

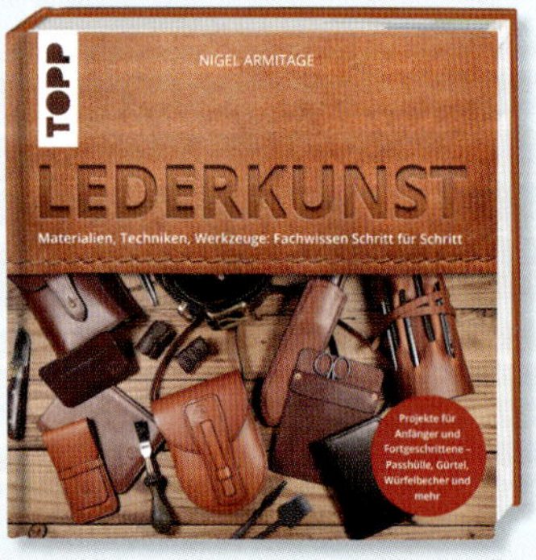

ISBN 978-3-7358-5113-0

Noch mehr Kreativ-Bücher findest du auf www.TOPP-kreativ.de

#TOPPPROJEKT

Die eigene Kreativität zeigen: TOPPprojekt mit anderen Kreativen teilen und Teil der Gemeinschaft werden.

DIY-begeistert und auf Instagram? Dann unbedingt mitmachen! Hier gibt's Tipps und Feedback zu den eigenen Projekten. Außerdem verlosen wir jeden Monat ein Überraschungspaket. Um am Gewinnspiel teilzunehmen, einfach ein Bild vom Kreativ-Projekt aus unseren Büchern mit #TOPPprojekt posten und unserem Account @frechverlag folgen. Mehr Infos auf TOPP-kreativ.de/TOPPprojekt

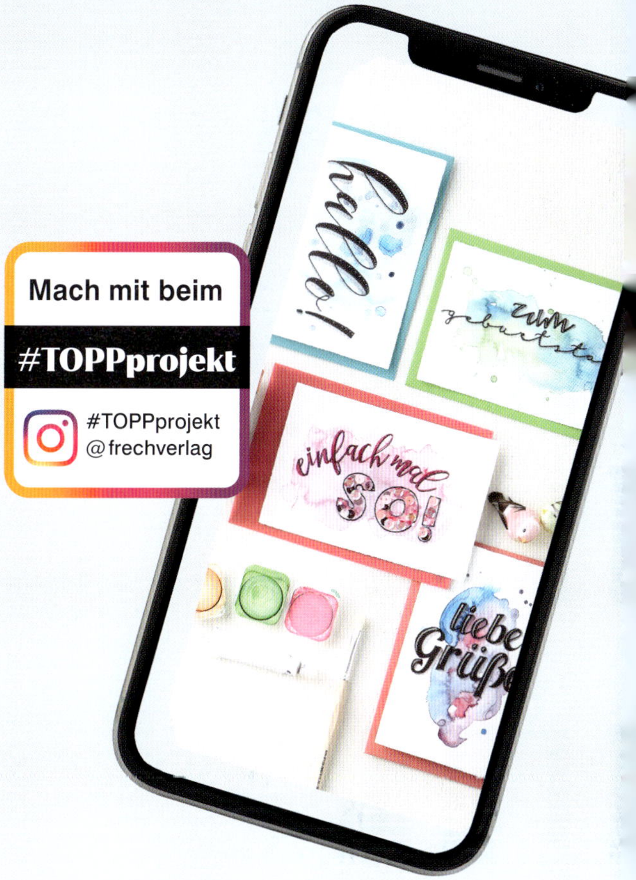

WEBSEITE

Auf TOPP-kreativ.de gibt es ein riesiges Angebot von über 1.000 Kreativbüchern, Sets und mehr zu entdecken.

NEWSLETTER

Immer als Erstes von unseren Neuheiten und Sonderaktionen erfahren: TOPP-kreativ.de/newsletter

INSTAGRAM

@frechverlag

PINTEREST

pinterest.com/frechverlag

FACEBOOK

facebook.com/frechverlag

DIGIBIB

Hier gibt es zusätzlich zu einigen unserer Bücher digitale Extras, wie Video-Tutorials, Plotter-Dateien, Vorlagen, Übungsblätter und vieles mehr. Einfach im Impressum eines TOPP-Buchs nachschauen, ob dort ein Code vorhanden ist, und exklusive Inhalte freischalten. TOPP-kreativ.de/digibib

YOUTUBE

youtube.com/frechverlag

Die DigiBib – Alle Updates für dich

Hier findest du alle aktuellen Infos zu deinem Produkt, außerdem Extras, Videos, Vorlagen und mehr!

www.topp-kreativ.de/digibib

Freischaltcode: 51816

Die schwedische Originalausgabe erschien 2023 unter dem Titel © Drejebogen. Skab din egen keramik © bei Muusmann Forlag.

Text: Susan Liebe, @liebecopenhagen

Cover und Layout: JE;SU graphic design, @je_su_graphic_design

Fotos: Julie Vöge, Julievoge.dk

Für die deutsche Ausgabe:

Übersetzung: Melanie Schirdewahn

Covergestaltung: Lena Schmitt

Satz: Petra Theilfarth

Lektorat: Birgit Günther

Produktmanagement: Stephanie Iber, Sina Bolta

Druck und Bindung: PNB Print Ltd, Lettland

1. Auflage 2024

ISBN 978-3-7358-5291-5 • Best.-Nr. 25291

MIX
Papier | Fördert gute Waldnutzung
FSC® C084698

Penguin Random House Verlagsgruppe
FSC® N001967